■ 国家社科基金（11BGL092）资助项目

包容性增长视角下的县级公共服务能力研究

李晓园　著

中国社会科学出版社

图书在版编目（CIP）数据

包容性增长视角下的县级公共服务能力研究／李晓园著.
—中国社会科学出版社，2016. 12
ISBN 978 – 7 – 5161 – 9171 – 2

I. ①包… Ⅱ. ①李… Ⅲ. ①县—公共服务—研究—中国
Ⅳ. ①D669. 3

中国版本图书馆 CIP 数据核字（2016）第 261096 号

出 版 人	赵剑英
责任编辑	孔继萍
责任校对	王佳玉
责任印制	何 艳

出 版	中国社会科学出版社
社 址	北京鼓楼西大街甲 158 号
邮 编	100720
网 址	http://www.csspw.cn
发 行 部	010 – 84083685
门 市 部	010 – 84029450
经 销	新华书店及其他书店

印刷装订	北京市兴怀印刷厂
版 次	2016 年 12 月第 1 版
印 次	2016 年 12 月第 1 次印刷

开 本	710 × 1000 1/16
印 张	16. 25
插 页	2
字 数	262 千字
定 价	62. 00 元

前　言

　　本书系国家社科基金项目《包容性增长视角下的县级政府公共服务能力研究》（11BGL092）的最终成果修改而成。

　　县级政府是直接面向广大农村和基层的、机构设置齐全的、完整的一级行政建制，在国家政权体系中处于非常重要的地位。改革开放三十多年来，虽然县域经济发展水平有较大的提高，但是大多数县与城市之间的经济发展水平差异在扩大。城乡居民收入的绝对差异连年扩大，城乡居民收入指数虽然自 2010 年以来连续下降，但是却一直在 3.0 以上，高于国际上一般认为的可能产生重大风险标准。包容性增长体现了科学发展观的价值理念，在经济发展上体现为可持续增长，在社会发展上体现为公平正义，在人的发展上体现为素质与能力的提升，促进县域包容性增长模式是解决当前经济社会发展中存在问题的客观诉求。提供优质公共服务是实现包容性增长的根本要求，因为优质公共服务不仅是指提供高品质的公共服务和产品，它还具有其他一些特点，如：以民为本，强调参与；从关注保障性民生转向幸福民生；注重公平，也强调效率等。而公共服务优质化则必须以提高公共服务能力为基础。因此加强县级政府公共服务能力建设，促进县域包容性增长具有非常重要的意义。但是目前关于县级政府公共服务能力的研究尚不够深入，在包容性增长视角下，县级政府公共服务能力应具备什么样的亚能力结构？县级政府公共服务能力对包容性增长有什么影响？它又受哪些因素的影响？有多大的影响？这些问题是县级政府公共服务能力建设的理论基础，也是本书着力解决的问题。

　　本书主要运用文献研究、假设验证、问卷调查及访谈法和结构方程模型实证研究方法，深入江苏省、江西省和陕西省 9 个县开展调查研究。

本书具有一定的学术价值。其学术价值主要体现在将包容性增长与县级政府公共服务能力研究纳入统一的分析框架，综合运用经济学、管理学、政治学三大学科理论，构建"公共服务能力结构—公共服务能力与县域包容性增长关系—公共服务能力与其影响因素关系—公共服务能力建设路径"较为系统的具有中国特色的县级政府公共服务能力体系，在研究视野上对目前主要局限于经济或社会、政治等的单一视角研究进行补充，在内容上由于结构方程模型等量化方法的运用，使得对公共服务能力影响县域包容性增长的研究更深入，增强建议的针对性。

本书也具有较强的现实意义。加快转变经济发展方式，提高经济发展质量，统筹城乡发展，保障和改善民生，坚持社会公平正义，促进人人平等获得发展机会，是摆在每一个县政府面前亟待解决的问题。我国要实现到 2020 年全面建成小康社会的目标，重点难点在县级行政建制。县级政府公共服务能力的强弱直接关系到县域包容性增长问题、直接关系到全面小康目标是否能如期实现。本书选取位于我国东部、中部、西部三个地带有代表性的苏、赣、陕三省 9 县作为样本县，得出的结论和提出的对策具有一定的普适性，将有助于"强化政府责任"，使县级政府更加明晰自己的服务职能和行动路径，提升公共服务能力及其有效性。

本书得以著成并顺利出版，得益于许多领导、师生和朋友们的慷慨帮助，在此谨向他（她）们表示由衷的敬意和谢忱。

感谢我的导师张立荣教授，他在百忙之中，仍如在校一般，对本研究给予精心指导；感谢江西省、江苏省和陕西省的研究样本县政府予以调研的大力支持；感谢时为江西师范大学商学院硕士研究生张云、付妍妍、陈武、李文娟、余冬青等人为本书所做的大量认真仔细的校对和排版工作。感谢中国社会科学出版社的孔继萍编辑为本书的出版付出的辛勤劳动和大力帮助。

本书在写作过程中参阅了大量的中外文献，在此谨向所有被引文献的作者们表示衷心感谢。

最后，我要特别感谢我的家人，他们不仅对我常常沉浸于学术研究而疏于照顾家庭给予了充分理解和宽容，而且也为本书研究提出了真知灼见。

　　囿于学识水平和研究资源，本书疏漏和谬误之处在所难免，敬请广大学术界同人与实际部门的同志批评斧正！

李晓园

2016 年 4 月 18 日于南昌

目　录

导　论 ……………………………………………………………（1）
 一　研究缘由 ………………………………………………（1）
 二　研究的主要内容 ………………………………………（15）
 三　研究的基本思路和研究方法 …………………………（19）
 四　研究的重点、难点和创新之处 ………………………（20）
 五　研究成果的学术价值、应用价值以及社会影响和效益 ……（22）

第一章　包容性增长研究的理论基础 …………………………（23）
 第一节　包容性增长概念的提出 …………………………（24）
 第二节　包容性增长的内涵与特征 ………………………（29）
 第三节　包容性增长与科学发展观的关系 ………………（33）
 第四节　包容性增长与政府公共服务的关系 ……………（37）
 第五节　本章小结 …………………………………………（40）

第二章　县级政府公共服务能力研究的理论基础 ……………（42）
 第一节　公共服务能力 ……………………………………（42）
 第二节　组织能力理论 ……………………………………（47）
 第三节　包容性增长视角下的县级政府公共服务职能 …（58）
 第四节　本章小结 …………………………………………（61）

第三章　样本县选取与资料收集 ………………………………（63）
 第一节　样本县选取 ………………………………………（63）
 第二节　资料收集与数据来源 ……………………………（75）

第三节　本章小结 ……………………………………………………（87）

第四章　我国县域包容性增长评价 ………………………………（89）
　第一节　主成分分析评价方法简介 …………………………………（89）
　第二节　县域包容性增长指标体系构建 ……………………………（91）
　第三节　县域包容性增长指标主成分分析 ………………………（103）
　第四节　本章小结 …………………………………………………（118）

第五章　包容性增长视角下我国县级政府公共服务能力结构 ……（120）
　第一节　公共服务能力结构研究模型构建 ………………………（120）
　第二节　公共服务能力构成变量测量 ……………………………（124）
　第三节　公共服务能力结构模型检验 ……………………………（132）
　第四节　县级政府公共服务能力结构模型研究结论及其
　　　　　理论阐释 …………………………………………………（143）
　第五节　本章小结 …………………………………………………（150）

第六章　县级政府公共服务能力对县域包容性增长的影响 ………（152）
　第一节　公共服务能力对包容性增长影响研究模型的构建 ……（152）
　第二节　公共服务能力对包容性增长影响研究模型的变量
　　　　　测量 ………………………………………………………（154）
　第三节　公共服务能力对包容性增长影响的研究模型检验 ……（155）
　第四节　公共服务能力对包容性增长影响实证研究结论及
　　　　　其阐释 ……………………………………………………（160）
　第五节　本章小结 …………………………………………………（169）

第七章　县级政府公共服务能力与其影响因素间的量化关系 ……（171）
　第一节　县级政府公共服务能力与其影响因素间关系的
　　　　　研究模型构建 ……………………………………………（171）
　第二节　假设陈述与变量测量 ……………………………………（174）
　第三节　县级政府公共服务能力影响因素测量量表的
　　　　　信度与效度分析 …………………………………………（183）

第四节　公共服务能力与其影响因素间关系模型检验与
假设验证 ……………………………………………（196）
第五节　公共服务能力与其影响因素关系的实证结论与
分析 …………………………………………………（208）
第六节　本章小结 ……………………………………………（210）

第八章　研究结论与政策建议 ……………………………………（212）
第一节　研究结论 ……………………………………………（212）
第二节　研究启示 ……………………………………………（215）
第三节　政策建议 ……………………………………………（216）
第四节　本章小结 ……………………………………………（230）

结语　研究局限性与未来研究设想 ………………………………（232）

参考文献 ………………………………………………………………（233）

附件　县级政府公共服务能力及公共服务满意度调查问卷 ………（246）

导　　论

一　研究缘由

（一）县级政府在国家治理体系中占有十分重要的地位

"渊源于周、雏形于春、确立于秦"的县级行政建制至今已有两千多年的历史。从古到今，县级行政建制在国家政权中都处于非常重要的地位，在今天更是如此。县级行政建制具有以下特征：

1. 县级政府是联系基层的纽带

我国地域辽阔、人口众多，公民生产生活的重心在基层。我国县级政府是直接面对广大农村和基层的、机构设置齐全的、完整的一级行政建制，介于省、市与乡（镇）之间，承上启下，连接城乡，是中央政权与基层政权的连接纽带。县级政府以农村为依托，以城镇为中心，负责本行政区域内的人民民主保障、国家长治久安、社会主义经济建设组织、社会主义文化建设和社会服务组织等事务。

2. 县级政府数量众多且分布广泛

截至 2013 年，我国共有 1442 个县，368 个县级市，333 个地级区划，286 个地级市，2853 个县级区划，117 个自治县[①]，县级政府数量众多。同时，各县广泛分布于全国各地，如图 0 - 1 所示。

---

① 参见《年度数据》，中华人民共和国统计局网站，http：//data. stats. gov. cn/workspace/index？m = hgnd。

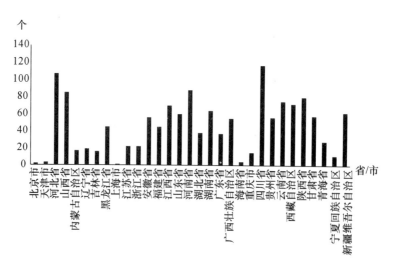

图 0 - 1　2013 年全国各省、市的县数

资料来源：2013 年各地统计年鉴。

3. 县级政府以"农政"为核心，生产生活碎片化格局增加了管理难度

县级政府以城镇为中心，面向广大的农村，集中与分散相结合，呈现生产和生活碎片化格局，既有集中成片的生产和生活聚居地，又有人烟稀少的山地、水域、草原甚至荒漠；既涉及农村农业事务，又有城镇工业事务。县级政府以"农政"为核心，是解决"三农"问题直接管理机构。

（二）促进县域包容性增长是当前亟待解决的问题①

"包容性增长"是亚洲开发银行和世界银行于 2007 年在"对穷人友善的增长"的基础上提出来的，2009 年以来，党和国家领导人在多种场合发表讲话，强调"统筹兼顾、倡导包容性增长"。以包容性增长模式取代"GDP 至上"的经济发展模式，这既是破解伴随我国经济高速发展产生的各种社会矛盾、构建和谐社会的现实需求，也是践行科学发展观、促进经济社会可持续发展、提高人民群众幸福指数的必然选择。

1. 包容性增长概念框架：基于相关文献的词频分析

自 2009 年以来，学者对包容性增长的研究比较关注，在中国知网以

---

① 参见李晓园《以优质公共服务促进包容性增长》，《江西师范大学学报》（哲学社会科学版）2012 年第 1 期。

"包容性增长"为题名检索词，检索出公开发表的论文数量是 2009 年 1 篇，2010 年 99 篇，2011 年 289 篇。但是"包容性增长"作为发展经济学的一个新概念，不同的学者对其含义有不同的诠释，如利益共享、机会均等、公平正义、体面劳动、和谐发展等诸多方面。

使用 ROST Content Mining 工具进行词频分析，手工合并同义词项，获得代表性的词频依次如下（括号内为词频数）：增长（6851）、发展（5629）、经济（4723）、社会（4263）、包容性（4351）、制度＋体制＋机制（2690）、公平＋平等＋不平等（2336）、收入（1417）、政府（1081）、机会（957）、分配（940）、政策（933）、国家（928）、社会保障（886）、公共服务（863）、共享＋参与（889）、权利（810）、城乡＋农村（757）、贫困（728）、理念（721）、人民＋居民（701）、差距（684）、改革（663）、成果（658）、资源（616）、环境（571）、就业（547）、和谐（525）、科学（506）、结构（433）、能力（408）、民生（361）、教育投资（315）、福利（294）、管理（304）、全面（290）、价值（285）、开放（278）、合作（275）、一体化（273）、胡锦涛（273）。

上述词频分析结果表明，包容性增长研究的主要内容涉及以下几个方面：一是增长与发展的方式；二是增长与发展成果的分配；三是增长与发展对政府管理提出的要求。其中，增长与发展、制度和公平、收入、机会、分配、共享、参与、权利等词汇频数较高，表明人们对包容性增长的关注点主要集中在这些方面，观点比较趋同。

（1）包容性增长在经济发展上体现为可持续增长

发展仍是解决我国所有问题的关键，效率和增长是包容性增长的题中之义。这不仅仅是出于经济角度的考虑，而且更着眼于政治的角度、着眼于合法性。正如国外学者观察中国改革发展历程指出：改革开放以来，"经济增长以及它对中国社会产生的深远影响是中国政权政治合法性的源泉"①。

经济增长是缓解和摆脱贫困最主要、最根本的力量源泉。一项针对 20 世纪 90 年代的 14 个国家的研究显示，只有经济增长，贫困才会减少，

① ［法］让－马克·夸克：《合法性与政治》，中央编译出版社 2002 年版。

而且增长越快，贫困减少越多。① 这是因为，一方面，高速和可持续的经济增长可以创造大量的就业和发展机会，增加人们的收入，改善人民生活；另一方面，经济发展可以增加国家财富，为财富的再分配、改善民生、消除贫困提供物质基础。

包容性增长关注增长（Siddhartha Mitra, 2007），更强调发展的可持续性。效率要求最少的投入获得最大的产出，可持续增长注重长远发展，在满足不损害后代人利益的前提下满足当代人的需求。因此，包容性增长要求优化资源配置，要求转变经济发展方式，在要素投入上，由主要依靠资金、自然资源和破坏环境为代价的增长，向主要依靠科技进步、劳动者素质提高和管理创新转变。

（2）包容性增长在社会发展上体现为公平正义

经济的增长并不必然地带来社会的发展，尤其是经济增长并不总是可以自动实现社会的公平并促进人的全面进步。经济的高速增长，"穷人的生活可能会有所改善，但相对于那些财富迅速膨胀的阶层来说，这种改善目前为止相对太慢"②。贫富差距悬殊，在社会保障系统不完善、公共服务乏力的情形下，低收入、疾病、人力资本不足都将导致民众尤其是贫困人口和弱势群体产生权利贫困（如话语权、经济权和发展权）和能力缺失（如因受教育权利的不平等而导致就业能力弱等），使其面临社会排斥，社会排斥又加剧了其权利贫困、能力缺失，从而形成恶性循环。因此，阿马蒂亚·森指出，权利贫困和能力贫困是导致贫富差距拉大的真正原因，而社会排斥本身不但是权利贫困和能力贫困的一部分，而且也是造成各种权利剥夺和能力不足的原因之一。③

亚当·斯密在《道德情操论》中有句经典名言："一个国家的经济发展成果如果不能分流到大众手里，那么它将是不得人心的，甚至是有风险的，因为他必定将威胁到社会稳定。""包容性增长"认为收入差异的根本原因有两大类：一类是个人背景的不同，另一类是个人的努力与勤奋程

---

① 参见杜志雄、肖卫东、詹琳《包容性增长理论的脉络、要义与政策内涵》，《社会科学管理与评论》2010 年第 4 期，第 47 页。

② 让·皮埃尔·莱曼：《探索"包容性的增长"》，《中国企业家》2008 年第 13 期。

③ 参见阿马蒂亚·森《论社会排斥》，《经济社会体制比较》2005 年第 3 期。

度的不同。因此，包容性增长不仅仅着眼于消除贫困，而且更关注通过消除因个人背景差异所造成的权利贫困与能力缺失问题，从而减少与消除机会不平等，使人人公平参与发展，个个共享增长成果，使经济增长和社会进步、人民生活改善同步进行。正如胡锦涛指出的："实现包容性增长，根本目的是让经济全球化和经济发展成果惠及所有国家和地区、惠及所有人群，在可持续发展中实现经济社会协调发展。"

（3）包容性增长在人的发展上体现为素质与能力的提升

人力资源是经济社会发展的第一资源，人力资本是经济社会增长的源泉。人力资源开发的基本方式是进行人力资本投资。其具体途径包括各类基础教育和职业教育，以及在职培训、健康医疗卫生投资、迁移等。研究表明，人力资本与收入分配方式、收入数量有着密切关系。穷人在自身无法承担既定规模的人力资本投资而被迫放弃对后代进行人力资本投资的情况下，如果缺乏政府教育医疗等公共服务，或公共服务水平低，很可能将产生能力贫困，能力贫困既是穷人等弱势群体收入贫困、社会排斥的重要原因，也是阻碍他们继续发展和全面发展的制约因素。

舒尔茨人力资本理论认为，教育是使个人收入的社会分配趋于平等的因素。一方面，教育能够提高人们的收入能力，影响个人收入的社会分配，减少收入分配的不平衡状态；另一方面，人力资本投资的增加，使物力资本投资和财产收入趋于下降，从而使人们的收入趋于平等化。[①] 因此，包容性增长重视对人力资源的开发。对人力资本进行投资，促进人们能力的发展，提供充分的就业机会，让更多人参与经济增长，合理分享经济社会发展成果，在体面、有尊严的工作与生活中实现人的全面发展。

2. 包容性增长模式选择：中国经济社会发展的客观诉求

（1）改革开放的巨大成就为实现包容性增长奠定了物质基础

经过三十多年的改革开放，中国经济取得了巨大的成就，并且保持平稳的增长态势，如图 0 - 2 所示。

---

① 参见［美］西奥多·W. 舒尔茨《论人力资本投资》，吴珠华等译，北京经济学院出版社 1990 年版。

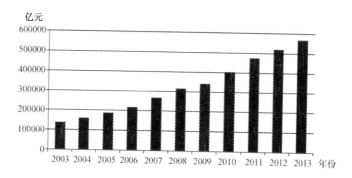

图 0 - 2   2003—2013 年我国国内生产总值

资料来源：中国历年统计年鉴。

按 2013 年美元对人民币平均汇率，我国国民人均 GDP 已达 4000 美元以上。经济的高速发展不仅提升了我国的综合国力，也为改善民生、提高公共服务水平、构建完善的社会保障体系、促进社会公平正义奠定了良好的物质基础。近几年，我国政府加大了对公共服务的经费投入，特别是医疗卫生、教育、社会保障、基础设施建设等基本公共服务，显著改善了我国基本公共服务水平。人们对基本公共服务的需要正在从量的需要转变为质的追求。图 0 - 3 显示的是 2007—2013 年我国社会保障和就业、教育支出及医疗卫生支出情况。从图中不难看出，这三类公共服务投资增长幅度逐年提高。

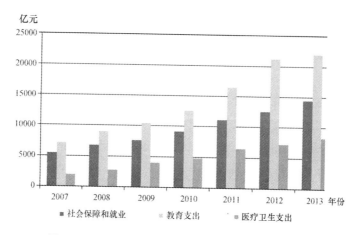

图 0 - 3   2007—2013 年我国三类公共服务经费支出

资料来源：中国历年统计年鉴。

（2）经济社会发展中的难题亟待包容性增长模式予以破解

我国经济高速增长的同时，各种矛盾也伴随着产生。根据各国发展经验，人均 GDP1000—10000 美元的发展时期，既是一个黄金发展期，又是一个矛盾凸显期。之所以说是黄金发展期，是因为此时经济发展腾飞的各种物质条件已基本具备，社会经济可以进入一个平稳而快速发展时期，但是如果社会经济发展过程中显现的各种矛盾不能得到及时而有效的解决，则社会因发展不平衡和贫富悬殊而激化的各种矛盾斗争，足以使整个社会经济发展出现动荡不安、停滞不前的局面。

当前，我国在经济社会发展过程中主要存在以下几个问题：

一是贫富不均，区域发展不平衡。财富主要集中于经济精英（或资本精英）、知识精英和权力精英，城乡、地区（主要是东部和中西部地区）收入分配和财富分布差距扩大，特别是城乡差别。改革开放三十多年来，虽然县域经济发展水平有较快的增长，但是大多数县与城市之间的经济发展水平差异在扩大。城乡居民收入的绝对差异连年扩大，2003 年城镇居民家庭人均可支配收入比农村家庭人均纯收入多 6485.20 元，到了 2013 年，这个差距为 18059.20 元，如图 0 - 4 所示。

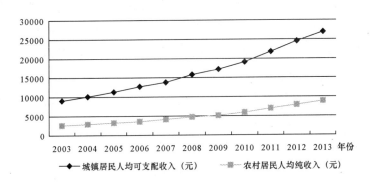

图 0 - 4　2003—2013 年我国城乡居民收入比较

资料来源：根据中国历年统计年鉴数据整理。

如果用城乡居民收入差距指数来衡量城乡居民收入差异，即以城镇居民人均可支配收入除以农村居民人均纯收入，则可以发现，虽然该指数呈下降趋势，但下降程度低，且一直在 3.0 以上，如表 0 - 1 所示。

表 0 - 1   城乡居民收入及收入比

年份	2004	2005	2006	2007	2008	2009	2010	2011	2012	2013
城镇居民家庭人均可支配收入	9421.6	10493.0	11759.5	13785.8	15780.8	17174.7	19109.4	21809.8	24564.7	26955.1
农村居民家庭人均纯收入	2936.4	3254.9	3587.0	4140.4	4760.6	5153.2	5919.0	6977.3	7916.6	8895.9
城乡居民收入比	3.21	3.22	3.28	3.33	3.31	3.33	3.23	3.16	3.10	3.03

　　国际社会发展经验表明，城乡居民收入差距不能过大，城乡居民收入指数1.7倍为安全，2倍为基本安全，2.5倍有风险，达到3倍有重大风险，如果达到3.5倍甚至更高则有可能出现社会稳定危机。因此，城乡差异的扩大将带来一系列的问题。如社会稳定问题、"三农"问题等。

　　社会上部分民众质疑财富获取的合法性，加之一些经济精英社会责任意识淡薄，一些权力精英腐败，导致社会上存在较为严重的仇富、仇官心态，劳资矛盾冲突，官民关系紧张，不同社会阶层之间的利益摩擦增多，影响了社会的和谐与稳定，也阻碍经济社会的进一步发展。

　　二是落后的经济增长方式给资源环境管理带来压力。当前，我国经济增长主要依赖于增加投资，特别是基本建设投资，以低劳动力成本甚至以高能耗、高污染为代价。引自世界银行和《自然之友》发布的最新数据：中国GDP年均增长率是发达国家的2—3倍，但单位能耗是发达国家的8—10倍，污染则是发达国家的30倍！全球20个污染最严重城市，中国占了16个；全世界每年产生4.9亿吨垃圾，中国占了近1/3；此外，地表水污染严重等环境问题也很突出。[①] 因此，不断提高经济发展的质量，转变经济发展的方式，是实现中国经济可持续发展的根本之路。

　　包容性增长模式是我国现阶段经济社会实现可持续发展的现实选择。包容性增长注重人力资源开发，突出强调人与自然间的和谐，关注劳动者能力和素质的提高，强调充分调动劳动者的主观能动性，发挥其创新精神，以科技进步促进经济增长。劳动者在参与经济社会发展中获得较高的

---

　　① 参见《中国环境专家呼吁健全环境维权法规》，中国新闻网，http://www.chinanews.com/gn/2010/。

收入回报，共享发展的成果。因此，倡导包容性增长，消除或减少贫困，革除因个人背景所致的权利贫困、能力缺乏和社会排斥等不公平现象，使人们有尊严和体面的生活与工作，这也正是我国现阶段构建和谐社会、推动经济社会可持续发展的内在需求。

（3）包容性增长模式体现了科学发展观的价值理念。

科学发展观是我们党和政府各项事业发展的指南。科学发展观的第一要务是发展，核心是以人为本，基本要求是全面协调可持续，根本方法是统筹兼顾，科学发展观把尊重人作为发展的根本准则，把为了人作为发展的根本目的，始终把实现好、维护好、发展好最广大人民的根本利益作为党和国家一切工作的出发点和落脚点，解决好人民群众最关心的、最直接的、最现实的利益问题，做到发展为了人民、发展依靠人民、发展成果由人民共享。①《中华人民共和国国民经济和社会发展第十二个五年规划纲要》指出，要"加快转变经济发展方式"，"把保障和改善民生作为加快转变经济发展方式的根本出发点和落脚点"，"使发展成果惠及全体人民"等，这些价值理念与包容性增长模式的包容、可持续发展、以人为本、参与和共享、公平正义等思想完全一致。

（三）公共服务优质化是实现包容性增长的根本要求

1. 优质公共服务的提出

公共服务是政府使用公共权力和公共资源，为满足辖区社会公共需要提供的不宜由市场提供的公共产品和服务的过程，包括基本公共安全、公共教育、医疗卫生、社会保障、基础设施、环境保护、公共信息、文化体育、科学技术等内容，既包括政府提供的具体的公共服务项目，也包括相关的制度安排。基本公共服务则是建立在一定社会共识的基础上，根据一国经济社会发展阶段和总体水平，为维持本国经济社会的稳定、基本的社会正义和凝聚力、保护个人最基本的生存权和发展权所必需的公共服务②，也被称为保障性公共服务。基本公共服务具有公共性、普惠性和公

---

① 参见胡锦涛《高举中国特色社会主义伟大旗帜　为夺取全面建设小康社会新胜利而奋斗》，《人民日报》2007年10月25日。

② 参见陈昌盛等《中国政府公共服务：体制变迁与地区综合评估》，中国社会科学出版社2007年版。

平性的特征。因此，均等化是基本公共服务的应有之义。2007 年，党的十六届六中全会《关于构建社会主义和谐社会若干重大问题的决定》（以下简称《决定》）提出"逐步实现基本公共服务均等化"，并以列举的方式，把教育、卫生、文化、就业再就业服务、社会保障、生态环境、公共基础设施、社会治安等列为基本公共服务，这是基于我国经济社会发展现状而作出的具有中国特色的基本公共服务政策目标：第一，基本公共服务应当解决现阶段人民群众最关心、最迫切、最需要解决的基本问题，且参照国际经验。《决定》明确列举了我国基本公共服务的范围，这正是基于我国基本公共服务水平不高，人民群众的生存权、健康权、居住权、受教育权、工作权尚不能得到很好的保障而提出的。第二，《决定》对基本公共服务的均等化作了特别强调，它是基于我国基本公共服务水平低且不均等的现状提出的。一方面，我国基本公共服务水平不均等，特别是农村基本公共服务与城市基本公共服务从品种到质量都存在非常明显的差异，如医疗问题、教育问题、养老问题等；另一方面，我国基本公共服务水平低，社会建设与社会发展滞后于经济的快速增长，在城乡、区域之间发展不平衡，各社会阶层之间收入不平衡，各类矛盾冲突增多的背景下，不能发挥调和各类矛盾、缩小贫富差距和稳定社会的作用。

此后，党和政府出台了一系列政策和重大举措，促进基本公共服务均等化，且成效显著。人民生活在不同方面有了较大程度的改善，教育程度有了较大的提高，医疗卫生条件大大改善，环境保护初见成效。以医疗卫生条件为例，从图 0 - 5 可知，自 2006 年我国每万人拥有的床位数和卫生技术人员数增长明显。

特别是新型农村合作医疗制度的实施，缓解了农村人口看不起病的问题。目前，新农合参合率一直保持在 90% 以上的较高水平。住院费用报销比例、住院补偿最高支付限额仍在不断提高，赢得了人民群众的广泛赞同，在笔者所进行的各类公共服务满意度调查中，人们对新农合的满意度高居榜首。教育事业也得到了很好的发展，免费义务教育于 2006 年在农村实施，2008 年在全国全面铺开，解决了贫困人口上不起学的难题。此外，国家还投入资金开展各类职业技能培训，提高人们的就业能力，努力消除因能力缺乏所致的社会排斥与贫困。

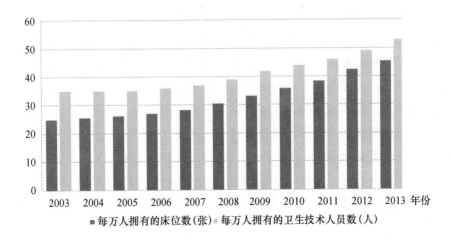

图 0 - 5　2003—2013 年我国每万人拥有的床位数及卫生技术人员数

资料来源：中国历年统计年鉴。

　　但是，在充分肯定我国基本公共服务取得成效的同时，必须清醒地分析目前我国面临的国际与国内环境，把握当前及今后公共服务的任务。从国际环境来看，国际经济形势依然严峻；从国内环境来看，我国 GDP 的增长过分依赖于固定资产投资（2009 年前三季度我国 GDP 的 71% 依赖于固定资产投资①），内需增速出现一定程度放缓，公共服务项目投资呈现高投入、低产出态势，但人们对经济社会发展的期望与公共服务的需求却呈上升趋势。如何保增长、调结构、促民生，实现包容性增长？这就要求政府进一步创新思维，大力推动公共服务从"量"向"质"的方面转化，更好地服务于经济社会的发展。

　　2. 优质公共服务的内涵

　　优质公共服务不仅仅是指高品质的公共服务和产品，它还具有以下特征：

　　（1）以民为本，强调参与

　　英国哲学家休谟说过："一切人类努力的伟大目标在于获得幸福。"经济发展的根本目的在于增进人民的福祉，让人民生活得更有尊严。推行优质公共服务必须牢固树立"发展为了人民、发展依靠人民、发展成果

_____

　　①　参见郎咸平《中国经济的潜在困境》，《领导文萃》2010 年第 6 期，第 39 页。

由人民共享"的理念。目前，我国公共服务政策决策主要是自上而下的。因此，公共服务和产品的提供更多体现的是政府的意志，在公共服务供需方面存在一定的偏差，花钱出力却没有收到预期的效果。如基层医疗卫生单位设备重置率较高，实用性较低，而迫切需要解决的人才保持和人才待遇问题却迟迟得不到解决。优质公共服务要求坚持以人为本的科学理念，鼓励并创造条件让人民依法有序参与公共政策决策和公共服务与产品的提供，如充分利用新媒介，构建政府与公民之间的沟通平台，发展电子民主，实行政务公开，依法及时发布信息，并提供专业知识和决策技术支持，为公民真正参与公共决策提供条件，变"为民做主"为"让民做主"，实现真正意义上的"以民为本"，"让人民当家做主"，使人民在参与公共服务和共享改革发展的成果中充分发挥创造力，获得幸福感。

（2）从关注保障性民生转向幸福民生

基本公共服务是一定社会经济发展阶段公民应该享有公共服务的"最小范围"的边界，是基于公平正义对公民生存权与发展权的最基本保障。与基本公共服务均等化的覆盖面宽但基准不高的特点相比，优质公共服务则意味着提供数量更多、质量更好的公共服务。如环境的改善、工作质量的提高、寿命的延长、文化生活的丰富等。优质公共服务既包括关系到民生的基本公共服务，也包括满足全社会公众或某一类群体共同的、直接的、更高层次和更高质量的、关系到公民人权的公共产品与服务。如针对中小企业发展的政策与服务，满足人民不断增长的精神需求的公共服务等。

（3）注重公平，也强调效率

公平强调社会成员机会或收入的均等化以及社会权力的平等化。效率要求对资源进行合理有效的配置，在同一时间内投入的最小化与产出的最大化是效率的恒定标准。公平是公共服务的本质属性，效率则是从事所有活动都应遵循的原则。因此，优质公共服务必须既追求公平又讲究效率。目前，我国公共服务的制度安排特别重视公平，但对效率的关注却不够。以基础设施建设为例，存在缺乏规划或规划欠科学、重复建设、重建设轻管理、"建、管、用"脱节、基础设施使用寿命缩短等问题。

包容性增长以民为本，注重可持续发展，强调公平正义，重视参与和共享，这与优质公共服务的特征相符。公民参与公共事务决策有利于促进社会的公平正义，有利于增强决策的科学性、可行性和公共服务的有效性。与此同时，公民参与公共事务决策有利于其在参与中提高自身素质与能力，有利于其理解和认同政策与政府管理活动，有利于协调各社会阶层利益，减少矛盾和纠纷，有利于提高幸福指数。效率的提高不仅可以为公民和社会提供更多更好的公共服务，提高公民生活与工作质量，而且也有助于提高政府公信力，构建和谐社会。因此，优质公共服务是实现包容性增长的根本要求。

3. 提升公共服务能力是实现优质公共服务的基础

公共服务能力是以政府为主体的公共组织在既定的国家宪政体制内，通过制定和执行品质优良、积极有效的公共政策，尽最大可能地汲取和运用各种资源，为社会和公众提供广泛而良好的公共物品和公共服务，满足公众公共需求，完成政府公共服务职能规范的目标和任务的能力。要素投入是公共服务的物质基础，但是投入只有通过能力发挥作用，才有产出。同样的要素投入，不一样的利用能力，公共服务产出也不一样。因此，公共服务能力直接影响政府绩效、影响公共服务质量。公共服务优质化依赖于公共服务能力的提高。

目前，公共服务能力主要存在因财税体制性问题、公共服务方式创新不足及民营企业参与不足等因素导致公共服务财力不足，因资源未能优化配置导致公共服务效率不高，因政策和任务执行不力影响目标的实现等问题。以水利资金来源为例，涉水资金涉及农业局、扶贫办、水利局、国土局、财政局、农业开发甚至烟草等多个部门，各部门所分配的资金数量不多，分散使用，效率不高。再如各地普遍存在的"最后一公里"现象，制约了区域交通网络的形成，降低了交通线路的使用率。

这些问题的存在既有国家体制方面的因素，也有地方政府的问题；既有客观的原因，也有公共服务理念等主观因素。

（四）关于县级政府公共服务能力促进县域经济社会发展的研究有待深化

政府治理研究一直是公共管理界关注的热点，虽已取得了许多成果，但仍有一些值得进一步探讨的问题。

第一，政府公共服务能力研究的层面主要集中在中高层政府或城市政府，且以定性分析为主，为数甚少的量化分析基本上集中在能力评估方面，且研究虽广却深度不足。

第二，县级政府公共服务能力与县域经济社会协调发展关联研究缺乏。县级政府公共服务能力是多种因素作用的结果。县域发展价值取向不同，对政府公共服务能力的要求也不同。在包容性增长视野下，县级政府公共服务能力应具备什么样的亚能力结构？各亚能力的重要程度如何？主要受哪些因素影响？与这些因素的关联度多大？这些问题是政府公共服务能力建设的理论基础，目前这种研究尚不多见。对上述问题作进一步的探讨，并基于此提出县级政府公共服务能力建设的政策建议和行动路径，正是本书研究的宗旨和任务。

"郡县治、天下安"。在当前推进城乡经济社会发展一体化、着力保障和改善民生的背景下，本书的研究具有较强的理论价值和现实意义。

1. 理论价值

将包容性增长与县级政府公共服务能力研究纳入统一的分析框架，综合运用管理学、经济学、政治学三大学科理论，构建"公共服务能力结构—公共服务能力与县域包容性增长关系—公共服务能力与其影响因素关系—公共服务能力建设路径"这一较为系统的县级政府公共服务能力体系。在研究视野上，对目前主要局限于经济或社会、政治等单一视角的研究进行补充。在内容上，由于结构方程模型的运用，对公共服务能力影响县域包容性增长的研究将更深入，建议的针对性更强。

2. 现实意义

加快转变经济发展方式，提高经济发展质量，统筹城乡发展，保障和改善民生，坚持社会公平正义，促进人人平等地获得发展机会，是摆在每一个县政府面前亟待解决的问题。苏、赣、陕三省分别位于我国东部、中部、西部地带，以每省3县作为样本研究对象，得出的结论和提出的对策具有一定的普适性，将有助于"强化政府责任"，使县级政府更加明晰自己的服务职能和行动路径，以提升公共服务能力及其有效性。

二　研究的主要内容

本书研究的框架见图 0 - 6。

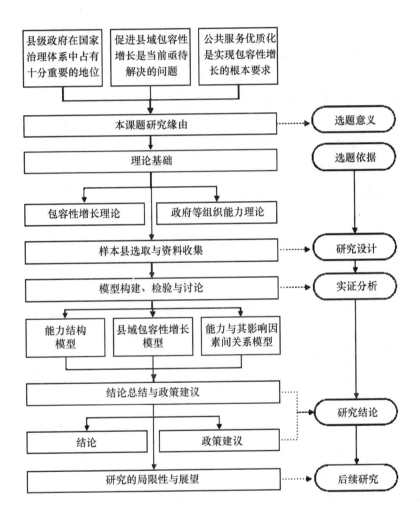

图 0 - 6　本书研究框架

主要内容如下：

本书主要运用文献研究、假设验证、问卷调查及访谈法和结构方程模型实证研究方法，深入江苏省、江西省和陕西省 9 个县调查开展课题研究。本书一共分为八章。

　　第一章是关于包容性增长理论文献的梳理与分析，为主体研究提供理论依据。本书认为，包容性增长概念的提出缘于社会不平等的加剧、贫富差距不断扩大、经济社会发展不平衡、金融危机影响加深等；包容性增长的最基本理念是公平和公正，包容性增长既是对中国未来经济社会发展的前瞻性判断，也是对科学发展观的丰富和深化，是缓解当前各种突出社会矛盾、促进经济社会可持续发展的新的增长目标模式。

　　第二章是关于县级政府公共服务能力的理论分析，为主体研究提供理论依据。本章认为，政府公共服务部门的能力与一般组织的能力具有某些共同特性，但又有本质区别。因此公共服务能力研究要以我国服务型政府建设的理念为指导，又要借鉴国外公共管理理论特别是新公共服务理论、新公共管理理论以及不断完善的资源基础、核心能力、知识基础和动态能力等企业能力理论。

　　第三章是关于样本县选取和资料收集的研究设计。为使选取的样本县具有较好的代表性，以保障主体研究的科学性，本章首先根据其经济社会发展水平，以聚类分析法将江苏、江西和陕西各省分别划分为发达、较发达和欠发达三类区域；其次结合资料的可获得性，分别在每省的三类区域各选取了 1 个样本县（市），以避免样本县偏集于某一类区域；最后介绍了本书所用资料与数据来源方法，着重介绍了调查问卷的开发。

　　第四章是关于我国县域包容性增长评价研究，了解县域包容性增长的基本情况既是本书研究的应有之内容，也为后续研究做铺垫。本章在总结我国县级经济社会发展水平评价实践基础上，结合专家学者关于县域经济社会发展水平评价研究，构建我国县域包容性增长指标体系，以主成分分析法对我国县域包容性增长进行评价。得出的研究结论主要有：第一，县域包容性增长由经济增长成果的共享性、发展机会的平等性、经济发展的可持续性和经济增长再分配的公平性四个主成分组成。第二，县域包容性增长水平与县域经济发展水平没有呈现完全对应的关系，但是与之有极密切的关系，表现在以下两方面：一是经济强县与经济弱县都能体现较好的经济增长成果的共享性，但共享水平不同。二是经济增长是县域包容性增长的关键词。第三，城镇化率较高的县（市），大多数县域包容性增长水平也较高。第四，促进县域经济持续健康发展是公民更公平、更广泛共享发展成果的基础，推进新型城镇化与新农村建设协调发展是消除城乡人口参与分享经济发展成果不平等的重要途径，加大基本公共服务特别是职业教育资源投入是消除县域居民特别是农村人口能力贫困、促进人的全面发展的关键。

第五章是关于包容性增长视角下公共服务能力结构的研究。这章既是课题研究的重要内容，也为后续研究做铺垫。本章运用结构方程模型研究，得出的主要研究结论是：第一，县级政府公共服务能力由规划能力、资源汲取能力、资源配置能力、执行能力和危机管理能力等五个亚能力构成。其中，危机管理能力最重要，规划能力次之，执行能力再次之，资源汲取能力稍弱，资源配置能力最弱。第二，规划能力由编制规划程序的公正性能、政策环境把握和规划的可持续性三个要素构成。其中程序公正性最重要，其次为政策环境把握，最后为规划的可持续性。资源汲取能力由税收征管、非政府资金投入和特殊资源三个要素构成。其中税收对资源汲取能力的影响最大，其次为非政府投资，特殊资源也有重要影响。资源配置能力由资源配置的市场性、资源配置的效率性、资源配置的优化性和资源配置的公平性四个要素构成。资源配置的市场性和效率性的影响力相近，但前者更大。优化配置县域资源也有较重要的作用。执行能力由执行认同、执行理解、执行机制和执行支持四个构成要素构成。其中执行机制最重要，其次为执行认同，再次为执行理解。危机管理能力由危机信息沟通、危机控制制度、危机事件预防、危机管理机制和危机事件善后处理五个要素构成。其中，危机信息沟通最重要，危机管理机制次之。

第六章是关于包容性增长视角下我国县级政府公共服务能力对包容性增长影响研究，这章是课题研究很重要的内容。本章运用结构方程模型研究，得出的主要研究结论是：第一，包容性增长不仅要有客观指标衡量，还应当有主观评价。主观评价从教育科技文化满意度、就业满意度、社会保障满意度、医疗卫生满意度、社会治安满意度、环境保护满意度、公共基础设施满意度方面进行衡量。各满意度对包容性增长评价的贡献度不同，其中就业满意度的重要性最大，其次为教育科技文化、医疗卫生、环境保护满意度。第二，县级政府公共服务能力对包容性增长有重要影响。其中，影响最大的是执行能力，其他从大到小依次为规划能力、危机管理能力、资源汲取能力、资源配置能力。第三，从亚能力构成要素对包容性增长的影响来看，执行能力中的执行机制、执行认同、执行理解和执行支持影响很大，尤其是执行机制、执行认同和执行理解；规划能力中的规划编制程序的公正性影响最大；危机管理能力中的危机信息沟通以及危机事件预防、善后、管理机制、控制机制影响大，特别是危机信息沟通；资源配置能力中的资源配置的市场性、公平性、效率性、优化性影响程度均较大，市场性影响更大。资源汲取能力中税收影响最大，其次为非政府资源投入。

第七章是关于县级政府公共服务能力与其影响因素间的关系研究，这是本书研究非常重要的内容，本章运用结构方程模型研究，得出的主要研究结论是：第一，行政环境、人力资源和政民互动是县级政府公共服务能力的影响因素。其中政民互动和政府人力资源对政府公共服务能力的影响很大，又以前者更大，行政环境对政府公共服务能力也有较大的影响。第二，行政环境因素由法律环境、政治环境和技术环境三要素构成，其中法律环境最重要，其次为政治环境。人力资源因素由人力资源素质、主要领导的素质和能力、人力资源管理三要素构成，其中政府人力资源的管理及主要领导素质和能力最重要。政民互动因素由社团参与行为、公民参与行为、政府回应行为、政府回应机制、政民互动平台以及公民和社团参与的公共精神六个要素构成，其中公民参与行为和政府回应机制最重要，其次为公民和社团参与的公共精神，政府回应行为、政民互动平台要素也很重要。第三，从影响因素角度来看，行政环境、人力资源和政民互动三个因素对县级政府公共服务各亚能力都有显著影响，但程度不同。其中行政环境因素对执行能力影响最大；政府人力资源因素对危机管理能力影响最大；政民互动因素对危机管理能力、规划能力、执行能力的影响相差不大，对前者影响略大些。

第八章主要是关于研究启示和政策研究。本章基于前述研究得出的启示是：要提高县域包容性增长水平，既要提高包容性增长的构成要素水平，也要提高包容性增长主观评价水平；促进县域包容性增长，必须大力提升县级政府公共服务能力；在资源约束条件下，要提升县级政府公共服务能力，必须把握好能力建设的着力点和切入点。因此，提出如下加强县级政府公共服务能力建议：第一，要加强公共服务能力内涵建设。特别是要着力加强县级政府危机管理能力、规划能力和执行能力建设，同时也要加强资源配置能力和资源汲取能力建设，要正确处理政府与市场的关系，充分发挥市场在资源配置中的决定作用，优化配置县域资源。第二，要加强政民互动，充分发挥人民群众的创造性作用。一是创新行政理念，增强政府回应行为；二是构建微政务平台，使政民互动更"接地气"；三是营造良好的县域人文环境，培育优秀的参政文化，塑造公民和社团组织的参政议政能力和公共参与精神。第二，建设一支优秀的基层公务员队伍。要创新思维，转变人才队伍建设观念；尊重人才成长规律，完善人力资源管理制度；加强县乡领导干部队伍建设。第三，多管齐下，优化行政环境。加强法制建设，依法行政；深化行政体制改革，简政放权；强化电子政务，推进网络审批。

三　研究的基本思路和研究方法

（一）基本思路

以科学发展观为指导，着眼于县域包容性增长目标，立足于县级政府公共服务职责，在深入调查的基础上，借鉴国内外相关研究成果、思路和方法，利用多学科交叉优势，重点探索基于县域包容性增长的县级政府公共服务能力结构及与其影响因子间的关系，找出县级政府公共服务能力建设的着力点和切入点，并基于此提出增强县级政府公共服务能力的建议。

1. 科学设计课题

梳理文献，确定选题的研究意义和拟解决的问题，并设计研究方案。

2. 务实严谨研究课题

第一，进行专题调研。选取东部、中部、西部有代表性的苏、赣、陕三省各3县作为样本县，开展实地调研。通过问卷调查、深入访谈和相关书面材料收集等形式收集和完善有关资料与数据。调查的内容着重于县级政府公共服务能力构成、影响因子和公民对政府公共服务的满意度、包容性增长的评价标准等。

第二，确定县域包容性增长评价指标。（1）以各省经济社会考核指标为主要依据，借鉴国外县域发展评价指标，从经济增长、社会发展、科技进步、资源环境和人民生活五个方面筛选出关键评价指标，然后对样本县进行横向和纵向比较分析。（2）将公民满意度作为主观评价指标。能力的本质属性是价值，只有公民认同了政府提供的公共服务和公共物品，这种能力才有存在的意义。

第三，构建模型。以公共管理最新理论、政府能力理论和企业能力理论为基础，并借鉴已有研究成果，构建、检测、修正县级政府公共服务能力结构模型。在此基础上，运用相关理论构建、检测、修正县级政府公共服务能力与县域包容性增长及与其影响因子的关系模型。

第四，分析问题并提出建议。以研究结论分析当前我国县级政府公共服务能力建设现状，提出我国县级政府公共服务能力建设的制度安排及有效途径。

3. 改进和完善研究成果

征求相关政府部门意见、召开专家会议，收集对研究成果的修改意见，并在若干地方进行实验，完善课题研究成果。

（二）主要研究方法

本书主要采用的研究方法有：

1. 假设验证法

梳理已有研究成果分析本书研究的理论基础，对县级政府公共服务能力的结构及其与县级政府包容性增长的关系、与其影响因素的关系进行假设，然后通过调查数据进行验证。

2. 问卷调查及访谈法

开发调查问卷，并通过德尔菲法和试测确定最终调查问卷。深入苏、赣、陕三省9县发放问卷进行调查，并对部分人员进行访谈，收集有关数据和资料。

3. 结构方程模型定量分析法

运用 AMOS 分析工具对公共服务能力结构、与包容性增长及其影响因素的关系模型进行检测与修正，揭示各种变量之间的规律性。

四　研究的重点、难点和创新之处

（一）重点和难点

1. 重点

本书重点在于：建构县域包容性增长视角下我国县级政府公共服务能力结构、公共服务能力与县域包容性增长及其影响因素的关系模型，探索两者间蕴藏的内在关系，并基于此提出县级政府公共服务能力建设的制度安排与行动路径。

2. 难点

包容性增长是发展经济学的新概念，目前尚无成熟的包容性增长评价体系和基于此的县级政府公共服务能力及其影响因素调查问卷，故其观测变量设计和相关数据采集是本研究的难点。

（二）创新之处

1. 研究内容的创新

一是完善了具有中国特色的县级政府公共服务能力体系。本书以科学发展观为指导，以我国服务型政府理论为基础，深入我国东、中、西部9个县展开调查，对在包容性增长视角下的"县级政府公共服务能力的结构—县级政府公共服务能力对县域包容性增长关系—县级政府公共服务能力与其影响因素之间的关系—加强县级政府公共服务能力建设的建议"四大模块进行系统研究，实证分析过程严密、科学性强。目前在国内从这四大模块系统角度深入地进行县级政府公共服务能力的研究成果尚不多见。

二是采用量化分析进行公共服务能力体系研究，能较深入地揭示在包容性增长视角下，县级政府公共服务能力结构之间的关系，县级政府公共服务能力对县域包容性增长有多大的影响？各部分的能力如何影响包容性增长？县级政府公共服务能力有哪些影响因素？这些因素又是如何影响县级政府公共服务能力的？揭示这些规律，有助于我们找到在资源环境约束条件下，县级政府服务能力建设的着力点和切入点。类似研究在国内鲜见。

2. 研究方法的创新

一是以聚类分析法，先将各省所有县分成三个区域，然后再从各区域选取样本县，这样选取样本县，避免了样本县偏集于发达区或欠发达区或较发达区，提高了样本县的代表性。

二是根据研究内容，选取适当的研究方法，定性与定量相结合。如进行包容性增长评价时采用主成分分析法，而探寻县级政府公共服务能力结构、县级政府公共服务能力对包容性增长的影响以及能力与其影响因素关系的内在规律性的研究，则采用结构方程模型等量化分析方法，这在以定性研究方法为主的公共管理学研究中，作了式微创新，也是对公共管理研究方法的有益补充。

五　研究成果的学术价值、应用价值以及社会影响和效益

（一）学术价值

将包容性增长与县级政府公共服务能力研究纳入统一的分析框架，综合运用经济学、管理学、政治学三大学科理论，构建"公共服务能力结构—公共服务能力与县域包容性增长关系—公共服务能力与其影响因素关系—公共服务能力建设路径"较为系统的具有中国特色的县级政府公共服务能力体系，在研究视野上对目前主要局限于经济或社会、政治等单一视角的研究进行补充，在内容上由于结构方程模型等量化方法的运用，使得对公共服务能力影响县域包容性增长的研究更深入，建议的针对性更强。

（二）应用价值

加快转变经济发展方式，提高经济发展质量，统筹城乡发展，保障和改善民生，坚持社会公平正义，促进人人平等获得发展机会，是摆在每一个县政府面前亟待解决的问题。我国要实现到2020年建成全面小康社会的目标，重点难点在县级行政建制，在农村。没有农村的全面小康，没有县的全面小康就没有全国的全面小康。县级政府以县城乡镇为中心，以广大的农村为腹地，其公共服务能力的强弱直接关系到县域包容性增长问题，直接关系到全面小康如期建成问题。苏、赣、陕三省分别位于我国东部、中部、西部地带，以每省3县作为样本研究对象，得出的结论和提出的对策具有一定的普适性，将有助于"强化政府责任"，使县级政府更加明晰自己的服务职能和行动路径，提升公共服务能力及其有效性。

（三）社会影响和效益

与本书研究相关的成果获得了三项省级奖：《加强和创新社会管理专论：努力提升人民群众幸福指数》和《当代中国县级政府公共服务能力及其影响因素的实证研究》获江西省第十四次、第十五次社会科学优秀成果奖二等奖，《县级政府公共服务能力与其影响因素关系的实证研究》获2011年江西省高校科学研究优秀成果奖（人文社会科学）三等奖。发表的论文引用率较高。

第一章

包容性增长研究的理论基础

自 2007 年亚洲开发银行首次提出包容性增长（inclusive growth）以来，中国逐步开始接受这一理念。特别是 2009 年，时任国家主席的胡锦涛在亚太经济合作组织的会议上提出"统筹兼顾，倡导包容性增长"。2010 年 9 月，胡锦涛出席第五届亚太经合组织人力资源开发部长级会议开幕式并发表题为《深化交流合作实现包容性增长》的致辞。同年 10 月在日本横滨举行的亚太经合组织第十八次领导人非正式会议上，胡锦涛发表《深化互利合作实现共同发展》的重要讲话，指出"倡导包容性增长，强调经济发展内生动力"①。2013 年 12 月 11 日，世界银行联合我国国家信息中心在京发布了《在中国促进包容性创新　创造可持续的包容性增长》报告，以促进包容性创新理念在中国的传播，推动中国政府制定相关领域支持政策。② 2014 年 3 月 24 日，中国国家发改委、经济合作与发展组织（OECD）在京举行主题为"中国城镇化和包容性增长"双边研讨会。包容性创新是我国经济社会持续健康发展的政策关键词，强调针对低收入群体的特定需求开展创新活动，使他们能够获得并享受创新成果③，近年来，学术界从多个角度对包容性增长的含义展开研究。包容性增长的理念将深深扎根于中国未来经济发展进程中。

---

① 胡锦涛：《深化互利合作实现共同发展》，《新华每日电讯》2010 年 11 月 15 日。

② 参见赣州市人民政府《关于落实省政府调整 2010 年市县政府考核评价体系的通知》。

③ 参见赵武、孙永康、朱明宣、高樱《包容性创新：演进、机理及路径选择》，《科技进步与对策》2014 年第 3 期，第 157—160 页。

第一节 包容性增长概念的提出

一 "包容性增长"概念

包容性增长的概念首先由亚洲开发银行提出。包容性增长的概念有很多学者给出了界定，Tony Addison 等指出包容性增长是通过经济增长实现物质进步，主要包括在公共服务领域获得公平和平等的机会、能够进入关键性的市场（劳动力和信用市场）以及社会对弱势群体的保护。[①] Ifzal Ali 指出包容性增长集中于快速创造机会并使人们都能够获得机会，包括弱势群体以及忽略必须满足某些条件的要求，目的就在于缩小贫富差距；同时它集中于解释和解决造成不公平的影响因素。[②]

由此可见，包容性增长最初的意义是："能创造出高增长的生产性就业岗位、确保享有平等的机会、能有效减少风险和能带来缓冲的社会安全网给最弱势群体的有效包容性增长战略。"[③] 最终目的是最大限度地让普通民众享受经济发展成果。因此，倡导机会平等的增长就是包容性增长。公平合理地分享经济增长成果是包容性增长最基本的内涵。包容性增长包括以下几点要素：让全球化成果惠及更多人民、保护弱势群体的利益、加强个人和中小企业的能力建设、强调自由化的投资和贸易、重视社会的稳定、保持经济增长过程中的平衡等。[④]

二 包容性增长概念的提出

科学把握包容性增长概念提出的缘由，有助于我们正确把握包容性增长的深刻内涵和现实意义，同时也有助于我们科学把握提出这一概念的时

---

① Addison, Tony, and Miguel Niño-Zarazúa. "What is Inclusive growth？." *Presentation at Nordic-Baltic MDB Meeting*, Helsinki. Vol. 25, 2012.

② Ali, Ifzal. "Inequality and the Imperative for Inclusive Growth in Asia." *Asian Development Review*, 24.2（2007）：1.

③ 袁洪、王济华主编：《商务翻译实务辅导用书》，对外经济贸易大学出版社 2011 年版，第 8 页。

④ 参见任保平《包容性增长的特征及其后改革时代中国的实践取向》，《西北大学学报》（哲学社会科学版）2011 年第 2 期。

代背景，对于我们进一步深入研究这一概念以及与之相联系的一切事物具有重要意义。包容性增长的概念是基于以下原因提出的。

（一）社会不平等加剧，贫富差距扩大

图 1 - 1 是亚洲开发银行（Asian Development Bank，简称 ADB）在 2007 年公布的亚洲开发银行成员国基尼系数①指数值。从图 1 - 1 可以明显地看到，中国、尼泊尔、孟加拉国基尼系数指数值都超过了 40，远超出了联合国基尼系数警戒线，说明这些国家都存在较大程度的不平等。

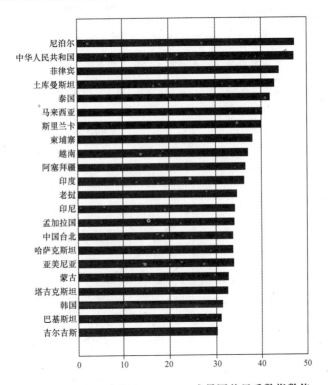

图 1 - 1　亚洲开发银行（ADB）成员国基尼系数指数值

注：韩国（仅城市和有薪水的家庭）和中国台北使用的是家庭收入分配，其他国家则使用的是人均支出分配。

资料来源：亚洲开发银行 2007。

———————————

① 基尼系数（Gini Coefficient）为意大利经济学家基尼（Corrado Gini，1884—1965）于 1922 年提出的，旨在定量测定收入分配差异程度，其值在 0 和 1 之间。越接近 0 就表明收入分配越是趋向平等，反之，收入分配越是趋向不平等。按照国际一般标准，0.4 以上的基尼系数表示收入差距较大，当基尼系数达到 0.6 以上时，则表示收入差距很大。

世界各国贫富差距都处在逐步扩大的状态，如表1-1所示，世界部分国家不同层次人均支出变化水平中，每个20%的人群反映了处在不同收入水平层次的人均支持水平的不同变化值。其中，最富有的20%人群在总体经济支出中增长速度最快。例如，我国最富有的20%的人群人均支出增长率为1.86%，明显高于其他层次收入的人群。同时表1-1也告诉我们，大多数亚洲国家不平等程度在逐步上升。Ifzal Ali指出，"这种现象并不是富人变得更富，穷人变得更穷的故事，而是富人变富的速度高于穷人变穷的速度"[1]。

表1-1   世界部分国家不同收入层次人均支出变化

国家和地区	年份	指数	最低的20%	第二个20%	第三个20%	第四个20%	最高的20%
中国	2007	1.42	1.25	1.48	1.68	1.73	1.86
中国香港	1996	1.43	1.26	1.39	1.85	1.75	1.75
孟加拉国	2000	1.33	1.60	1.10	1.60	1.21	1.70
柬埔寨	2004	1.42	1.82	1.23	1.74	1.62	1.59
印度	2004	1.37	1.08	1.27	1.94	1.37	1.34
伊朗	1998	1.43	1.14	1.39	1.09	1.49	1.89
日本	1993	1.25	1.58	1.21	1.58	1.98	1.65
韩国	1998	1.32	1.91	1.56	1.95	1.13	1.45
菲律宾	2003	1.45	1.44	1.08	1.57	1.27	1.63
新加坡	1998	1.42	1.04	1.42	1.55	1.02	1.97
泰国	2002	1.42	1.34	1.89	1.97	1.78	1.02
越南	2004	1.37	1.14	1.13	1.14	1.78	1.81
埃及	2000	1.34	1.57	1.08	1.38	1.39	1.59
加拿大	2000	1.33	1.20	1.73	1.18	1.95	1.94
美国	2000	1.41	1.44	1.68	1.66	1.41	1.82
巴西	2004	1.57	1.80	1.45	1.96	1.67	1.12
德国	2000	1.28	1.52	1.72	1.79	1.09	1.88

[1] Ali, Ifzal. "Inequality and the Imperative for Inclusive Growth in Asia." *Asian Development Review*, 24.2 (2007): 1.

续表

国家和地区	年份	指数	最低的 20%	第二个 20%	第三个 20%	第四个 20%	最高的 20%
意大利	2000	1.36	1.50	1.98	1.75	1.75	1.02
澳大利亚	1994	1.35	1.90	1.01	1.20	1.57	1.32

资料来源：百度百科，http：//baike.baidu.com/link? url = mctRT6KTqdiww－QAENh-BKzgxa6_ PPvuX5fmZbdyI51uqEy7ZfebgrJ4WdhiVFCLo。

随着中国社会经济的快速发展，我国出现了贫富差距扩大甚至是两极分化，这是导致中国社会不和谐的根源，也是经济包容性差的根本原因。近年来，凸显的民生问题被高速增长的经济问题所掩盖，我国市场机制处在转型过程中，各项公共政策和法律法规仍不完善，造成我国人民获得的机会不平等，进而导致巨大的收入差异产生。汤敏认为，收入分配不公是经济增长过程中出现的最大问题。同时他也指出"包容性增长"的含义应该多元化，应当涵盖社会变迁的诸多方面，如环保和谐社会等，但实现经济增长使低收入人群受益，或者说让低收入人群受益更多是包容性增长最核心的含义。例如如何提高劳动者收入占整个 GDP 的比重，如何使劳动者工资收入增加，上述就是"包容性增长"的题中应有之义且占据十分重要的地位，当然提高弱势群体在整个收入分配中的比重也是十分迫切的问题，如促进农民收入的增加。[①] 蔡荣鑫认为，人们在对贫困与经济增长认识深化的相互促进过程中，实现了从强调增长的单一性到"增长要对穷人友善"再到"包容性增长"的增长理念的演变。[②]

由此可知，由于贫富差距的日渐拉大，我国经济越来越偏离和谐发展的轨道，离实现共同富裕的目标也进一步偏离。正是在这种背景条件下，为了实现我国经济发展成果的共享，我国适时提出了科学发展观，并最早接受和深入研究包容性增长内涵。

（二）经济社发展不平衡

图 1－2 为全球基尼系数分布情况。从图中可看出，大部分国家包括

[①]　参见本书编写组编《聚焦"十二五"2011—2015 年国民经济和社会发展若干重大问题深度解析》，中国青年出版社 2010 年版，第 246 页。

[②]　参见蔡荣鑫《"包容性增长"理念的形成及其政策内涵》，《经济学家》2009 年第 1 期，第 102—104 页。

我国都处于不平等状态，我国亦处在 0.45—0.49 区域，反映出这些国家发展处在不均衡状态。

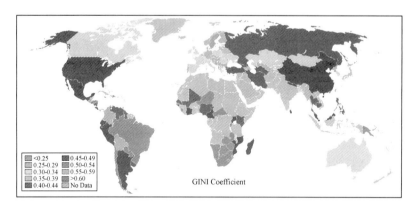

图 1-2　全球基尼系数分布情况

资料来源：百度百科，http：//baike. baidu. com/link？ url = mctRT6KTqdiww - QAENh-BKzgxa6_ PPvuX5fmZbdyI51uqEy7ZfebgrJ4WdhiVFCLo。

　　我国提出包容性增长的现实基础是我国当前面临一个非常现实的突出问题——社会经济发展的不平衡性。庄健认为，我国加入 WTO 后，虽然经济增长迅猛，但是却出现了经济发展的严重失衡，基于此背景我国提出了包容性增长。[1] 周建军则认为，现实生活中所有国家、地区和人群并没有完全享受到经济发展的成果。[2] 余闻认为，国家之间发展的不平衡和国家内部发展的不平衡是包容性增长重点关注的问题，而我国经济发展的高度不平衡，已经成为"不包容性增长"的典型。[3] 汤敏认为，我国的 GDP 若继续以两位数的速度持续增长，增长会由于资源和环境压力的增大出现诸多不均衡的问题，进而产生更多的社会矛盾。[4]

---

　　[1]　http：//news. ifeng. com/mainland/detail_ 2010_ 09/28/2647996_ 0. shtml.

　　[2]　参见周建军《如何理解包容性增长》，http：//news. xinhuanet. com/fortune/2010—10/27/c_ 12704478. htm。

　　[3]　参见余闻《实现包容性增长须去经济增长的 GDP 化》，http：//www. chinareform. org. cn/Economy/。

　　[4]　参见本书编写组编《聚焦"十二五" 2011—2015 年国民经济和社会发展若干重大问题深度解析》，中国青年出版社 2010 年版，第 246 页。

影响社会公平的重要因素之一是发展的不平衡，进而导致经济发展的成果不能惠及全体人民。在这种背景条件下，提倡包容性增长具有必然性。

（三）金融危机影响加深

全球化进程进一步加快，促进了全球经济的繁荣发展，但是 2008 年的国际金融危机导致世界联系紧密的国家都受到波及，贸易和投资的自由化伴随着金融危机的产生出现了多种形式的贸易保护主义。我国采取了一揽子措施来应对金融危机带来的冲击，但是由于外需持续乏力，导致以出口为导向的传统发展方式受到严峻挑战，产能严重过剩，暴露出我国产业结构发展存在不合理的隐患，内需严重不足暗示着我国社会经济快速增长的背后却出现了包容性增长不足。因此，金融危机的循环出现是我国提出包容性增长理念的助推器，选择包容性增长方式是我国应对金融危机的必然选择。

第二节　包容性增长的内涵与特征

一　包容性增长的内涵

（一）使弱势群体、贫困人群共享经济增长成果

公平合理地分享经济增长成果和倡导机会平等是包容性增长理念最基本的含义。前瞻性是包容性增长的一个主要特征，主要涉及公平与平等的问题，包括更多无形因素和可衡量的标准，也是一种发展战略的思考。最大限度地为群众创造发展机遇和就业机会可以通过包容性增长有效的、可持续性的增长来实现。同时，包容性增长关注让每个人都能够获得公平参与的机会，并使公民都能获得基本的福利保障。包容性增长意味着经济增长与改善民生实现同步发展，使社会主义公平正义问题得到有效解决，努力缩小贫富差距，使包容性增长为民众所认可，特别是让弱势群体和贫困人群能够充分获得包容性增长带来的成果。

（二）拒绝两极分化

让人民共享经济增长成果是包容性增长理念的一个重要含义，预防产生"富者越富、穷者越穷"的两极分化。但是，实现经济增长共享并不

意味着平均主义，而是要同时兼顾个人收入与公民贡献两个方面，由此民众及社会各阶层才能理性认可产生的公民收入差异。同时富裕、同步富裕和平均富裕绝不是共同富裕的实现过程，差别有序和快慢有序地实现共同富裕才是现实的过程。但是，导致收入差别的原因如果是制度的不公平，而不是个人原因，则会使民众产生对制度的不信任，由此就会产生导致社会不稳定的潜在危机，社会会由于国家强制实施的制度变迁产生动荡。但在制度公平的前提下，合理的收入差异能被民众接受和认可。

包容性增长不仅要求民众能够普遍共享和公平分配社会经济增长成果，同时合理的差别也认可和包容彼此。弱势群体和贫困人群的发展诉求要在制度设计中给予关注，也要充分保护和尊重致富者的收益预期。

（三）民本主义的发展模式

包容性增长提倡民本主义的发展模式，这体现了包容性增长理念更加关注民权民生的新型发展理念，以期尽可能满足民众对制度公平的权利发展需求。政策失衡和权力寻租是导致我国社会各阶层之间、城乡之间、区域之间存在差别和不平衡的根源。近年来，弱势群体和贫困人群被利益群体日益边缘化的现象越来越明显，市场经济条件下的权钱交易是导致社会不公平的原因之一，收入分配领域不公平现象日益明显，贫富差距日益拉大等都是社会不包容的表现。正是在这种条件下，我国提出了包容性增长的理念，使弱势群体和贫困人群能够更多地享受社会经济发展成果。

（四）重点提倡"民富"

包容性增长理念重点提倡"民富"，其要求是国家从战略高度来建立健全国民收入分配格局。从国家长远角度来看，战略视角下的国民收入分配制度能够缩小贫富差距、缩小区域差距，真正做到促进社会主义公平正义，切实提高国家发展质量，让更多的人、地区能够享受全球化和改革开放的成果，让弱势群体的权益能够得到有效保障，使其能够获得平等的机会。重视根治腐败、消除垄断，切实加强生产要素和行政体制改革。提高评价社会经济发展质量指标的可监督性、可检查性和约束性，强调以改善民生为重点，改变唯 GDP 观的政绩观念，把改善民生作为评价政府执行力的重要指标。

二 包容性增长的特征

(一) 包容性增长是一种新的增长目标模式

非包容性是一种把 GDP 和经济增长作为衡量经济发展主要指标的发展观念。经济增长被简单理解为经济发展的客观标准，并且把 GDP 增长看作是经济增长的唯一标准，即我国的旧工业化发展道路，主要依靠投资和出口来拉动经济。高投入搞建设，以低廉的劳动力成本、低价出让的土地和高能耗高污染的成本来获得工业的发展，导致基尼系数不断扩大和经济发展不平衡。包容性增长和非包容性增长的本质区别就在于经济增长的最终归宿和根本出发点方面：包容性增长是一种新的经济增长目标模式，主要依靠消费、出口、投资三种方式协同拉动，尤其注重消费对经济发展产生的拉动作用，其优先目标是充分就业，大力发展第三产业和战略性新兴产业。包容性经济增长的成果强调共享，要缓解各个经济利益主体的矛盾并且缩小群体差距、城乡差距以及地区差距。

(二) 包容性增长的基本理念是公平和公正

公平合理地分享经济增长成果是包容性增长最基本的含义。公平公正的包容性增长理念包括以下几层意思。一是强调分享经济增长成果。包容性增长以全新的视角描绘了效率与公平之间的互动性和包容性，主张让更多的地区、社会阶层、人群分享经济增长成果，缩小居民收入差距。二是平衡经济增长过程。包容性增长强调构建新的区域经济发展布局，平衡区域经济发展，注重缓解各个利益主体的矛盾，缩小群体差异、城乡差异以及地区差异。注重平衡城乡经济发展，建立城乡一体化经济格局。三是协调经济和社会发展关系。社会发展需要依托经济发展，需要以经济发展为根本保证，经济发展的最终归宿是社会发展。同时，社会发展为经济发展提供动力支持。随着物质生活水平的日益提高，人们对精神文化、教育水平、健康安全等方面的需求也与日俱增。包容性增长的关键是经济增长包含于社会发展过程的始终。四是创造就业机会。包容性增长强调经济增长目标要以就业为导向，更多的就业和发展机会通过高速、有效的可持续经济增长实现，同时保障民众基本权利。五是保障公平参与和机会平等。包容性增长强调通过增长来创造发展机会，所以社会成员都可以平等地获得机会，以提高自身发展能力，实现经济的可持续增长。

（三）包容性增长以新的增长价值为导向

包容性增长以新的增长价值为导向。一是以共享经济成果为价值导向。其价值观的主要含义包括：不同社会阶层、群体、区域能够共享经济增长成果，关注人民的幸福指数、生活质量，以提高人民生活水平和满足人民需要来体现经济发展成果，平衡区域之间发展成果差异，增强区域社会发展与经济发展的协调性，构建区域发展成果共享机制。努力消除城乡差异，建立城乡经济发展一体化格局，促进城乡公共服务均等化。二是以民生为本的价值导向。要彻底改变唯 GDP 论的经济增长观念，而转向更多地强调以民生为根本，让弱势群体和贫困人群获得更多的收入。三是以经济和社会协调发展为导向。包容性增长包括经济、政治、文化、社会、生态等各个方面，经济增长应该是相互协调、相互包容的。[①] 包容性增长是和谐增长。社会财富能够进行公平的分配，社会成员都能够获得经济增长的成果，经济增长有利于精神文明建设、公共服务发展和社会整体发展。四是既要"国富"也要"民富"。民富是包容性增长的重要理念，即国家宏观经济政策要以提高居民收入为价值导向，企业和政府不能过多地分配社会产品，政府财政支出应更多地用于社会福利体系建设，使更多的社会财富为居民所用，大大改善居民生活条件。

（四）强调人本主义的增长方式

经济增长模式可以分为两大类：一类是以物质为导向的经济增长方式，另一类是以人为本导向的经济增长方式。以物质为导向的经济增长把经济增长归结为物质资料的增长，其核心是高速的物质生产、高物质的生活消费以及高物质财富的积累。由国家的经济增长实践可知，国家初期的经济增长方式依赖于高投入、高消耗，追求大规模生产和高增长率的以物为本的增长模式。而包容性增长更加强调人本主义增长，"以人为本"的经济增长以人的自由发展和福利改善为出发点，以人本主体的自由为核心，以生存自由、社会自由和精神自由为侧重点，从而设计发展的思路和

[①] 参见蔡荣鑫《"包容性增长"理念的形成及其政策内涵》，《经济学家》2009 年第 1 期，第 102—104 页。

实现路径。① 在经济发展过程中，既要重视物质的增长，也要重视人的全面发展，建立健全的、与人的全面发展密切相关的教育、医疗、公共服务等的发展体制，把维护人的发展权利、拓宽人的发展空间、提高人的生活水平作为包容性增长的终极追求。

第三节　包容性增长与科学发展观的关系

公平合理地共享经济发展成果是包容性增长最基本的含义，逐步缩小贫富差距是其中的重要表现。因此，包容性增长涉及公平与合理的问题，包括一些无形的因素和可以衡量的标准。包容性增长与科学发展观理念完全相符，既是对中国未来经济社会发展的前瞻性判断，也是对科学发展观的丰富和深化。由此，深刻剖析两者之间的相互关系，对于构建社会主义和谐社会及全面落实科学发展观具有重要意义。

一　包容性增长是对发展环境的新认识

自改革开放以来，我国经济发展取得了举世瞩目的发展成就，但是国民收入分配差距仍不断扩大，贫富差距问题日益凸显，经济的高速发展掩盖了产业结构不合理以及突出的民生问题。当前我国正处在产业结构调整、经济增长方式转型的关键时期。如果不尽快解决这些发展中存在的矛盾和问题，将会影响到社会稳定的大局，这就要求我们按照科学发展观的要求继续深化改革，统筹经济发展与社会发展，努力改善人民生活，优化收入分配方式，践行包容性增长理念。

从国际环境来看，国际金融危机造成的影响仍然没有消退，世界经济形势发展尚不明朗。世界各个国家都在加速掠夺自然资源，对于环境保护却不加重视，世界经济的快速发展给资源环境造成了巨大压力，且破坏程度日益加深。东西差距和南北差距非但没有随着经济的发展而缩小，反而日渐拉大，特别是在金融危机爆发之后，国际贸易保护主义开始抬头，世界经济复苏仍然面临困难。

---

① 参见任保平《从以物为本的增长模式向以人为本的增长模式的转型》，《改革与战略》2009 年第 9 期。

正是由于面临着国内和国外环境变化的双重压力，我国适时提出了包容性增长的理念。包容性增长理念使我们更加清楚地认识到当前发展环境下所隐含的各种民生问题、经济结构问题，使我们得以重新审视那些曾经被忽略的问题，让我们更加深刻地认识到贯彻落实科学发展观的重要性，促使我们将两者结合起来，为社会经济发展服务。

二　包容性增长是对发展目标的新认识

包容性增长在发展目标上进一步深化了"以人为本"的科学内涵，包容性增长的任务和目标都是围绕"以人为本"这一科学发展观的核心要求进行部署和开展的。包容性增长的根本目的是让经济全球化和经济发展成果惠及所有国家、地区和人群，真正做到发展为了人民、发展依靠人民、发展成果由人民共享，在可持续发展中实现经济社会协调发展。

（一）包容性增长更加突出民生问题

包容性增长尤其关注现实生活中人们遇到的养老、交通、生活环境、住房、教育、看病等问题，关注民众期待政府重点解决的民生问题。同时，包容性增长强调把改善民生与经济发展紧密联系起来，解决最直接、最现实、人民最关心的利益问题，大力推进以改善民生为重点的社会建设。由此可见，包容性增长将"以人为本"作为转变社会经济发展方式的根本出发点，把民生改善和保障状况作为衡量转变经济发展方式成败的根本标准。

（二）包容性增长强调增长的公平性

社会进步和稳定的前提是社会公平和民众富裕。包容性增长重点强调了效率与公平两者之间的良性互动和相互依存的内在包容，这也正是包容性增长理念的重大创新之处。包容性最基本的内涵就是让经济增长成果更加公平合理地为人民所共享，让发展能够包容更加广泛的地区和人民，这就意味着经济增长所能惠及的人民不仅仅是一部分地区或一部分人，而是从实质性方面改善和提高更多人的生活水平。国家要通过消除制度歧视来实现社会公平，按照公平正义共享原则来维护公民基本社会经济权益，逐步构建以"机会公平、规则公平、分配公平、权利公平"为主要内容的社会保障体系，使人民能够更好地参与经济发展，共同分享社会经济发展成果。

（三）包容性增长是共享型增长

改革开放以来，我国提出的社会经济发展思想是"让一部分人、一部分地区先富起来，先富带动后富，最终实现共同富裕"的非均衡发展方式，评价社会经济发展的标准是"三个有利于"，这种发展方式使我国部分下海创业者迅速地富裕起来，对于带动我国社会经济发展起到了重要作用。但是这种非均衡的发展方式也带来了一系列社会问题，如区域差距、城乡差距、行业差距、贫富差距不断拉大，在我国还有相当一部分地区和群众没有享受到改革开放带来的成果。包容性增长强调的一个重要方面就是如何缩小贫富差距，让更多的人和地区能够共享发展成果。

（四）包容性增长是和谐增长

包容性增长是一种全面可协调的增长，包括政治、经济、文化、生态、社会等方方面面。和谐增长涉及国内地区关系、产业关系、城乡关系等的和谐，包容性增长要求这些关系中的政治建设、经济建设、文化建设和社会建设能够和谐发展，融合成一个有机整体。我国当前人民物质生活水平已获得较大提高，但其发展不是全面协调的发展，其根本原因在于过分强调经济建设的同时忽略了其他领域的同步发展。我国提出科学发展观，而包容性增长概念的提出，最终目标和根本出发点也是推进全面协调可持续发展。

三　包容性增长深化了科学发展内涵

宏观层面的包容性增长强调全面发展，即经济建设、政治建设、文化建设、社会建设和生态文明建设全面协调发展，共同构成了发展的本质，缺少或者滞后哪个方面的发展，都会使发展偏离正确的航向。改革开放以来，由于我国急于改变贫穷落后的局面，把发展经济作为我国的一项中心任务。国家把大量的人力和物力都放在了发展经济方面，并产生了只看GDP的错误观念，而文化建设、社会建设和生态文明建设则非常滞后甚至没有发展，进而导致影响我国推进全面现代化建设的短板出现在了诸多非经济领域。而包容性增长提倡在发展经济的同时，重视社会发展过程中的薄弱环节，强调全面推进经济建设、政治建设、文化建设、社会建设以及生态文明建设，促进社会全面发展。

中观层面的包容性增长强调制度公平，希望通过制度公平来保障机会均等、竞争公平以及权利同等，从而实现社会各个阶层之间的彼此包容。经济长期繁荣和社会持续和谐必须以制度公平为基础，这也是我国成功实现社会转型和产业结构升级的根本创新路径。包容性增长更加注重公民权利，强调满足民众对制度公平的要求，通过制定有效的制度来消除国民权利差别。

微观层面的包容性增长强调将所有社会成员包容到社会经济发展过程中，社会经济发展成果由社会成员共享，努力消除社会群体、阶层之间的障碍，使所有社会成员能够没有阻碍地共享社会经济发展成果。包容性增长提倡通过发展来增加社会财富，并且更加关注社会财富的共享和分配，更加注重结果分配公平，从而更加深层次地丰富了科学发展观的科学内涵。

四　包容性增长提供了新的科学发展路径

（一）倡导和谐发展机制

在我国，由于自然和历史等原因，我国不同地区之间、城乡之间、社会阶层之间存在明显的不平衡。这种不平衡在合理范围内可以通过转化加以利用，成为推动社会发展的动力。但是，过于严重并失去控制的不平衡会加剧社会的不稳定，影响和谐社会的建设。包容性增长的提出就是为了对我国区域发展、经济社会发展和城乡发展的不平衡加以控制和协调，处理好平衡与不平衡的关系，更加注重社会事业的发展，更加注重发展不平衡问题的解决，从而促进社会经济协调发展。包容性增长要求加快转变经济发展方式，把转变经济发展方式贯串到社会经济发展过程的始终，以此提高社会经济发展的协调性。包容性增长要求调整初次分配和再次分配结构，实现居民收入和社会经济同步增长。

（二）提倡可持续发展

改革开放以来，我国经济实现了快速发展，在多次金融危机后仍然保持了较快的增长。但是，经济发展与人口资源环境不协调的问题越来越突出，如何既保持经济高速增长，又实现可持续发展？在此背景之下，我国提出了包容性增长的理念，以期妥善处理经济发展过程中的各种矛盾，以实现"三步走"战略构想，实现共同富裕，让全体人民共同享受改革开放发展成果。包容性增长理念坚持把建设资源节约型、环境友好型社会作为加快转变经济发展方式的重要着力点。大力发展循环经济、绿色经济、低碳技术等，努力做好节能减排和提高生态文明水平工作。只有自觉实践可持续发展，才能更好地为我国经济建设服务。

（三）强调统筹的发展方法

当前我国社会经济发展面临复杂的国内外环境，我国的和平发展道路面临许多前所未有的国际压力。正是基于此背景，我国准确把握经济社会发展的阶段性特征，统筹国内外两个大局并从中把握规律，提出了包容性增长的理念。包容性增长强调中国的发展绝对不是以牺牲他国的发展为代价，彻底回击了欧美国家提出的发展是此消彼长的发展的观点。我国提出的包容性增长理念的目标是要与世界其他国家实现双赢、多赢的发展，彻底突破了博弈的理念。

总之，包容性增长与科学发展观、转变发展方式具有内在统一性，包容性增长是一种与时俱进的新发展理念，与科学发展观是一脉相承的。科学发展观是战略思想，包容性增长是提高经济增长质量和实现科学发展观的目标模式，是转变经济发展方式的战略措施。

第四节　包容性增长与政府公共服务的关系

一　包容性增长深化了对政府公共服务的认识

公共服务是21世纪公共行政和政府改革的核心理念，包括加强城乡公共设施建设，发展教育、科技、文化、卫生、体育等公共事业，为社会公众参与社会经济、政治、文化活动等提供保障。公共服务以合作为基础，强调政府的服务性、强调公民的权利。当前，我国的义务教育、公共卫生和基本医疗、基本社会保障、公共就业服务，是广大城乡居民最关心、最迫切的公共服务需求，是建立社会安全网、保障全体社会成员基本生存权和发展权必须提供的公共服务，是现阶段我国基本公共服务的主要内容。而包容性增长强调人们可以在公共服务领域获得公平和平等的机会，包容性增长理念主要从以下几个方面进一步深化对公共服务的认识。

（一）包容性增长为缓解当前各种突出社会矛盾提供新认识

城乡之间和地区之间发展极不平衡、资源环境约束逐步增加、投资消费结构不合理、内需和外需失衡、居民收入差距逐步扩大等问题是我国当前建设社会主义和谐社会进程中所面临的巨大挑战。这些问题的产生与我国当前存在的矛盾是分不开的，主要是人民日益增长的公共服务需求与公共服务总体供给不足之间的矛盾，是经济体制逐步建立完善对政府职能的新要求与政府职能转变缓慢之间的矛盾。包容性增长理念的提出，对于完善公共服务职能、缓解当前我国面临的突出矛盾具有重要的指导作用。

（二）包容性增长倡导公平的公共服务供给机制

包容性增长理念倡导更加公平的政府公共服务供给机制。机制公平要求提供公共服务的机制没有区域差别、社会阶层差别、城乡差别、贫富差别。同时，人们获得公共服务的机会平等，特别是弱势群体和贫困群体能够获得政府提供的无差别的公共服务。而当前我国政府在履行政府公共服务职能的过程中，缺乏规范的政府分工和问责机制，城乡之间和地区之间公共服务资源配置制度存在很大差别，发达沿海城市政府能够提供优质的公共服务，落后的欠发达城市公共服务资源及质量较差，同时没有持续性的政府财政支持。上述因素的存在严重影响了公共服务所提供的数量和质量，并制约着公共服务基本功能的有效发挥。结合包容性增长理念来构建公平合理的公共服务供给机制，有利于缩小我国公共服务存在的城乡差别、地区差别和阶级差别，逐步树立以公共服务为中心的政府职能观和绩效观。

（三）包容性增长倡导平等参与公共服务管理

包容性增长倡导公民能够平等地参与公共服务管理和监督过程。随着我国人民生活水平提高，社会信息化建设不断完善，公民对公共服务的需求的数量和质量不断提高，对地域之间、国家之间的公共服务差异越来越敏感，已不再仅限于了解政府在公共服务方面的财政支出，而是更多地关注政府公共服务支出产生的效果，关注其对人民日常生活的改善和提高。包容性增长理念强调政府通过让公众公平地参与到政府公共服务的日常管理和监督中，使公众对政府的公共服务执行效果具有知情权。政府要建立公平的公共服务参与机制和信息披露机制，能够切实满足公众的公共服务需求，同时有利于推动决策的民主化和科学化，有利于提升政府的公信力。

二　包容性增长提倡平等型政府公共服务

包容性增长倡导政府提供平等型的政府公共服务，其内涵主要体现在以下两个方面：

（一）所有人都能平等地获得公共服务

社会所有阶层、所有地区的人，特别是弱势群体和贫困人群都能够获得平等的政府公共服务，政府不能因为地区发展差异、所处社会阶层不同、贫富差别而提供有差别的公共服务。包容性增长理念强调人们获得公共服务的机会平等，享受公共服务的数量和质量平等，政府提供公共服务的机制平等。这也是我国提出建设服务型政府的需要，人民能够平等地获得公共服务机会正是体现了服务型政府建设的理念。包容性理念有利于促进我国建设服务型政府。

（二）区域之间、城乡之间具有平等的公共服务

包容增长理念提倡地区之间、城乡之间提供公共服务的机制不应有差别。不能由于城乡差异、地区发展差异制定差别化公共服务提供机制。制度原因导致优质公共服务资源流向城市和发达地区，致使欠发达地区的公共服务与发达地区的公共服务差距越来越大，造成大量人口流向发达地区，以致公共服务资源短缺。因此，包容性理念强调通过制度公平来促进地区、城乡公共服务均衡、平等发展。

三　包容性增长提倡共享型政府公共服务

包容性增长理念提倡建立共享型公共服务，主要是指所有民众都能够分享政府提供的公共服务。公共服务以服务公众为导向，能够实现跨区域共享。体现在以下三个方面：

（一）弱势群体、贫困群体能够分享政府公共服务

包容性增长理念提倡弱势群体和贫困人群不受其所处的社会阶层、贫富状况影响，都可以共享公共服务。公共服务提供的数量和质量不能因弱势群体和贫困人群而有所区别对待。而现实情况中，上层社会人员、富裕人员往往能够获得更加优质的公共服务，其他人员由于社会地位低或贫困因素只能获得或者不能获得一般的公共服务，这与包容性理念格格不入。因此，要转变服务观念、提升公共服务水平，让公共服务在更大的范围内

实现共享。

（二）共享型公共服务采用民本主义服务模式

包容性增长强调公共服务采用民本主义模式，即公共服务要以人为本，以满足群众基本公共服务需要为出发点和落脚点。公共服务的根本目的是改善民生，让人民群众切实感受到公共服务给居民生活带来的便利，这与我国以人为本的科学发展观不谋而合。因此，采用民本主义模式的公共服务才能够更好地建立共享型公共服务，更好地为构建和谐社会服务。

（三）不同地区之间能够共享公共服务

包容性增长提倡不同地域之间、城乡之间能够实现公共服务跨区域共享。跨区域共享不存在区域歧视、贫富歧视或制度约束，人们能够平等地获取同种数量和质量的公共服务。我国部分发达城市存在户籍歧视现象，非本地户籍不能享受本地户籍同等待遇的基础公共服务，造成城市流动人口不能很好地融入城市，也成为导致城市不稳定的因素之一。因此，运用包容性增长理念来建设和完善公共服务，对于建设共享型公共服务具有重要意义。

总之，包容性增长理念强调要建立公平、平等、共享型公共服务，特别注重对弱势群体和贫困人群的保护，强调这部分人群获得平等公共服务的机会以及公平参与公共服务的权益。包容性增长理念的提出深化了公共服务的内涵。同时，包容性增长理念为建设和完善政府公共服务提供了科学的发展路径。

第五节　本章小结

本章对包容性增长概念和发展进程进行了梳理，阐述了包容性增长的内涵与特征，包容性增长与科学发展观和政府公共服务的关系，为后续县域包容性增长评价和公共服务能力实证研究奠定基础。

本章研究主要有以下结论：

一是包容性增长的概念的提出缘于社会不平等的加剧，贫富差距不断扩大，经济社会发展的不平衡，金融危机影响加深等；

二是包容性增长要求强调弱势群体、贫困人群共享经济增长成果，拒绝"富者越富、穷者越穷"的两极分化，提倡民本主义的发展模式，强调"民富"。因此，公平和公正是包容性增长最基本的理念。包容性增长是一种新的增长目标模式，其以新的增长价值为导向，强调人本主义的增长方式。

三是包容性增长理念和科学发展观理念是一脉相承的，既是对中国未来经济社会发展的前瞻性判断，也是对科学发展观的丰富和深化。

四是包容性增长深化了对政府公共服务的认识，倡导公平的公共服务供给机制，倡导平等参与公共服务管理，所有人都能获得平等的公共服务和共享型公共服务。

第二章

县级政府公共服务能力研究的理论基础

第一节　公共服务能力

政府公共服务问题是全世界各个国家普遍关心的问题，它涉及政府履行职能的程度。政府公共服务问题也是促进社会进步和地区经济增长的重大理论和实践问题。特别是在 2004 年登哈特夫妇出版《新公共服务：服务，而不是掌舵》后，有关公共服务的研究越来越多。国内外诸多学者围绕公共服务这一课题从不同角度展开了一系列研究并取得了丰硕的成果，同时也留下了诸多有待进一步研究的课题。

一　公共服务定义

（一）公共服务定义

什么是"公共服务"？其定义至今还没有统一的界定。但是学者对公共服务的定义有很多，法国公法学派的代表莱昂·狄骥最早提出公共服务概念，他认为"任何因其与社会团结的实现与促进不可分割、而必须由政府来加以规范和控制的活动，就是一项公共服务，只要它具有除非通过政府干预，否则便不能得到保障的特征"。陈振明基于物品解释法、利益解释法、主体解释法、价值解释法、内容解释法和职能解释法，分别解释了前人关于公共服务定义的内涵，并以此为基础定义公共服务是"政府运用其权威资源，根据特定的公共价值（如权利、慈善和正义），通过公共政策回应社会需求，使最大多数的人得到最大的福利"[①]。陈昌盛、蔡

---

① 陈振明等：《公共服务导论》，北京大学出版社 2011 年版。

跃洲认为公共服务是指"建立在一定社会共识基础上，一国全体公民不论其种族、收入和地位差距如何，都应公平、普遍享有的服务"①。

显然，出发点不同，给出的定义就不同，但是其本质是一致的，即提供公共服务的主体是政府，接受公共服务的主体是公民，提供的服务内容为公共服务或物品。

（二）公共服务的内涵

公共服务的发展经历了一个漫长的历史演变过程。从较低层次的维护性公共服务发展到促进经济发展的经济性公共服务，再到更高层次的社会性公共服务。②

1. 维护性公共服务

此类公共服务是为了保障国家和地区正常运转所提供的公共服务，例如法律法规制度、国家安全体系、公检法、国防以及一般的行政管理等。

2. 经济性公共服务

顾名思义，这种类型的公共服务是政府为了促进本国或本地区的经济发展，同时弥补市场失灵而提供的公共服务或物品。例如政府促进企业创新的科技政策，为吸引企业来本土投资给予税收减免、财政补贴、出口企业价格补贴等的优惠政策。企业是经济性公共服务的直接受益者。

3. 社会性公共服务

这类公共服务是指政府为辖区居民和组织提供政府转移支付、社会救助、社会保障、义务和非义务教育、文化体育以及医疗卫生等公共服务。公民权利得到体现是此类公共服务最大的特点。例如各国宪法都明确规定接受教育是公民的一项基本权利。与此同时，再分配功能也是社会性公共服务的一大特点，在社会性支出分配中对平等对象的关注居于重要地位。公民要享受较高层次的社会性公共服务，层次越高，对经济发展水平的要求也越高。较高的经济发展水平是高层次的社会性公共服务的基础。

---

① 陈昌盛、蔡跃洲：《中国政府公共服务：基本价值取向与综合绩效评估》，《财政研究》2007 年第 6 期。

② 参见唐铁汉、李军鹏《公共服务的理论演变与发展过程》，《新视野》2005 年第 6 期。

二 国内外公共服务理论概要及启示

(一) 公共服务理论概要

公共服务理论的发展经过了三个历史发展阶段,分别是社会政策学派与公法提出"公共服务概念"、公共经济学提出"公共产品"和新公共管理强调"公共服务为公共管理核心"。新公共管理和以罗伯特·B.登哈特为代表的新公共服务理论是当代主要的公共行政范式。这两种理论是本书研究的重要理论基础。

1. 新公共管理理论

于 20 世纪后期发轫于英国、美国、澳大利亚和新西兰的新公共管理理论的内容主要有以下几点[①]:

一是倡导私人部门的管理风格,重视资源配置,重视效率。

二是关注服务质量,重视绩效评价,绩效评价要重视公共服务的享用者的评价,犹如企业要关注顾客价值,即顾客对服务的感知。

三是强调职业化管理,鼓励分权,鼓励竞争。

四是鼓励公私合作,寻求更多更好地解决公共服务提供的方案,以替代直接的公共供给和管制。

五是要有回应能力,回应不同利益群体的需求。

"新公共管理"理论以"经济人"假设为依据,引入私人管理模式,模糊政府与市场、公共组织与私人组织的本质差别,主张放任自流、限制政府干预的立场和观点一直受到人们的质疑。但不可否认的是,"新公共管理"理论对提高政府公共服务绩效有重要的意义。

2. 新公共服务理论

以罗伯特·B.登哈特和珍妮特·V.登哈特夫妇为代表的新公共服务理论是在批判和反思新公共管理理论的基础上建立起来的。"所谓新公共服务,指的是关于公共行政在以公民为中心的治理系统中所扮演的角色的

[①] C. Hood. A Public Management for All Seasons? *Public Administration*,1991 (69):3 – 19. [美] 戴维·G. 马希尔森:《新公共管理及其批评家》(上),《北京行政学院学报》2001 年第 1 期。参见张国庆《公共行政学》,北京大学出版社 2007 年版,第 586 页。

一套理念。"①

　　新公共服务理论的内容主要有以下几个方面：一是服务而非掌舵是政府的核心职能。二是公共利益是政府追求的主要目标。三是政府的战略思考与民主行动。四是注重以公民为本，强调政民合作。五是公务员承担责任的多样性。六是重视公务员的公共服务精神。

　　新公共服务理论要求公共管理者不仅把公民视为投票人、委托人或顾客，更要重视公民在公共事务中的参与，强调政府与公民之间的沟通与对话，公共组织要更有利于个人积极性、主动性、创造性的发挥和自我实现、自我满足等。

　　3. 我国公共服务理论

　　公共服务理论主要研究四个问题：第一个问题是为谁提供？这涉及公共服务的价值理念。第二个问题是提供什么？这涉及公共服务和物品的范畴。第三个问题是提供多少？即如何实现公共物品和服务的供求平衡，从而实现帕累托最优。第四个问题是如何提供？也即提供方式和手段。

　　在计划经济时期，回答上述四个问题的理论基础是传统社会主义学说：公共服务和公共物品是为人民提供（不是公民，凡是反对政府者不能享受公共服务和公共物品）；政府是全能政府，能提供什么就提供什么，能提供多少就提供多少；公共服务和物品的提供者只能是政府。

　　计划经济时期公共服务虽然公平公正，但是效率低下，公共服务水平不高，公共物品严重匮乏。

　　现阶段，回答上述四个问题的是服务型政府理论。服务型政府是"在公民本位、社会本位理念的指导下，在整个社会民主秩序的框架下，通过法定程序、按照公民意志组建起来，以为公民服务为宗旨，实现服务职能，并承担着服务责任的政府"②。虽然目前服务型政府尚未形成完善的理论体系，但是服务型政府的理论研究与实践已成为具有中国特色的公共服务理论的重要组成部分。

---

　　① ［美］珍妮特·V. 登哈特、罗伯特·B. 登哈特：《新公共服务：服务，而不是掌舵》，丁煌译，中国人民大学出版社 2004 年版，序言。

　　② 刘熙瑞：《服务型政府——经济全球化背景下中国政府改革的目标选择》，《中国行政管理》2002 年第 7 期。

服务型政府的主要观点可简要归纳如下：

以公民为本、以社会为本是服务型政府的执政理念；促进社会公平正义是服务型政府建设的价值取向；法治、责任、服务、回应、高效是服务型政府的根本要求，服务型是法治政府、责任政府、回应型政府，也是高效政府。

（二）公共服务理论对本书研究的启示

1. 新公共管理理论和新公共服务理论具有重要的借鉴作用

处于经济全球化、信息化、市场化的大趋势以及世界性的政府改革浪潮中的我国，正处在改革发展和到 2020 年全面建成小康社会的关键阶段。党的十八届三中全会提出要推进国家治理体系和治理能力现代化，提出建设法治政府和服务型政府，强调政府职能要切实转变，要深化行政管理体制改革，要创新行政管理方式，要增强政府公信力和执行力。进行行政体制改革的探索，既要充分考虑我国国情，同时也必须学习和借鉴国外先进的公共管理经验，形成具有中国特色的公共管理理论与实践模式。

新公共服务理论认为："未来的公共服务将以公民对话协商和公共利益为基础，关注的是公共利益和公民民主权利，体现了公共行政的公平、正义、民主价值，提出和建立一种更加关注民主价值和公共利益、更加适合于现代公民社会发展和公共管理实践需要的新的理论选择。"[①] 新公共管理理论则强调竞争与效率，对当代公共管理实践产生了很大的影响。

因此本书的研究特别是县级政府公共服务能力的研究将借鉴新公共管理理论和新公共服务理论的合理内核。如借鉴公民为本的价值理念，强调政府的公共服务职能，关注公共管理的绩效等。

2. 服务型政府理论是本书研究最重要的理论依据

"为人民服务""公平"是我国党和政府基本的公共服务价值理念。服务型政府理论是具有中国特色的公共服务理论，因此，这也是本书研究最重要的理论依据，其要义蕴含于整个研究中。

---

① Robert B. Denhardt, Janet Vinzant Denhardt. The New Public Service: Serving Rather Than Steering . *Public Administration Review* 60 （6），Washington：Nov. /Doc. （2000）：549. 转引自丁煌《当代西方公共行政理论的新发展——从新公共管理到新公共服务》，《广东行政学院学报》2005 年第 6 期。

三　公共服务能力概念

对政府公共服务能力的定义，学术界至今还没有统一的观点。如谭中兴（2004）认为政府公共服务能力就是指政府提供公共产品和服务的功能及其有效性。① 本书研究采用笔者关于公共服务能力的定义，即公共服务能力是："以政府为主体的公共组织，为满足公众公共需求，在既定的国家宪政体制内，通过制定和执行品质优良、积极而有效的公共政策，最大可能地汲蓄和利用各种资源，提供广泛而良好的公共物品和公共服务，从而完成政府公共服务职能规定的目标和任务的能力。"② 简单地说，公共服务能力就是政府等公共部门如何将其拥有的公共资源发挥出最大效用的能力。

第二节　组织能力理论

相关组织能力理论的发展给政府公共服务提供了很好的借鉴。主要是因为政府公共服务部门也是一种组织。政府组织的能力与一般组织的能力具有某些共同特性。因此，可以通过分析一般组织的能力来解释政府公共服务能力具有的重要意义。

一　政府能力理论

（一）国外政府能力研究

人们对政府能力的关注源远流长。早在两千多年前，亚里士多德就指出，"凡显然具有最高能力足以完成其作用的城邦才可算是最伟大的城邦"③。根据汪永成学者的研究，西方政府能力的研究在资产阶级革命以前，洛克、孟德斯鸠、卢梭等思想家们思考和关注的焦点是政府的能力应该为谁服务，所以政府能力的探讨往往和政府的目的性、合法性、正当性

---

① 参见谭中兴《论提高西部地方政府公共服务能力》，《西南民族大学学报》（人文社会科学版）2004 年第 25 期。

② 李晓园：《县级政府公共服务能力与其影响因素关系研究——基于江西、湖北两省的调查分析》，《公共管理学报》2010 年第 4 期。

③ ［古希腊］亚里士多德：《政治学》，商务印书馆 1965 年版，第 353 页。

联系在一起。资产阶级确立自己的统治以后，政府扮演"守夜人"角色，其职能主要限定在税收、保护产权、提供全国性的公共产品等有限的领域，政府能力问题没有被人们特别关注。第二次世界大战后至20世纪60年代，市场失灵，政府职能膨胀，传统社会中的政府能力与行政环境的平衡关系被打破，合法性危机、认同危机、参与危机、贯彻危机、整合危机、分配危机在发展中国家不断发生①。随着西方发达国家对第三世界发展中国家实施发展援助计划，西方学者在政府和各种资金的资助下，进行了所谓的政治发展理论研究，发展中国家的政府能力问题逐渐进入其研究视野。阿尔蒙德认为，政府能力、人民参政情况这两个政治变量以及经济的增长与分配两个经济变量共同支配着经济的增长、发展、现代化、进步。他提出，"一个政治和经济都较发达的国家，其政府能力、参政程度、国民生产总值及其分配的平均程度都是最高的"②。他认为，"一个结构上分化、文化上世俗化的政治体系将日益增强其影响国内外环境的能力"③，G. F. 凯特林基金会强调政府能力中的理性因素，认为这种理性能力是组织的成员在学习使用某些技术及模型后，更理性地做出决策与分配资源的能力。④ R. 霍金斯则强调政府能力建设中的制度作用。20世纪70年代以来，政府能力研究成为多维理论关注的热点，形成了丰富的研究成果。公共选择理论主要对政府能力的两个问题进行了深入分析。（1）政府能力低下的原因。布坎南认为主要是西方国家选举制度的不完全性、竞争机制的缺乏、降低成本的激励机制的缺失、监督信息的不完备等，导致行政机构的自我膨胀、缺乏利润观念和成本—效益意识。（2）政府能力运用方向偏差（如寻租行为）的原因。⑤

20世纪90年代兴起的治理理论则认为，"政府似乎需要更多或者至少是需要其他的能力以减轻他们自己的管理任务"，治理意味着政府组织

---

① 参见［美］列奥纳德·宾主德尔等《政治发展中的危机与后果》，普林斯顿大学出版社1979年版，第7页。

② 转引自［美］塞缪尔·亨廷顿《现代化理论与历史经验的再探讨》，上海译文出版社1993年版，第363页。

③ ［美］阿尔蒙德：《比较政治学》，上海译文出版社1988年版，第24页。

④ 参见施雪华《政府权能论》，浙江人民出版社1998年版，第306—307页。

⑤ 汪永成：《经济全球化与中国政府能力现代化》，人民出版社2006年版，第10页。

与政府以外的其他组织为了实现特定的目标，联合起来，整合资源，优势互补，共担责任，共同受益，从而可以更好地履行政府职能，实现政治目标。① 同期兴起的新公共管理理论则主张用企业家精神改革政府，引入私人部门的管理手段。这实质上一方面是强调政府职能转变减轻能力供给不足情况，另一方面强调市场的力量可以提高政府能力。

（二）国内政府能力研究

国人有意识地关注政府能力是在 20 世纪 90 年代，这一点可以从杨海蛟主编的《新中国政治学的回顾与展望》一书中关于行政学研究的进展和成就的综述文章中反映出来。② 进入 21 世纪，政府能力研究更加深入，在其内涵、分类、影响因素以及提升途径等方面达成的共识日趋理性和成熟。结合本书研究，以下将对政府能力的结构、影响因素和能力建设对策等进行综述，为公共服务能力的研究提供借鉴。

1. 政府能力结构和要素

周平教授认为，县级政府的能力有自己的内部结构。纵向看，政府能力可集中表现为政策能力，横向看，则分为发展规划能力、制度创新能力、资源配置能力、市场规制能力和社会控制能力，并据此提出对具体的县级政府的能力状况进行综合评估的粗线条的评估体系。③

张钢、徐贤春等在《长江三角洲 16 个城市政府能力的比较研究》中，以资源基础理论和动态能力理论为基础，构建起政府能力的结构模型④，浙江大学课题组运用层次分析与权重设计的方法，把政府能力按资源配置理论划分为资源获取能力、资源配置能力、资源整合能力和资源运用能力。⑤

金太军提出政府能力是指政府实际能够履行这种职能的程度，政府能

---

① 参见汪永成《经济全球化与中国政府能力现代化》，人民出版社 2006 年版，第 10 页；[英] 杰索普《治理的兴起及其失败的风险：以经济发展为例的论述》，《国际社会科学》1999 年第 2 期。

② 参见杨海蛟主编《新中国政治学的回顾与展望》，高等教育出版社 2002 年版。

③ 参见周平《县级政府能力的构成和评估》，《云南行政学院学报》2002 年第 5 期。

④ 参见张钢、徐贤春、刘蕾《长江三角洲 16 个城市政府能力的比较研究》，《管理世界》2004 年第 8 期。

⑤ 参见陆立军、王祖强《浙江模式——政治经济学视角的观察与思考》，人民出版社 2007 年版。

力既是一个综合概念，又是一个历史范畴。对当代各国政府而言，若干功能性能力构成了政府能力。①

汪永成博士运用行政生态学等方法，对政府能力概念、要素、结构、形式等进行了较为系统的研究，他提出能力系统概念，人力、权力、财力、权威、信息、文化、管理等基本要素是政府能力要素，这些要素相互联系，形成"政府能力系统"。②

李江涛认为财政能力、控制能力、协调能力、危机管理能力和组织动员能力是政府能力的要素，政府能力是一种结构化的体制能力。

江秀平认为处在转轨时期的中国政府公共财政能力、政府宏观调控能力、政府决策能力、政府制约腐败能力显得尤为重要。③

2. 政府能力影响因素及提升对策

李松林、李世杰在分析创建服务型政府与政府能力建设是交互发挥作用的基础上，指出了创建服务型政府对政府的自我更新能力、有效的反应和应变能力、高效能力、开发能力提出了挑战。重塑适应服务型政府的行政文化、行政运行机制的建立与创新并举，人力资源及其开发推进政府信息公开化是创建服务型政府、提高政府能力的基本途径。

王文友提出政府能力发展论，主要观点是政府能力发展主要包括政府能力的生成、政府能力的增长和政府能力结构的变动。

吴家庆、徐容雅认为从政府职能的角度对政府能力进行界定似乎更为科学，影响地方政府能力主要有地方政府管理理念、地方政府职能、地方政府管理方式、地方政府行为、政府人员的能力、政府信息化程度六个因素。④

还有一些研究人员从某一角度提出提升政府能力的建议，吴明华提出发展电子政务是政府能力提升的有效手段。王惠娜认为战略管理是政府达成目标行为和政府能力提高的一种途径。辛波认为有效政府应具备一定的

---

① 参见金太军等《政府职能梳理与重构》，广东人民出版社 2002 年版。

② 参见汪永成《经济全球化与中国政府能力现代化》，人民出版社 2006 年版，第 10 页。

③ 参见李晓园《当代中国县级政府公共服务能力及其影响因素的实证研究——基于鄂赣两省的调查与分析》，中国社会科学出版社 2010 年版，第 54 页。

④ 参见吴家庆、徐容雅《地方政府能力刍议》，《湖南师范大学社会科学学报》2004 年第 3 期，第 41—42 页。

财政能力，政府财政能力的核心是财政汲取能力。

3. 政府能力的有效性

企业能力的有效性取决于顾客价值。公共服务能力的有效性是否也取决于公共服务的享用者呢？同济大学经管学院院长尤建新及其博士生王波开创性地在政府绩效评估中定义了"公众价值"概念。他们认为公众价值是政府绩效的最终评判标准。提高公共服务质量和努力减少税收等公众付出途径可以使地方政府获得较高的公众价值。①

刘保平从公共政策角度出发认为中国作为后发展中的国家，在实现现代化的过程中，政府能力及其有效性起着关键作用。决定政府能力和有效性的要素是理想化的政策、政策执行机构、目标群体和政策环境。②

黄庆杰从政府作用出发，认为政府能力有效性是政府利用其能力促进经济社会可持续发展和满足社会公众对公共物品需求的结果。从某种意义上说，政府合法性的前提和基础是有效性。有效性政府要有市场理念，行为要制度化法制化即规范化，要重视对公民需求的回应等。③

（三）政府能力理论的借鉴

公共服务能力是依据政府职能划分的政府能力之一，这些关于影响能力的要素研究当然也适用于政府公共服务能力。上述学者有的是明确指出影响能力强弱因素，有的则是从资源角度来谈，汪永成的资源要素实质上是一个大资源的范畴，它不仅包括传统的生产要素，还包括了制度资源和文化资源。这些资源实际构成了影响县级政府公共服务能力的内部要素，资源投入通过能力的作用，就有公共产品与服务的产出，这些产出只有符合公民的需求，并被公民所感知，才能使公民产生高满意度。

二　企业能力理论及其借鉴

（一）发展历程

企业能力理论的思想来源于亚当·斯密（Adam Smith）的分工理论、

---

① 参见尤建新、王波《基于公众价值的地方政府绩效评估模式》，《中国行政管理》2005年第12期，第41—44页。

② 参见刘保平《农村公共服务供给危机的解决之策》，《决策研究》2003年第2期，第40—41页。

③ 参见黄庆杰《试论政府能力与有效性》，《宁夏社会科学》2003年第1期。

阿尔弗雷德·马歇尔（Alfred Marshall）的企业内部成长论和潘伊迪比·罗斯（Edith Penrose）的企业成长论理论。亚当·斯密认为将复杂的生产过程分解为简单的工序，工人重复着类似的工序，就有利于劳动生产率的提高，因此劳动分工导致生产成本大大降低，源于工人能够低成本地从一项工作转换到另一项工作，这一连续的过程使企业不断发现新知识。① 李嘉图也曾经指出，分工效率受组织特定的资产、能力和技巧的影响很大。②

马歇尔认为，企业内部专业化分解了职能工作，职能工作又进一步分解为次级职能工作单元，次级职能工作单元产生出一系列不同的专门技能和知识。专业化、技能和知识的积累不仅产生于单个企业和产业中，而且也产生于整个社会中。③ 专业化的分工增加了工作协调的难度，因此必须设置新的职能部门来协调因为分工所带来的工作间的矛盾，正是源于此，企业的生产和协调能力不断增强并获得持续的成长。

受上述企业内部成长理论的影响，伊迪比·潘罗斯将研究视角主要锁定在单个企业成长过程，尤其关注企业固有的能够逐渐拓展其生产机会的知识积累倾向，撰写了《企业成长理论》。在该著作中，她认为"企业是广泛的资源集合体"，知识的积累依赖于企业内部的能力资源，主要是企业内部化的结果。④ 由此奠定了20世纪50—70年代企业能力理论的基础。

20世纪80年代以后，企业能力理论经历了资源基础论、核心能力理论、知识基础理论和动态能力理论四个阶段的发展演变，日渐成熟，解释现实现象的能力不断提高。这四大理论揭示了企业的内部能力、资源、知识是企业发展和获得竞争优势的关键要素，是企业获得超额利润的关键所在。

---

① 参见［英］亚当·斯密《国富论》，谢宗林、李华夏译，中央编译出版社2011年版，第10页。

② 参见厉无畏、王振主编《转变经济增长方式研究》，学林出版社2006年版，第21页。

③ 参见［英］阿尔弗雷德·马歇尔《经济学原理》，刘生龙译，中国社会科学出版社2008年版，第1页。

④ 参见［英］伊迪比·潘罗斯《企业成长理论》，赵晓译，上海人民出版社2007年版，第2期。

1. 企业资源基础理论

该理论认为企业所拥有资源具有差异性并且不能实现完全流动，这导致企业资源变得稀缺，是企业能够赢得竞争优势与利润的关键，因为企业利用掌握的稀缺资源，能够生产出价格更低、质量更高的产品，更具有竞争优势，获得更多利润。资源基础学派认为企业竞争优势来源于企业的内部稀缺资源的积累。因此企业自身的资源和知识、组织能力的积累是企业保持竞争优势、获得超额利润的关键所在，企业分析自身的资源比分析现有的产品，对企业的战略确定更有效。[①] 沃纳菲尔特（Wernerfelt）的这种观点对 20 世纪 90 年代的战略管理理论思想产生了重大影响，与 Lippman、Rumelt 等人的研究成果共同构建资源基础论。

但是也有后来的学者对资源基础论提出了质疑，主要是因为资源基础论忽略了人的因素，让人质疑离开人这个关键生产要素还能否把核心资源转化成生产力。

2. 核心能力理论

该理论认为，单纯的企业资源不能够决定企业竞争优势，决定企业竞争优势的是企业技术、技能和资源的组合。在短期内，现有产品的性价比特性决定企业竞争优势，但是从长期来看，是否能够以更低的成本和更快的速度，超越对手构建核心竞争力才是企业获得竞争优势的关键。核心竞争力是"组织中的积累性学识，特别是如何协调不同的生产技能和有机结合多种技术流的学识"[②]。"核心竞争力有助于公司进入多个市场，对最终产品为客户带来的可感知价值有重大贡献，是竞争对手难以模仿的。"[③]

技术战略和市场战略等职能战略都会随着激烈的市场竞争而逐步弱化，不能使企业获得长久的发展，因此，企业获得可持续发展的根本战略是培育和拥有核心能力。核心能力来源于企业长期的培养和内部知识的积累，因此核心能力是一种动态的能力，会随着企业内部知识的革新、技术的变革、组织结构创新等方式发生变化。

---

① Wernerfelt B. ， A Resource-Based View of the Firm. *Strategic Management Journal*，1984，5（2）：171 – 180.

② Prahalad C. K. ， Gary Hamel. The Core Competence of the Corporation. *Harvard Business Review*，1990.

③ Ibid. .

3. 知识基础能力理论

该理论认为，决定着企业竞争优势的是企业所掌握的关键知识，尤其是那些无法被模仿者所模仿的隐性知识。Barney 把企业所拥有的并且不易被模仿的知识看成企业的独特资源。企业将组织内分散的个人知识整合为企业知识，再将企业知识转化为产品或劳务。① 所以，企业为了获得关键性的知识竞争力，就要建立起知识整合机制，特别是隐性知识的协调机制。Allee 提出核心知识能力和核心运作能力两个概念，并以这两个概念来甄别企业是否具有竞争优势。相对于特定业务而言的独一无二的专长、知识和技能谓之核心知识能力，使企业高速、高效率地生产高质量产品和服务的过程和能力谓之核心运作能力。②

因此企业要保持竞争优势就必须进行知识的更新，企业要通过围绕知识这一要素来组织企业的结构，企业不仅要使当前知识效用最大化，同时也要能够获取未来知识。

4. 动态能力理论

企业的长期生存和发展处在一种动态变化的环境当中，曾经对企业来说形成的核心能力可能会随环境的变化而变得不再产生优势作用。在此背景下，"动态能力理论"应运而生。该理论认为，由于环境的动态变化，对企业而言，某一时点形成的核心能力难以一直保持。因此企业为适应快速变化的环境必须具有整合、建立、重构企业内外部能力的能力，这就是动态能力。动态能力是产生多元化业务知识的特性。③ 是一种日常组织程序，用以指导企业资源重构、运行和演进。④

蒂斯（Teece）和皮萨（Pisano）等提出了动态能力的分析框架，即根据组织程序、演进路径和所处位置三个关键性的要素，建立一种战略范

① Grant, R. M., 1996. "Toward a Knowledge-based Theory of the Firm." *Strategic Management Journal*, 17, pp. 109 – 122.

② Allee V., The Knowledge Evolution: Expanding Organizational Intelligence. *Boston: Butterworth - Heinemann*, 1997, 51 (11): 71 – 74.

③ Subba and Narasimha, 2001. "Strategy in Turbulent Environments: The Role of Dynamic Competence." *Managerial and Decision Economics*, Vol. 22, pp. 201 – 212.

④ Zott, Christoph. "Dynamic Capabilities and the Emergence of Intraindustry Differential Firm Performance: Insights from a Simulation Study." *Strategic Management Journal* 24. 2 (2003): 97 – 125.

式即企业通过何种途径来获得竞争优势。Helfat 与 Raubitschek 构建了一个包含知识、产品和能力共同演进的模型，认为企业的知识系统和学习系统支撑企业的产品开发，而产品的多元化开发又反过来会拓展企业的学习机会，从而提高企业的动态能力。[①] 当然，也有部分学者对动态能力理论提出了一些质疑。

（二）企业能力理论的借鉴

1. 借鉴企业能力理论的可行性

正如前述，政府不同于企业，但不可否认的是政府和企业在管理方面存在许多共同之处。管理是对组织资源进行有效整合以达成组织既定目标与责任的动态创新性活动。管理的核心在于对现实资源的有效整合。[②] 这些概念对所有组织都是适合的。正因如此，推崇私营企业管理方法和手段的新公共管理理论才能作为公共行政管理的途径在各国公共服务改革方面发挥重要的作用。县级政府是以执行党、国家政策和管理地方公共事务为主要任务的基层政府，相对于高层政府而言，其宏观政治功能弱些，微观管理功能更强。因此，借鉴企业管理经验就有较强的可行性。西方发达国家的实践也为我们证实了这一点。在美国，县政府是其最普遍的地方政府机构，提供了从摇篮到坟墓的国家服务。一般情况下，县承担着双重角色：其一，县作为州政府的行政管理分支，既要负责如出生、死亡、结婚的登记等事项，也要负责与州范围相一致的相关活动，如公共档案、法院、选举的组织和实施、法律执行、公共保健的基本实施等活动；其二，县作为独立的地方政府单位，必须要响应它们自己公民的需求，提供相应的公共服务。[③] 县政府的组织形式大体上有三种，一是议会制，二是议会＋经理制，三是议会＋县长制。美国县政府的官员主要是由民主选举产生，谓之县议会或县管理委员会。此外，还设置一些官员或委员会，这些官员也是由民主选举产生，专门负责某些特定事务。如县行政司法长官、检察官、秘书长、审计官、司库等，他们与县议会有一定的独立性，因此

---

① Helfat, Constance E., and Ruth S. Raubitschek. "Product Sequencing: Co-evolution of Knowledge, Capabilities and Products." *Strategic Management Journal* 21. 10 – 11 (2000): 961 – 979.

这种体制就使得权力分散，难以统一，而缺乏一个权力高度集中的行政首脑，导致县政府工作效率不高。为改变这种状况，美国一些县政府正在进行行政体制改革，推行县经理制，也即议会＋经理制，即由县议会仿照公司聘请公司经理，聘任 1 名县经理，这名县经理对县议会负责，县议会具有立法权，县经理具有行政权。这实质就是借鉴现代企业制度。当然，我国县级政府与美国县政府不同，后者职能更单一，主要是公共服务；其组织形式也不一样，行政首长的产生机制也不同，我国是民选与政府任命相结合，美国则是民选与聘任相结合。但是，由于公共服务职能的相似性，其用企业管理理论来改革政府以提高公共服务效能为我国县级政府管理提供有益的启示。

公共服务能力与企业能力从影响因素到能力的意义都不同，但是作为能力又有许多共性，如都需要以资源为基础，都涉及资源的优化配置等。因此，借鉴不断完善的企业能力理论对县级政府公共服务能力进行研究是可行的，也是必要的。

2. 企业能力理论的借鉴内容

当前能力分类众多，为了增强能力分类的科学性，应当确定能力分类的标准，也即能力分类是以什么为依据。我们对能力结构构成分类的依据正是借鉴企业资源基础理论和企业动态能力理论，同时结合了政府的特点。公共服务能力影响因素的设立则主要是运用了政府能力理论，同时也借鉴了企业能力理论。

资源是县级政府公共服务的物质基础，资源只有通过能力才能发挥作用，资源可以转化为能力。虽然有能力可以获得资源，但是缺乏必要的资源，能力则难以发挥作用。正如陈国权学者指出的，政府能力的前提是汲蓄权力资源、信息资源、人力资源、物质资源，政府能力通过汲蓄这些资源，使用这些资源得以体现。① 从行动的过程来看，任何组织活动都可分为战略规划和战略规划实施两大块，在公共行政领域，前者要求回应公民需求，后者则表现为如何汲取资源、如何组织协调配置资源及实施控制，有效地防范和处理突发事件，因此与之相对应的县级政府公共服务能力表现为公共服务规划能力、公共服务资源汲取能力、公共服务组织协调能力、公共服务的危机管理能力。我们从动态能力理论得到的启示则是，只有通过其动态能力的不断创新，才能获得持久的竞争优势。① 因此，我们认为创新性影响政府公共服务能力。

由于政府与企业的本质不同，政府资源要素和影响政府能力的因素不同。我国与西方国家体制的不同，同样也使得影响我国政府能力的要素异于西方国家。企业能力构成要素不仅有全体员工的知识和技能水平、企业技术体系、企业文化等，更重要的是要通过不断创新，使各种能力要素整合、学习、重构和转变，使企业获得持久的竞争力，这点对政府公共服务能力也是适用的，但是影响政府能力的因素还有其特殊性。

综上所述，我们认为公共服务能力与资源、环境和公民公共服务满意度之间有着密切的关系，如图 2－1 所示。

第一，环境对各资源要素产生影响，资源要素在能力的作用下，产出公共物品与服务。当产出的公共物品与服务符合公民需求，符合社会公共利益，并被公民所认知，就会提高公民对公共服务的满意度。

第二，根据县级政府提供公共物品和公共服务的环节，县级政府公共服务能力包括规划能力、资源汲取能力、资源配置能力、执行能力和危机管理能力。② 资源通过能力作用形成公共服务和物品。

第三，在上述各种资源中，政府能力的根本是职权，职权因职责而产生。职权是政府能力区别于其他主体能力的根本特征③，汉密尔顿认为权力与政府的能力能量直接相关。④ 我国县级政府职权大小由我国法律规定。支撑县级政府公共服务能力的物质基础是县级财政，县级财政资源受到县域经济、财税政策及县级政府所能获得的预算外资金影响。政府能力运用的主体是政府人力资源。政府权威资源是政府的合法性基础，它是建立在民众信任度基础之上的。政府与民众沟通顺畅，既有利于获得民众的

---

① 参见黄江圳、谭力文《从能力到动态能力：企业战略观的转变》，《经济管理》2002 年第 22 期。

② 参见李晓园《当代中国县级政府公共服务能力及其影响因素的实证研究》，中国社会科学出版社 2010 年版，第 50 页。

③ 参见汪永成《经济全球化与中国政府能力现代化》，人民出版社 2006 年版，第 52 页。

④ 参见 [美] 汉密尔顿《联邦党人文集》，商务印书馆 1980 年版，第 177 页。

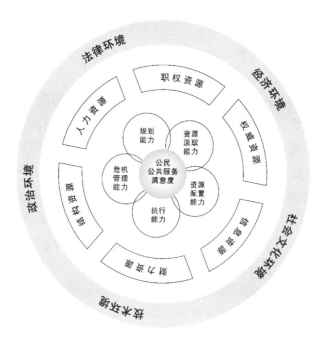

图 2 - 1 公共服务能力与资源、环境和公共服务满意度之间的关系

支持，提高政策的执行力，也可以从中获得更充分、更准确的信息，提供有效的公共服务，提高民众的满意度，又进一步得到民众的支持与拥护。因此，影响县级政府公共服务能力的主要因素有：行政环境（主要包括行政管理体制、县域经济、政府权威、技术等）、政府人力资源（包括县级政府主要领导及一般公务员的素质、能力、数量、结构等）、政民互动三个因素。

第三节　包容性增长视角下的县级政府公共服务职能

县级政府是指管理一个县级行政区域事务的政府组织的总称，政府职能体现了政府公共行政活动的功能、基本方向和根本任务，决定了政府规模、结构、管理方式和组织形态。因此，研究县级政府公共服务能力必须要分析政府职能，从而把握县级政府活动规律。

　　政府公共服务职能是政府提供纯公共物品和准公共物品，以满足社会和公众需求的职责和功能。公共物品和准公共物品的提供可以是直接的，也可以是间接的。① 县级政府公共服务职能是指县级政府提供的满足县乡社会和公众需求，不具有竞争性和排他性的社会服务的职责和功能。

　　当前，我国县级政府公共服务职能在发展和运行过程中存在很多突出的亟待解决的问题：由于政府管理和发展观的偏差，导致政府公共服务职能的"缺位"；政府公共服务职能范围模糊，致使出现了"错位"和"越位"的政府公共服务职能；由于公共服务的供给主体基本上为政府，受多种因素制约，公共服务效率低下、质量不高；政府提供的公共服务不均衡、不平等现象依然较广泛存在；政府职能制度建设的不完善产生了许多政府公共服务市场化问题等。上述问题的存在已经制约了政府公共服务职能的建设。因此，必须融合新的发展理念来指导我国政府公共服务职能建设和完善。正是在这样的背景下，我国开始倡导并贯彻包容性发展理念，转变政府职能，提出了公共服务均等化问题。

一　公共服务职能体现包容性

　　政府公共服务职能的主要职责是为人民群众提供公共产品，并且这种公共产品不具有排他性和竞争性的特征。公共服务职能要从真正意义上体现包容性特征，可以从以下两个方面来实现：

　　1. 包容性融于公共服务职能制度之中

　　公平、公正包含所有社会阶层、所有社会群体，特别是对弱势群体和贫困人群的包容的理念要在公共服务职能制度中得到体现。这意味着不能仅从方便政府管理、体现政府政绩的角度来设计公共服务职能制度，而应当从满足群众公共服务需求的角度来设计，让群众能够充分地感受到政府在教育、医疗、科技、文化、体育、基础建设的社会公共事业方面的建设投入。

　　2. 包容性体现在公共服务职能履行过程之中

　　公共服务职能履行过程要公平公正、依法行政，不能存在歧视和不公

---

　　①　参见王锋、陶学荣《政府公共服务职能的界定、问题分析及对策》，《甘肃社会科学》2005 年第 4 期，第 231—234 页。

平现象，所有公民在享受政府部门提供公共服务过程中应一视同仁，不能因人而异，而且要更多地关心弱势群体的需求，要通过广大的民众对公共服务是否满意来评价公共服务职能履行的包容性。

二　公共服务职能体现公正和平等

包容性增长理念提倡公共服务职能要公平和平等。公平和平等的公共服务职能主要体现在以下两个方面：

1. 不设置对待弱势群体和贫困人群差别化的公共服务职能

弱势群体和贫困人群能够享受同等待遇的公共服务职能是政府公共服务职能公平的体现。不能由于其社会地位低而提供具有差别化的公共服务或采用不同的服务方式来对待。

2. 为各社会阶层提供公共服务的公共服务职能无差别

政府公共服务职能不能按照社会阶层来设计不同的职能服务方式，而应按照同等的方式来为其服务。不同区域的公共服务职能没有差别。不能由于地区发展差异而采取不同的公共服务制度，设计多套服务职能方式。包容性增长理念的提出，为政府设计公正和平等的公共服务职能提供了发展思路。

三　倡导民众参与公共服务职能监督

包容性增长理念倡导民众参与公共服务职能监督和检查。民众监督检查政府公共服务职能的履行，有利于更好地体现政府公共服务职能的包容性特征，这可以从以下两个方面来诠释：

1. 体现了以民为本的思想

让群众参与到政府公共服务职能制定和履行过程中，通过公开征求民众意见来提高和改善政府公共服务水平，充分发挥群众的聪明才智来为政府服务。不仅体现了我国政府建设服务型政府的理念，同时能够更好地拉近民众与政府的距离，充分体现党的群众路线思想的以民为本的理念。这也正是包容性增长理念所提倡的实现公民平等和公正地分享社会发展成果、让公民平等地参与政府公共服务职能建设的体现。

2. 促进政府改善和提高公共服务职能

通过广泛的民众参与监督公共服务职能建设，政府公共服务职能将更加完善、更加符合民众意愿，从而提高民众对政府执政的满意度，更加积极主动地支持和参与公共事务管理，公民的积极参与也有助于政府完善公共服务职能。

综上，可以看出，融合包容性增长理念，来为政府公共服务职能建设和发展服务，不仅可以建立更加切合民众需要的公共服务职能、建立更加完善的服务型政府，而且能够在更大范围内体现共享、平等、公平、包容的理念。

第四节　本章小结

本章主要梳理了公共服务概念及内涵演变、政府能力理论和企业能力理论的基本思想及发展演变，分析了企业能力可资借鉴的依据和内容，提出公共服务能力的概念，为后续研究县级政府公共服务能力的结构和影响因素提供理论依据和参考。本章研究的主要结论有：

1. 公共服务能力的概念

即"以政府为主体的公共组织，为满足公众公共需求，在既定的国家宪政体制内，通过制定和执行品质优良、积极而有效的公共政策，最大可能地汲蓄和利用各种资源，提供广泛而良好的公共物品和公共服务，从而完成政府公共服务职能规定的目标和任务的能力"。简言之，公共服务能力就是政府等公共部门如何将其拥有的公共资源发挥出最大效用的能力。

2. 能力理论运用

政府公共服务部门的能力与一般组织的能力具有某些共同特性。因此公共服务能力研究要以政府能力理论为研究基础。公共服务能力与企业能力从影响因素到能力的意义都不同，但是作为能力又有许多共性，借鉴不断完善的企业能力理论如资源基础理论、核心能力理论、知识管理理论和动态能力理论等对县级政府公共服务能力进行研究是可行的，也是必要的。

3. 公共服务能力与资源、环境和公民公共服务满意度之间有着密切的关系

资源投入只有通过能力的作用，才有公共产品与服务的产出，这些产

出只有符合公民的需求，并被公民所感知，才能使公民产生高满意度。根据县级政府提供公共物品和公共服务的环节，县级政府公共服务能力包括规划、资源汲取、资源配置、执行和危机管理能力。资源通过能力作用形成公共服务和物品。

4. 职责与公共服务能力

因职责而产生的职权是政府能力的根本，它是政府能力区别于其他主体能力的重要特征。

第 三 章

样本县选取与资料收集

第一节　样本县选取

一　样本县选取方法

选取调查样本（即抽样）是指从调查对象的总体中选择部分对象进行调查，借以认识调查对象整体的一套程序和方法。因此，样本的选取合适与否直接影响研究结果的科学性。一般地，调查样本选取，通常采用随机化原则，保证样本既在总体中均匀分布又具有代表性。

常用随机化抽样方法有以下五种：

（1）简单随机抽样，又称纯随机抽样，即对总体单位不进行任何分组排列，仅按随机原则直接从总体中抽取样本，已使总体中的每一个单位均有机会被同等概率抽中。[1]

（2）系统抽样，又称等距抽样，即按一定比例或一定间隔抽取调查单位的方法。[2]

（3）分层抽样，又称把总体按一个或若干标志或特征（例如性别、年龄、文化程度、职业、居住条件、民族等）分成若干层，然后在每层中抽取一个子样本，再将子样本合成为总体的样本。[3]

（4）整群抽样，又称聚类抽样，即按照一定的标准将总体划分成一

---

[1]　参见徐国祥《统计学》，上海人民出版社 2007 年版。

[2]　同上。

[3]　同上。

些子群体，用随机方法抽取若干子群体，并对抽中的子群体中的所有调查单位进行调查。①

（5）多级抽样，又称阶段抽样，它把抽样的过程分为两个或几个阶段来进行，是进行大规模调查时常用的一种抽样方法。实质上是上述抽样方法的综合运用。②

本研究主要采用多级抽样方法，同时结合分层抽样方法。具体操作方法如下：

首先，以全国为范围，抽取较大的抽样单元，即东部、中部、西部作为一级抽样单元。

其次，从东部、中部、西部抽样单元中抽取范围相对较小的单元，即江苏省、江西省、陕西省作为二级单元。

最后，抽取其中部分范围更小的三级单元，即县或县级市作为调查单位。在此部分先将各省所有县及县级市根据经济社会发展水平，运用聚类分析法分成三类，子样本来源于每个类别中抽取的一个县，总体样本由子样本构成。

在进行初步调查时发现，一些县统计资料不全，统计口径不一致，甚至有些县缺乏统计年鉴，只有在其国民经济发展报告中才能找到一些数据。因此，在聚类分析结果的每一类抽取子样本时，充分考虑了其资料的可获得性。

二 样本县选取的聚类分析

聚类分析是根据数据本身结构特征对数据进行分类的方法。本研究使用聚类分析，对江苏省、江西省、陕西省县域经济社会发展程度进行分类。

在指标选取中，由于表现经济社会发展的指标很多，各个省的县统计指标也存在差异，鉴于本书以聚类分析法对县经济社会发展进行研究的目的也只是选取分别能代表本省发达、较发达和欠发达的样本县，因此，在选取指标时主要考虑各省各县统计年鉴上都具有的、衡量一个地方经济社

---

① 参见徐国祥《统计学》，上海人民出版社2007年版。
② 同上。

会发展的主要指标，并且在进行聚类分析时按预先假定分为三类。

（一）江苏省聚类分析结果与样本选取

在对江苏省45县（市）经济社会发展水平进行聚类分析时，选取了年末总人口（万人）、人均GDP（元）、地方财政人均一般预算收入（元）、人均工业总产值（当年价格）（元）、人均农业机械总动力（千瓦）、境内公路里程（公里）、人均全年用电量（千瓦时）、社会消费品人均零售额（元）、人均出口总额（美元）、人均城镇固定资产投资完成额（元）、人均普通中小学专任教师数（人）、千人拥有医院及卫生院床位数（张）、千人拥有卫生技术人员数（人）、城镇非私营单位在岗职工年平均工资（元）、城镇居民人均可支配收入（元）、农村居民人均纯收入（元）16个指标。采用2010年数据，运用WARD法及欧式距离作为距离计算标准，并将全部数据标准化为Z评分，聚类分析得出结果如表3-1和图3-1所示：

表3-1　　　　　　　　　　江苏省聚类验证结果ANOVA

组间	平方和	df	均方	F	显著性
年末总人口（万人）	4063.07	2	2031.54	1.82	0.17
人均GDP（元）	38300000000.00	2	19150000000.00	139.46	0.00
人均工业总产值（元）	819600000000.00	2	409800000000.00	56.26	0.00
地方财政人均一般预算收入（元）	701300000.00	2	350700000.00	105.33	0.00
境内公路里程（公里）	112276.99	2	56138.50	0.15	0.86
人均农业机械总动力（千瓦）	1.61	2	0.81	11.99	0.00
人均全年用电量（千瓦时）	1475000000.00	2	737400000.00	169.69	0.00
社会消费品人均零售额（元）	3687000000.00	2	1844000000.00	91.16	0.00
人均出口总额（美元）	2203000000.00	2	1101000000.00	14.67	0.00
人均城镇固定资产投资完成额（元）	3582000000.00	2	1791000000.00	39.40	0.00
人均普通中小学专任教师数（人）	0.00	2	0.00	11.07	0.00

组间	平方和	df	均方	F	显著性
千人拥有医院及卫生院床位数	58.82	2	29.41	154.13	0.00
千人拥有卫生技术人员数（人）	88.90	2	44.45	67.01	0.00
城镇非私营单位在岗职工年平均工资（元）	1452000000.00	2	726200000.00	118.44	0.00
城镇居民人均可支配收入（元）	1453000000.00	2	726500000.00	152.04	0.00
农村居民人均纯收入（元）	262400000.00	2	131200000.00	145.55	0.00

第一类：经济发达区域：江阴市、常熟市、张家港市、昆山市、吴江市、太仓市，共6县（市）。

第二类：经济中等发达区域：宜兴市、溧水县、高淳县、溧阳市、金坛市、海安县、如东县、启东市、如皋市、海门市、建湖县、东台市、大丰市、仪征市、高邮市、江都市、丹阳市、扬中市、句容市、兴化市、靖江市、泰兴市、姜堰市，共23县（市）。

第三类：经济欠发达区域：丰县、沛县、睢宁县、新沂市、邳州市、赣榆县、东海县、灌云县、灌南县、涟水县、洪泽县、盱眙县、金湖县、响水县、滨海县、阜宁县、射阳县、宝应县、沭阳县、泗阳县、泗洪县，共21县（市）。

根据聚类分析类间差异大于类内差异的基本思想，验证对江苏省45县（市）分为三类是否合理。以类为自变量，以各指标为因变量进行单因素方差分析。分析显示，各个类别在年末总人口、人均GDP、人均工业总产值、地方财政人均一般预算收入、境内公路里程、人均农业机械总动力、人均全年用电量、社会消费品人均零售额、人均出口总额、人均城镇固定资产投资完成额、人均普通中小学专任教师数、千人拥有医院及卫生院床位数、千人拥有卫生技术人员数、城镇非私营单位在岗职工年平均工资、城镇居民人均可支配收入和农村居民人均纯收入16个变量上，除了年末总人口与境内公路里程两个变量差异不显著外，其余14个变量都

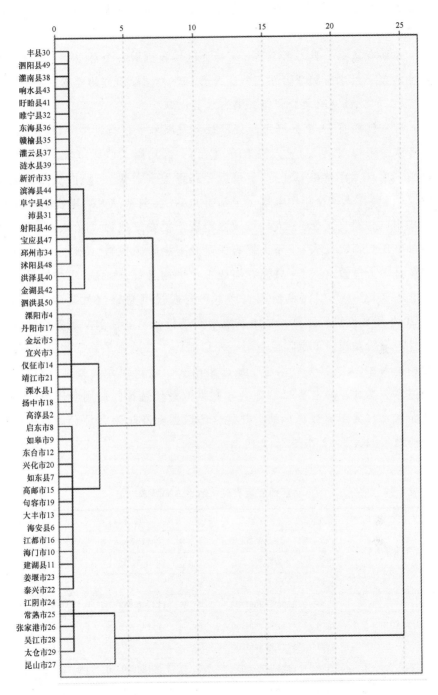

图 3-1　江苏省聚类分析结果 WARD 树状图

是有显著差异的，且这种差异均具有统计意义，表明这样的分类是适当的。

本研究从第一类、第二类和第三类区域各选取一个县（市），即选取张家港市、兴化市和盱眙县三个县（市）作为课题研究的样本县。

（二）江西省聚类分析结果与样本县选取

在对江西省81个县（市）经济社会发展水平进行聚类分析时，选取了年末总人口（万人）、人均GDP（元）、人均财政收入（元）、人均工业总产值（当年价格）（元）、境内公路里程（公里）、境内铁路营业里程（公里）、人均全年用电量（千瓦时）、社会消费品人均零售额（元）、人均出口总额（美元）、人均城镇固定资产投资完成额（元）、人均普通中学专任教师数（人）、千人拥有医院及卫生院床位数（张）、千人拥有卫生技术人员数（人）、城镇在岗职工年平均工资（元）、农村居民人均纯收入（元）、环境污染治理人均本年完成投资总额（元）16个指标。以2010年数据进行运算，采用系统聚类进行分析。在求取了各指标的相似性矩阵后发现，该矩阵是一个不相似矩阵。在确定最终的聚类结果前，使用了WARD法、类平均法、最远距离法、最长距离法分别进行聚类。经过多次尝试，确定WARD法为本数据的最佳选择。使用明氏距离（欧式距离）作为距离计算标准，并将全部数据标准化为Z评分。得出聚类分析结果如表3-2和图3-2所示：

表3-2　　　　　　　　　江西省聚类验证结果 ANOVA

指标		平方和	df	均方	F	显著性
年末总人口（万人）	组间	10319.26	2	5159.63	7.629	0.001
	组内	52755.52	78	676.35		
	总数	63074.77	80			
人均GDP（元）	组间	2294000000.00	2	1147000000.00	75.765	0
	组内	1181000000.00	78	15140000.00		
	总数	3475000000.00	80			
人均财政收入（元）	组间	58350000.00	2	29180000.00	91.266	0
	组内	24940000.00	78	319683.62		
	总数	83290000.00	80			

续表

指标		平方和	df	均方	F	显著性
人均工业总产值 （当年价格）（元）	组间	14330000000.00	2	7166000000.00	27.527	0
	组内	20300000000.00	78	260300000.00		
	总数	34640000000.00	80			
境内公路里程 （公里）	组间	2796208.72	2	1398104.36	3.067	0.052
	组内	35560000.00	78	455853.79		
	总数	38350000.00	80			
境内铁路营业里程 （公里）	组间	35960.58	2	17980.29	9.962	0
	组内	140787.76	78	1804.97		
	总数	176748.34	80			
人均全年用电量 （千瓦时）	组间	31870000.00	2	15930000.00	28.506	0
	组内	43600000.00	78	558999.22		
	总数	75470000.00	80			
社会消费品人均 零售额（元）	组间	77640000.00	2	38820000.00	33.063	0
	组内	91580000.00	78	1174162.23		
	总数	169200000.00	80			
人均出口总额 （美元）	组间	258952.41	2	129476.20	9.005	0
	组内	1121475.19	78	14377.89		
	总数	1380427.59	80			
人均城镇固定资产 投资完成额（元）	组间	1475000000.00	2	737400000.00	23.345	0
	组内	2464000000.00	78	31590000.00		
	总数	3939000000.00	80			
人均普通中学 专任教师数（人）	组间	0.00	2	0.00	1.872	0.161
	组内	0.00	78	0.00		
	总数	0.00	80			
千人拥有医院及 卫生院床位数（张）	组间	3.14	2	1.57	4.744	0.011
	组内	25.84	78	0.33		
	总数	28.98	80			
千人拥有卫生 技术人员数（人）	组间	2.13	2	1.06	2.002	0.142
	组内	41.44	78	0.53		
	总数	43.57	80			

指标		平方和	df	均方	F	显著性
城镇在岗职工年平均工资（元）	组间	8945000000.00	2	4473000000.00	7.277	0.001
	组内	47940000000.00	78	614600000.00		
	总数	56880000000.00	80			
农村居民人均纯收入（元）	组间	105700000.00	2	52850000.00	51.007	0
	组内	80820000.00	78	1036194.72		
	总数	186500000.00	80			
环境污染治理人均本年完成投资总额（元）	组间	27159.68	2	13579.84	2.038	0.137
	组内	519835.91	78	6664.56		
	总数	546995.59	80			

第一类：经济发达区域：南昌县、湖口县、共青城市、分宜县、贵溪市、丰城市、德兴市，共7个县（市）。

第二类：经济中等发达区域：新建县、安义县、进贤县、浮梁县、乐平市、上栗县、芦溪县、九江县、武宁县、永修县、德安县、星子县、彭泽县、瑞昌市、余江县、大余县、崇义县、龙南县、定南县、全南县、吉安县、吉水县、峡江县、新干县、永丰县、泰和县、安福县、井冈山市、奉新县、上高县、宜丰县、靖安县、铜鼓县、樟树市、高安市、南城县、黎川县、南丰县、崇仁县、宜黄县、金溪县、资溪县、东乡县、广丰县、玉山县、铅山县、横峰县、弋阳县、万年县、婺源县，共50个市县。

第三类：经济欠发达区域：莲花县、修水县、都昌县、赣县、信丰县、上犹县、安远县、宁都县、于都县、兴国县、会昌县、寻乌县、石城县、瑞金市、南康市、遂川县、万安县、永新县、万载县、乐安县、广昌县、上饶县、余干县、鄱阳县，共24个市县。

为了验证将江西省81县（市）分为三类是否合理，以类为自变量，以各指标为因变量进行单因素方差分析。方差分析结果显示：当划分为三类时，境内公路里程、人均普通中学专任教师数、千人拥有卫生技术人员数、环境污染治理人均本年完成投资总额4个变量并未达到差异显著，但其他12个指标均达到差异显著。总体而言，分为三类是适当的。

本研究从第一类、第二类和第三类区域各选取一个县（市）作为研

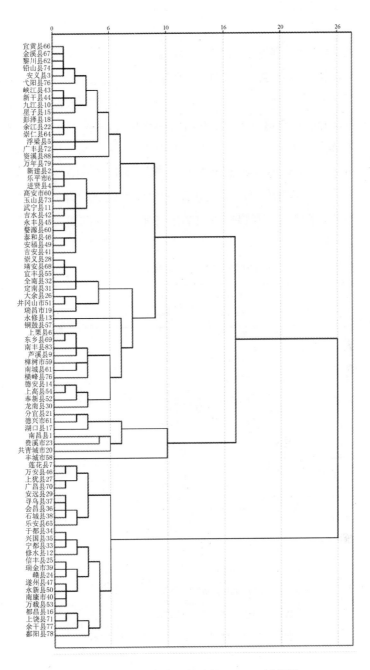

图 3 - 2　江西省聚类分析结果 WARD 树状图

究的样本县,即选取南昌县、龙南县和都昌县三个县作为课题研究的样本县。

（三）陕西省聚类分析结果与样本选取

在对陕西省 81 个县市经济社会发展水平进行聚类分析时,选取了年末总人口（万人）、人均 GDP（元）、人均地方一般财政预算收入（元）、人均农林牧渔业总产值（元）、人均农用机械总动力（千瓦）、城镇居民人均可支配收入（元）、社会消费品人均零售额（元）、农民人均纯收入（元）8 个指标。以 2010 年数据进行运算,确定 WARD 法为本数据运算的最佳选择。使用明氏距离（欧式距离）作为距离计算标准,并将全部数据标准化为 Z 评分,得出样本聚类情况如表 3-3 和图 3-3 所示:

表 3-3　　　　　　　　　陕西省聚类验证结果 ANOVA

指标		平方和	df	均方	F	显著性
年末总人口 （万人）	组间	173.64	2.00	86.82	0.31	0.74
	组内	22479.71	80.00	281.00		
	总数	22653.36	82.00			
人均 GDP（元）	组间	30720000000.00	2.00	15360000000.00	113.50	0.00
	组内	10830000000.00	80.00	135300000.00		
	总数	41540000000.00	82.00			
人均地方一般财政 预算收入（元）	组间	220700000.00	2.00	110300000.00	55.81	0.00
	组内	158200000.00	80.00	1977320.16		
	总数	378900000.00	82.00			
人均农林牧渔业 总产值（元）	组间	46800000.00	2.00	23400000.00	4.59	0.01
	组内	408000000.00	80.00	5099392.71		
	总数	454800000.00	82.00			
人均农用机械 总动力（千瓦）	组间	164200000.00	2.00	82090000.00	10.40	0.00
	组内	631400000.00	80.00	7892287.73		
	总数	795600000.00	82.00			
城镇居民人均 可支配收入（元）	组间	156900000.00	2.00	78470000.00	35.55	0.00
	组内	176600000.00	80.00	2207462.54		
	总数	333500000.00	82.00			

续表

指标		平方和	df	均方	F	显著性
农民人均 纯收入（元）	组间	40350000.00	2.00	20180000.00	33.39	0.00
	组内	48340000.00	80.00	604307.72		
	总数	88700000.00	82.00			
社会消费品 人均零售额（元）	组间	54290000.00	2.00	27140000.00	19.77	0.00
	组内	109900000.00	80.00	1373355.86		
	总数	164200000.00	82.00			

第一类：经济发达区域：高陵县、子长县、安塞县、志丹县、吴起县、甘泉县、洛川县、黄陵县、神木县、府谷县、凤县、靖边县、定边县，共13个县（市）。

第二类：经济中等发达区域：蓝田县、户县、凤翔县、岐山县、扶风县、眉县、三原县、泾阳县、乾县、礼泉县、彬县、武功县、兴平市、大荔县、蒲城县、富平县、韩城市、横山县、绥德县、米脂县、吴堡县，共计21个县（市）。

第三类：经济欠发达区域：周至县、宜君县、陇县、千阳县、延长县、延川县、富县、宜川县、黄龙县、郑县、固县、洋县、西乡县、勉县、宁强县、略阳县、镇巴县、留坝县、佛坪县、麟游县、太白县、永寿县、长武县、旬邑县、淳化县、汉阴县、石泉县、宁陕县、紫阳县、岚皋县、平利县、镇坪县、旬阳县、白河县、洛南县、丹凤县、商南县、山阳县、镇安县、柞水县、华县、潼关县、合阳县、澄城县、白水县、华阴市、佳县、清涧县、子洲县，共计49个县（市）。

为了验证将陕西省83个县分为三类是否合理，以类为自变量，以各指标为因变量进行单因素方差分析发现，除了人均农林牧渔业总产值（元）指标外，其余指标都达到显著差异性，说明其人均农林牧渔业总产值（元）指标在分为三类时，类与类间的距离小了一些，不能较好地反映出三类之间的距离差异性，但是其他指标在分为三类时，各类之间的距离达到了显著差异性。因此总体而言，分为三类是适当的。本研究从第一类、第二类和第三类区域各选取一个县（市），即选取定边县、蒲城县和岚皋县三个县作为课题研究的样本县。

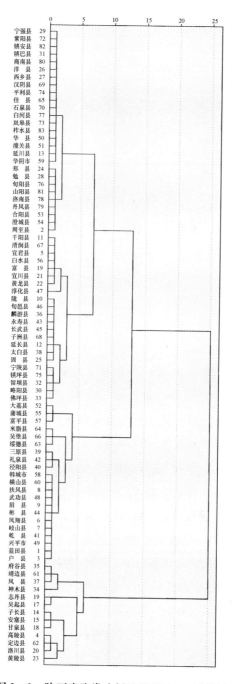

图 3-3　陕西省聚类分析结果 WARD 树状图

第二节　资料收集与数据来源

本书主要通过文献收集、发放调查问卷与会议访谈来收集有关资料和数据。

一　广泛查阅国内外文献资料

通过查阅并研读相关图书、国内外期刊纸质与电子资料以及党和政府发布的重要报告和其他规范性文件，深刻领会党和政府关于经济社会发展特别是县域经济社会发展的政策和精神，全面了解了理论界与实践界关于包容性增长和县级政府公共服务能力的相关成果，这些前期研究成果为本书研究提供了很好的借鉴，开阔了我们研究者的视野，有助于本书研究力争站在该方向研究的前沿。

二　深入地方政府收集相关资料

到省、市、县统计局、发改委、农业局、工商局、民政局等相关部门收集县统计年鉴、"十二五"规划、国民经济及社会发展统计公报及其他体现该县经济社会发展和公共服务能力的相关资料。

深入县市调研，通过个别访谈和座谈会的方式收集相关资料，并通过面对面地交流更深入了解有关情况。本研究组成员分别到9个样本县进行调研，对各样本县的公务员、工人、农民等群体分别进行了深度访谈，既有事实调查也有意见征询，既召开座谈会也有个别交流。访谈的内容主要是当地公共服务的基本情况、经验、存在的问题以及提高公共服务能力以促进县域包容性增长的意见和建议。

三　发放调查问卷

问卷调查是本书收集进行实证分析的数据的主要方法。

（一）调查问卷的修订

本书负责人在前期进行了以"县级政府公共服务能力及其影响因素的实证研究——基于赣、鄂两省的调查分析"为题的研究，开发出县级政府公共服务能力构成、县级政府公共服务能力影响因素和县级政府公共服务满意度等调查问卷。后续研究表明，该调查问卷具有较好的信度和效度。因此，本书研究主要借鉴上述研究成果，同时根据包容性增长的内涵进行了适当修改。

1. 关于问卷量表等距数目的确定

由于我们要根据调查问卷数据进行相关性分析、回归分析及建立结构方程，因此，本调查问卷采用李克特等距量表，虽然其不是真正的等距量表，但假定问卷具有等距变量的相关性质，只有这样才能进行科学的数据统计分析并归纳出合理的研究结论。

李克特量表包括三点至七点等多种量表法，根据学者 Berdie 的研究经验，大多数情况下，五点量表是可靠的，选项超过五点，一般人难有足够的辨别力，三点量表限制了温和意见与强烈意见的表达。[①] 本问卷发放对象为县域公民。公民的素质、理解能力和经验阅历有较大的差异，呈现出较强的异质性特点。在课题负责人的已有研究中，采用五点量表法进行调查问卷分析时，结果呈现出较好的信度和效度。因此，本书继续采用李克特的五点量表法，即公共服务能力维度量表和公共服务能力影响因素量表的数字从 1 到 5 依次表示为完全不符合、大部分不符合、一半符合、大部分符合、完全符合。公共服务满意度测量量表的数字从 1 到 5 依次表示为非常不满意、不太满意、一般满意、比较满意、非常满意。

2. 关于问卷修订的程序

本调查的正式问卷的形成经过了第一次修订、咨询、预试问卷形成、预试、最后修订五个阶段。

第一阶段，对包容性增长文献和县级政府公共服务能力等文献进行了较为深入的梳理和研究。基于此，修订了从《县级政府公共服务能力及其影响因素的实证研究》中开发出来的调查问卷。

第二阶段，通过召开小型座谈会和个别专家学者咨询的方式，征求调查问卷的初次修改意见。课题组成员将修订后的调查问卷提交给本校相关学科教授、博士及县处级官员等人员征求意见，评测表格如表 3 - 4 所示。

---

① 参见吴明隆《SPSS 统计应用实务——问卷分析与应用统计》，科学出版社 2003 年版，第 23 页。

表 3－4　　　　　　公共服务能力问卷调查（专家内容效度检验）

层面	题项内容	合适	修正后适合	不适合	建议
公共服务能力维度	1.				
	2.				
	……				
公共服务能力影响因素	1.				
	2.				
	……				
公共服务满意度	1.				
	2.				
	……				

　　第三阶段，根据上一阶段获得的建议和评测意见对初次修订的调查问卷的测量条款和语义表述进行了修正，形成预试问卷。

　　第四阶段，将预试问卷在江西师范大学的 MBA 和 MPA 部分学员及江西省南昌县的部分官员、群众中进行试测。

　　第五阶段，根据试调查反映出的问题，笔者对调查问卷再次修正，形成正式调查问卷。最终形成调查问卷如表 3－5、表 3－6、表 3－7 所示。

表 3－5　　　　县级政府公共服务能力调查问卷设计内容及依据

潜变量	观测变量	问项内容	问项设计依据简述
规划能力	规划的成果共享性	本县经济社会发展规划体现了政府对就业、教育、医疗等基本公共服务的高度重视和投入	包容性增长不仅着眼于消除贫困，而且更关注通过消除因个人背景差异所造成的权利贫困与能力缺失问题，从而减少与消除机会不平等现象，人人公平参与发展，个个共享增长成果

续表

潜变量	观测变量	问项内容	问项设计依据简述
规划能力	规划的环境把握性	本县政府能准确把握党和国家的公共服务政策和县域环境特点，并把它纳入本县经济社会发展规划	评估外界环境是制订规划的必要步骤，21世纪战略管理研究的一个重要特征是更注重外部环境不连续变化。① 党和国家政策是制定县域公共服务规划必须把握的最重要的政治环境。规划制订必须把握当地经济社会环境并与之适应，规划体现县域特色是其生命力所在
规划能力	规划编制程序的公正性	政府制定本县经济社会发展规划时广泛征求了公民和社会团体的意见和建议	民主行政理论："公民资格不应该是被动地由公民所认同的社群给予，而是必须由公民本身在积极参与公共事务的行政中所构建。"② 本杰明·巴伯："强势民主要求实行公民参与，实行无中间环节的自治。它需求一种制度，这种制度能够使个人在社区事务和国家事务中都能参与共同的对话，参与共同决策和政治判断，参与共同的行为。"③ 社会参与是保证公共服务规划科学、公正的基本途径
	规划的可持续发展性	当地经济社会发展具有可持续性	战略规划必须要关注长远④，科学的规划应使得当地经济社会可持续发展
资源汲取能力	税收	当地税收征管措施得力，公民和企业纳税意识强	税收是县财政最重要的来源，但税种和税率由国家统一，县税的多少除了与经济有关外，与地方政府税收征管和纳税人的纳税意识有很重要关系

---

① 参见刘冀生《企业战略管理》，清华大学出版社 2003 年版，第 22 页。

② 常征：《"公共管理与公众参与"研讨会综述》，《中国行政管理》2001 年第 9 期。

③ Benjamin Barber, *Strong Democracy*：*Participatory Politics for a New Age*. Berkeley：University of California Press（1984）：261.

④ 参见［澳］欧文·E. 休斯《公共管理导论》（第三版），张成福等译，中国人民大学出版社 2007 年版，第 165 页。

续表

潜变量	观测变量	问项内容	问项设计依据简述
资源汲取能力	特殊资源	本县获得较多预算外资金、特殊经济政策和社会资助	我国均等化转移支付的总量偏小，支付结构不太合理，专项转移支付比重较大。省级、地市级财政对县乡财政的转移支付力度不足，因此获得预算外专项资金和政策资源及社会捐助将在较大程度上提高其财政实力
	非政府投资	本县民办企业踊跃参与教育、医疗、养老、垃圾清运等公共服务领域	多元服务主体可以弥补政府财力不足
		到本县投资的外地企业（包括外资企业）多	外资进入本地有利于经济发展，增加税收
	府际合作	本县乐于与其他政府合作，为公众提供更多或更好的公共物品或公共服务	人们越来越意识到，地方公共事务的有效治理绝不能仅仅依赖于地方政府，需要将视野扩展到地方政府与其他横向和纵向的政府间关系、地方政府与私人部门、志愿部门和市民间的关系①
资源配置能力	资源配置的市场性	本县政府在教育、医疗卫生、交通、基础设施等公共服务领域尽可能引入了市场机制	资源配置的制度方式主要是计划经济和市场经济两种方式。市场在资源配置中起基础性作用。新公共管理理论认为市场机制在资源配置上有其优越性，引入市场机制，建立多样化的公共服务体制，让企业参与具体的生产环节可以提高公共服务的效率，使公共服务投入效益最大化
	资源配置的公平性	本县政府加大了农村公共服务和教育、医疗、社会保障等基本公共服务投入	政府通过财政支出和税收等财政手段进行资源配置，弥补市场失灵。实现基本公共服务均等化是缩小城乡差异的重大举措，央地关系从"以经济总量为导向"向"以基本公共服务均等化为重点"转变

① 参见［美］罗伯特·阿格拉诺夫、迈克尔·麦圭尔《协作性公共管理》，北京大学出版社 2007 年版，第 3 页。

续表

潜变量	观测变量	问项内容	问项设计依据简述
资源配置能力	资源配置的优化性	当地已利用本地自然资源、技术及位置等优势，形成特色经济或产品	地方资源配置效果评价的重要标准是当地是否充分利用本地的自然、经济、文化等资源形成具有地方特色的产品
	资源配置的效率性	当地政府投资的工程项目质量和成本总的来看不比非国有企业建设工程项目差	公共物品和服务的生产强调效率性，公共物品和服务的供应强调公平性。质量和成本是衡量效率的两个基本标准
执行能力	执行机制	本县政府及各部门有完善的执行流程、协调及控制机制	明确的执行流程和协调机制是使执行行为规范化、科学化的保障。行政问责制的建立和实施是预防和惩处公务员滥用权力、违法乱纪、乱作为或不作为，提高执行力的制度保障
	执行理解	本县工作人员对公共服务政策常常理解不准确，造成执行结果偏离目标	对执行目标、规划、计划的准确理解是达成执行目的的基础
	执行认同	本县政府或工作人员对任务有选择地执行，有利于个人或地方利益的执行，反之不执行	现代官僚必须具有两种基本品质："一种是责任：忠实地服从法律、高级官员的指令、效率和经济标准。另一种是符合伦理的行为：遵从道德标准，避免出现不道德的行为。"① 纵向政府间利益博弈，个人与政府利益博弈等是制约政府执行力的关键性因素
	执行支持	本县公务员执行任务时能获得完成任务所必需的资源及技术等支持	政府执行力是一种组织力②，资金、技术、人员等支持性条件是完成任务的必要条件

---

① 参见［美］詹姆斯·W. 费斯勒和唐纳德·F. 凯特尔《行政过程的政治——公共行政学新论》，陈振明等译，中国人民大学出版社 2001 年版，第 367 页。

② 徐珂：《政府执行力》，新华出版社 2007 年版，第 73 页。

续表

潜变量	观测变量	问项内容	问项设计依据简述
危机管理能力	危机管理机制	当地政府已建立减灾防灾机制，有明确的责任人	危机管理机制是政府危机管理的机构设置及其功能、权限和运行程序的总和，分预防机制、应急机制和责任机制，完善的机制是保证危机管理工作健康稳步发展的基本条件。在县域，重大自然灾害是最常见的危机事件
	危机信息沟通	发生危机时，本县政府能及时通报及反馈有关危机事件信息，稳定群众情绪	信息及时公开不仅是满足公民知情权的需要，而且也有利于提高政府公信力，维护社会稳定
	危机事件预防	在社会突发事件和自然灾害等危机事件发生之前，本县政府常常能提前获悉并采取有效措施减少危机事件发生	利益失衡型、权力异化型危机事件和水灾、旱灾、虫灾等自然灾害是危害县域的高频危机事件，这类事件的预防是政府危机管理能力最直接的体现
	危机应急处置	发生重大天灾人祸时，本县政府能很快地组织人力、物力进行救援	作为公共治理主体，政府因其责任、地位和能力，是县域危机事件处理的主要角色。政府不仅要组织动员各种力量和资源共同参与，而且对各种组织机构和人员进行统一指挥协调、调度，有秩序地处理各项应急事务，其应急处置能力强弱决定着危机处理的成效和社会安危
	危机事件善后处理	危机过去后，本县政府能迅速介入危机事件后期管理的恢复工作，尽快恢复正常秩序	危机事件应急处理后，尽快恢复正常社会和生产秩序是危机管理善后的最重要工作

表 3 – 6   公共服务能力影响因素调查问卷设计内容及依据

潜变量	测量项	问项	问项设计依据简述
行政环境	政治环境（在以后的模型研究中以字母 zzhj 表示）	本县近五年没有出现主要县领导或主要部门领导因违法而受到党纪国法处罚的情况	政治要素主要包括政府间权力的分配、政府组织体系。在我国，县级政府职责和权力由宪法及一些组织法规定，各地基本相同，因此在政府职责和权力确定的情况下，县政府组织设计和权力监督就是影响公共服务能力最重要的因素
	法律环境（在以后的模型研究中以字母 flhj 表示）	当地组织和民众普遍具有遵纪守法的意识	完善的法律制度和具有较强的法律意识是执行公共服务政策的基础
	经济环境（在以后的模型研究中以字母 jjhj 表示）	本县经济活跃，开放程度高，人们市场意识强	经济体制和生产力的发展水平是影响公共行政最主要的生态因素。县域市场经济活跃程度及人们市场意识的强弱是我国社会主义市场经济体制在当地建立和完善的具体反映，直接影响当地生产力发展
	社会文化环境（在以后的模型研究中以字母 shhj 表示）	公民或者其他社团组织政治参与对本县政府的决策是有影响力的	公民的能力意识会影响到其政治行为。假如某人相信他具有影响力，他就更可能试图利用它。因此一个主观上有能力的公民更有可能是一个积极的公民①
	技术环境（在以后的模型研究中以字母 jshj 表示）	所在县大多数乡村都可以用电脑上网	影响公共事务管理的技术环境主要是信息技术，在我国通信技术已进入乡村的情况下，乡村计算机技术的应用影响到县级政府电子政务的适用性和普遍性

① 参见［美］加尔里埃尔·A. 阿尔蒙德、西德尼·维伯《公民文化》，徐湘林译，华夏出版社 1987 年版，第 207—208 页。

潜变量	测量项	问项	问项设计依据简述
政府人力资源	主要领导（在以后的模型研究中以字母 zyld 表示）	本县主要领导工作能力强，在当地威信高	"必须把提高领导水平和执政能力作为各级领导班子建设的核心内容抓紧抓好"①，县政府主要领导干部是当地经济社会发展的领导者，其工作能力在制定和执行公共服务政策中起着关键作用，其威信影响着公众对公共服务政策及执行的理解、认可和支持
	人力资源数量（在以后的模型研究中以字母 rlsl 表示）	当地政府工作人员数量适宜	人力资源数量适宜是人力资源最基本要素
	人力资源素质（在以后的模型研究中以字母 rlsz 表示）	本县政府及其派出机构工作人员绝大多数是考录进来	基于人力资本理论和公共管理理论。考任制公务员素质一般优于委任制公务员素质
	人力资源管理（在以后的模型研究中以字母 rlgl 表示）	本县公务员绩效考核起到了规范和激励公务员的效果	在政府人力资源管理中，绩效管理是最难做也是最能发挥县政府管理技能的人力资源管理模块，它是影响公务员的薪酬与晋升、改任及退出的重要因素
	人力资源开发（在以后的模型研究中以字母 rlkf 表示）	当地政府定期举办讲座或组织公务员到外地参观学习	培训开发是政府人力资源开发最普遍也是最重要的方式

---

① 胡锦涛：《高举中国特色社会主义伟大旗帜　为夺取全面建设小康社会新胜利而奋斗——在中国共产党第十七次全国代表大会上的报告》，《求是》2007 年第 21 期，第 3—22 页。

续表

潜变量	测量项	问项	问项设计依据简述
政民互动	回应机制（在以后的模型研究中以字母 hyjz 表示）	本县有政务信息公开、听证制度并能落实	完善的政务公开、决策公示、决策听证等制度及其实施是县级政府回应规范化的根本保障
	回应平台（在以后的模型研究中以字母 hypt 表示）	本县建立了政府网站、手机、电视电台、报纸等多种媒介组成的政民沟通网络	人大、政协、民主党派和工商联、行业协会及其他社团组织等作为政治参与平台发挥了很重要的作用，但是这种参与也有参与人数少、参与面不宽、受时空因素影响的局限性，充分利用信息技术构建多维政民沟通网络是保障公民与政府互动的基本平台
	回应行为（在以后的模型研究中以字母 hyxw 表示）	本县政府部门不仅及时对群众反映的问题做出回应，而且能顺应环境变化出台新的政策和制度，以适应公民和社会的需求	回应强调互动，政府回应行为的及时性和准确性既直接影响回应能力，同时又影响公民参与回应的热情
	公民参与（在以后的模型研究中以字母 gmcy 表示）	本县居民能够踊跃、理智而不是为感情或私利参与县政府及其下属部门组织的各种征询意见和建议的活动	公民参与是政府善治要求，因此社团和公民积极而理性地参与是影响政府公共服务能力的社会因素
	社团参与（在以后的模型研究中以字母 stcy 表示）	当地社团（如商会、行业协会、农村民间组织等）和民主党派能积极参政议政，促进公共服务政策实施	"政府机构常常会发觉应该并必须依赖社团协助，以实现各种计划和政策"①

① ［美］里格斯：《行政生态学》（中译本），台湾商务印书馆 1978 年版，第 15 页。

表 3 – 7　　　　　　　　　　公共服务满意度调查问卷设计内容

潜变量	测量项	问 项
对公共服务和公共物品的满意度	对当地教育、科技、文化满意度	对当地义务教育的师资、生源、教学条件、择校公平性和教育质量满意度
	对社会保障和就业的满意度	对当地政府提供就业的信息、培训和困难群众就业援助工作的满意度
	对医疗、卫生的满意度	对当地医院环境和设备、医疗技术水平、医疗费用和药品价格等的满意度
	对社会保障的满意度	对当地居民最低生活保障和获得的灾害救助等服务的满意度
	对社会治安的满意度	对当地社会治安满意度
	对环境保护的满意度	对当地生态污染治理和环境保护工作的满意度
	对公共文化建设的满意度	对当地体育健身、公共娱乐场所建设及管理的满意度
	对农村基础设施和乡村治理满意度	对当地道路、农田水利、安全饮用水设施、电网等公共基础设施建设和村容村貌整治的满意度（农村居民填写）
	对落实惠农政策的满意度	对当地落实惠农政策（如种粮补贴）的满意度（农村居民填写）
	对城市基础设施服务的满意度	对当地供水、电、气和垃圾处理等公共事务的满意度（城镇居民填写）
	对社区事务管理的满意度	对当地社区人口搬迁和外来人口管理工作的满意度（城镇居民填写）
对各级政府公共服务工作的满意度	对基层政府公共服务工作满意度	对当地乡镇干部或社区干部公共服务工作的满意度
	对县级政府公共服务工作的满意度	对当地县级政府公共服务工作的满意度
	对省级政府公共服务工作的满意度	对省政府公共服务政策及工作的满意度
	对中央政府公共服务工作的满意度	对中央政府公共服务政策及工作的满意度

（二）问卷发放

本书调查问卷发放的对象为江苏省、江西省和陕西省9个样本县的县域公民，采取随机抽样方式对部分公务员、普通城镇居民和农村居民进行调查。鉴于本问卷填答需要一定的文化知识，因此在对文化程度较低的居民调查时进行了适当的解释。问卷发放数量与地点具体如表3-8所示。

表3-8 调查问卷发放情况一览

省	县市	发放调查问卷数	回收问卷数	有效问卷	有效份数
江苏省	盱眙县	200	150	148	144
	张家港市	200	150	149	137
	兴化市	200	150	113	102
江西省	南昌县	200	200	169	160
	龙南县	200	150	149	137
	都昌县	200	150	150	138
陕西省	蒲城县	200	200	171	165
	岚皋县	200	150	119	116
	定边县	200	150	150	141
合计		1800	1400	1318	1240

（三）调查问卷的人口统计特征

笔者在调查中虽然得到了县级政府有关领导的大力支持，但是由于被调查者认为一些问题比较敏感，拒绝回答；还有一些人对反向题目作答不清楚，导致一些问卷作废。但总的情况还是比较客观真实。样本人口统计特征见表3-9。

表3-9 调查问卷人口统计特征

项目	类别	人数（人）	百分比（%）
性别	男	677	55.8
	女	537	44.2

续表

项目	类别	人数（人）	百分比（%）
学历	高中、中专及以下	530	42.8
	大专	386	31.1
	本科	226	18.2
	硕士研究生	72	5.8
	博士研究生	26	2.1
职业或职务	农民	293	23.6
	个体户	306	24.7
	一般职员	391	31.5
	中层管理人员	141	11.4
	县处级干部	43	3.5
	其他	66	5.3
年收入（万元）	平均值	最小值	最大值
	5.592	2.0	50.0
样本数合计		1240	

从表 3-9 可知，有效样本数为 1240，其中被调查人群中男性公民比女性公民多 11.6%；学历以本科及本科以下学历为主，但也有一部分高学历人群，这部分人主要集中在学校、医院和政府机关；职业以农民、个体户和一般职员为主，但也兼顾了其他类型人员；从收入来看也包括了各个层面。因此总的来看，样本结构比较合理，具有较好的代表性。

第三节 本章小结

本章主要是介绍本书样本县选取方法和收集资料与数据的途径，着重介绍了样本县选取方法和调查问卷开发流程。力求资料来源的高可信度、高相关度和强时效性，为后续研究的科学性奠定资料与数据基础。

本章主要有以下研究结论：

一是通过聚类分析法选取样本县，以聚类分析法对江苏、江西和陕西三省的所有县根据经济社会发展水平划分为发达、较发达和欠发达三类县，并在各省三类区域结合资料的可获得性选取了 9 个样本县（市）。江苏省选取张家港市、兴化市和盱眙县为样本县（市），江西省的样本县为南昌县、龙南县和都昌县，陕西省的样本县为定边县、蒲城县和岚皋县。

二是本书资料与数据来源主要有文献收集、发放调查问卷与访谈。调查问卷主要是根据本书作者前期博士学位论文开发的《县级政府公共服务能力构成》《县级政府公共服务能力影响因素》和《县级政府公共服务满意度》等调查问卷，结合本书研究内容进行修订。

第 四 章

我国县域包容性增长评价

本章基于主成分分析方法，重点分析江西、江苏和陕西三省县域包容性增长情况，主要从县域经济发展、县域政府再分配公平性和县域经济社会协调发展三个方面进行评价。通过比较分析三省县域包容性增长情况，进而阐述我国县域包容性增长过程中存在的问题并提出相应的措施，为县域包容性增长提供借鉴。

第一节 主成分分析评价方法简介

主成分分析（principal components analysis）方法是基于降维思想，尽可能在损失较少信息的前提下，用几个综合指标来表示多个指标的多元统计方法。这种经过转化生成的综合指标就是主成分。[①]

为能够更准确、全面地反映事物的发展规律及特征并用实证研究方法研究某一事物，研究者往往会选取较多指标来反映事物。主要是为了（1）用尽可能多的指标来反映事物，避免因重要信息遗漏造成结果不够准确；（2）虽然指标增加反映事物更全面，同时也使问题的复杂性增加，甚至造成信息严重重叠，反而使得事物的真正内在规律和特征无法得到很好的诠释。但是透过主成分分析，能够从事物错综复杂的关系中提取部分主要成分，使得我们能够使用大量的统计数据开展定量分析，进而揭示变量间的内在联系。

假设关于某一事物的研究涉及 p 个指标，分别用 X_1，X_2，$\cdots$，X_p 表

---

① 参见何晓群《多元统计分析》，中国人民大学出版社 2012 年版。

示。这 p 个指标构成的 p 维随机向量为 $X = (X_1, X_2, \cdots, X_p)'$。设随机向量 X 的均值为 u，协方差矩阵为 Σ。对 X 进行线性变换，可以形成新的综合变量，用 Y 表示，则新的综合变量可以由原来的变量线性表示，即下式（公式4.1）

$$\begin{cases} Y_1 = u_{11}X_1 + u_{21}X_2 + \cdots + u_{p1}X_p \\ Y_2 = u_{12}X_1 + u_{22}X_2 + \cdots + u_{p2}X_p \\ \cdots\cdots \\ Y_p = u_{1p}X_1 + u_{2p}X_2 + \cdots + u_{pp}X_p \end{cases} \qquad （公式4.1）$$

同时，将上述线性变换约束在如下原则之内：

（1）$u'_i u_i = 1$ （$i = 1, 2, 3, \cdots, p$）。

（2）Y_i 与 Y_j 相互无关（$i \neq j$; $i, j = 1, 2, \cdots, p$）。

（3）Y_1 是 $X_1, X_2, \cdots, X_p$ 的一切满足原则（1）的线性组合中方差最大者；Y_2 是与 Y_1 不相关的 $X_1, X_2, \cdots, X_p$ 所有线性组合中方差最大者；……Y_p 是与 $Y_1, Y_1, \cdots, Y_{p-1}$ 都不相关的 $X_1, X_2, \cdots, X_p$ 的所有线性组合中方差最大者。

基于以上三条原则决定的综合变量 $Y_1, Y_1, \cdots, Y_p$，分别称为原始变量的第一、第二……第 p 个主成分。其中，各综合变量在总方差中所占的比重依次递减。

主成分分析的几何意义就是坐标系旋转的过程。设有 N 个样本，每个样本有两个观测变量 X_1, X_2，在由变量 X_1, X_2 组成的坐标系空间中，N 个样本散布的情况如带状，如图 4 - 1 所示。

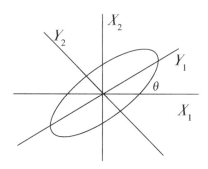

图4 - 1 样本散布情况

从图中可以看出，若只考虑 X_1 和 X_2 中的任何一个，原始数据中的信息都会有较大的损失。现在考虑 X_1 和 X_2 的线性组合，使原始样本数据可以由新的变量 Y_1 和 Y_2 来表示，我们将坐标轴按照逆时针方向旋转 θ 角度，这样就得到了新的坐标轴 Y_1 和 Y_2，坐标轴旋转公式的矩阵形式如下：

$$\begin{bmatrix} Y_1 \\ Y_2 \end{bmatrix} = \begin{bmatrix} \cos Y_\theta & \sin \theta \\ -\sin \theta & \cos \theta \end{bmatrix} \begin{bmatrix} X_1 \\ X_2 \end{bmatrix} = UX$$

公式中，U 为旋转变换矩阵。由上式可知它为正交矩阵，即，

$$U' = u^{-1}, \quad U' = I$$

经过上述旋转之后，N 个样本点在 Y_1 轴上的离散程度最大。变量 Y_1 代表了原始数据的大部分信息，对数据起到了浓缩的作用。因此，各主成分表达式就是新坐标系与原坐标系的转换关系。新坐标系中，各坐标轴的方向就是原始数据变差最大的方向。

本章主要通过主成分分析方法来评价我国县域包容性增长情况，以期找出包容性增长评价的指标构成。同时，也可以通过分析我国县域之间包容性增长之间的差异，为其他县域包容性增长提供参考。

第二节　县域包容性增长指标体系构建

一　我国县域经济发展水平评价实践总结

（一）赣州市县级政府经济发展水平评价实践

赣州市政府为了能够更好地推动赣州市经济社会发展提速、提质、提效，加快实现发展规模、发展层次和发展水平的新跨越，提出了评价赣州县域经济发展水平的评价体系。

1. 评价指标的选取

赣州市县（市、区）经济发展水平考核评价指标包括县政府固定资产投资、县政府工业发展和县政府农业发展三大部分，每个部门具体评价指标见表 4 - 1，共包含 45 个评价指标。

表 4 - 1   赣州市县（市、区）经济发展水平考核评价指标体系

项目	评价指标	
县政府固定资产投资评价	固定资产投资	总额（亿元）
		增幅（%）
		人均（比值）
	工业投资占固定资产投资的比重	比重（%）
	重大工业项目	当年新开工项目完成投资（亿元）
		增幅（%）
		当年竣工投产项目完成投资（亿元）
	实际利用境外省外资金	总额（亿元）
		增幅（%）
	生产总值	总额（亿元）
		增幅（%）
	财政收入	总额（亿元）
		增幅（%）
县政府工业发展评价	规模以上企业工业增加值	总额（亿元）
		增幅（%）
	规模以上工业主营业务收入	总额（亿元）
		增幅（%）
	规模以上工业实现利税	总额（亿元）
		增幅（%）
	规模以上工业增加值占 GDP 比重	比重（%）
		提高值（百分点）
	高新技术产业增加值占 GDP 比重	比重（%）
		提高值（百分点）
	工业经济效益综合指数	指数（%）
	工业投资额	总额（亿元）
		增幅（%）
	出口额	总额（万美元）
		增幅（%）

续表

项目	评价指标	
县政府农业发展评价	农民人均纯收入	指标值（元）
		增幅（%）
	农业总产值	总额（亿元）
		增幅（%）
	粮食总产值	总额（亿元）
		增幅（%）
	规模以上产品加工业企业产值占农业总产值的比重	比率（%）
县政府生态建设评价	节能减排	万元GDP能耗降低率（%）
		二氧化碳排放削减率（%）
		化学需氧量排放削减率（%）
	环境保护	城市污水处理率（%）
		农村垃圾无害化处理率（%）
		主要河流断面水质达标率（%）
		空气质量（级）
	耕地保护	耕地保有量（万亩）
	旅游业发展	旅游综合收入相当于GDP比重（%）

2. 评价方法

单个指标的计分方法根据其属性分别采用指数法、功效系数法以及直接扣分或计分法。其中动态性指标采用指数法和功效系数法计分；控制性指标以未发生为满分，按发生数扣除一定数量的分值；其他指标采用部门计分；综合计分采用加权平均法。[①]

（二）贵州省凤冈县乡镇经济发展水平评价实践

凤冈县为科学评价各乡镇经济发展水平，推动经济又好又快、更好更快发展，根据《贵州省人民政府办公厅关于印发贵州省市县经济发展水平综合测评试行办法的通知》精神，结合凤冈县实际，提出了一套评价经济发展水平办法。

---

① 参见赣州市人民政府《关于落实省政府调整2010年市县政府考核评价体系的通知》。

1. 综合指标选取原则

在指标选取上，着力体现"坚持好、着力快、优化结构、追赶进位"的要求，力求解决发展较慢的问题，并突出强调四个原则：（1）导向性原则，所选取指标应能够起到引领当前和今后经济工作的作用，增强各乡镇创先争优、增比进位意识，实现经济发展提速，综合实力提升；（2）公平性原则，主要选择既能比较准确地衡量经济发展状况又最具有可比性的刚性指标；（3）可操作性原则，所选指标要便于采集，以降低数据采集成本，同时便于评价；（4）绩效性原则，为了全面准确、客观公正地分析评价，所选指标尽可能为结果性指标，注重反映经济发展成果。①

2. 综合测评指标选取

根据综合测评指标选取原则，用于乡镇经济发展水平综合测评的指标包括：财政收入总量及增速（2项）、固定资产投资总量及增速（2项）、农民人均纯收入总量及增速（2项）、人均农业总产值总量及增速（2项）、生产用电量总量及增速（2项）、企业及个体工商户数总量及增速（2项）、招商引资任务完成率、信用工程创建、就业共15项。其中，增长速度指标权重占总权重的48%，绝对量指标权重占总权重的30%，其他指标占22%。

3. 综合测评方法

各乡镇可采用综合指数法衡量经济发展水平，全县经济发展水平能够动态地加以观察，各乡镇侧重考察经济增长速度，兼顾体现乡镇经济发展水平。通过综合分值的比较，实现在同一框架内不同地区在不同时期横向、纵向同时进行比较，准确评价全县经济发展水平和位次以及地区发展历程。

（1）分值计算。计分具体过程如下：一是运用德尔菲（Delphi）法，由专家为指标赋予权重；二是运用功效系数法，标准化处理各指标数据；三是总分值计算采用综合加权法。此定量研究过程的特点是，专家赋予指标权重，给指标计分，最后获得总分值。此总分值能够体现各乡镇经济发

---

① 《省人民政府办公厅关于印发贵州省市县经济发展综合测评办法的通知》，《贵州省人民政府公报》2013年第13期，第38—42、47页。

展的成果，同时具有很强的公正性、可比性和科学性，可以在纵横两个方向开展对比。

（2）综合测评。以 2011 年为起点，此后每半年评价一次。每年 3 月 15 日前综合测评上一年度各乡镇经济社会发展情况，每年 7 月 25 日前对当年上半年各乡镇经济社会发展情况进行测评，由政府办形成综合测评报告，经县政府审定并报县委同意后在全县公布。①

（三）湖北宜昌市县域经济发展水平评价实践

马婧婧、罗静以 2007 年宜昌各县统计数据为基础，选取了 14 项反映县域经济综合实力的主要指标，为尽可能地选取县域经济发展指标进行量化分析，遵循可搜集性、可比性和客观性来选择指标数据，保证能够全面科学地体现县域经济发展水平。主要选取了三个方面的指标，涵盖经济总量指标、人均指标和结构指标共 14 项具体指标，这些具体指标分别是：人均指标、经济总量、地区生产总值、结构指标、社会消费品零售额、外贸出口、地方一般预算收入、地区人均生产总值、人均地方一般预算收入、非农产业从业人员占社会从业人员比重、第三产业比重、税收收入占地方财政收入的比重、农民人均纯收入和工业占 GDP 比重。并且采用德尔菲法来确定指标的权重，构建了宜昌县域经济发展水平评价指标体系，分析对比宜昌 5 县 3 市 1 区的县域经济发展情况。②

二 我国县域经济发展水平评价理论述评

评价县域经济发展水平需要相应的县域经济发展相关理论指导。县域经济发展评价会因评价的定位和目标不同而有所差别，因为其采用的县域经济评价的基本理论是不同的，主要的县域经济发展评价理论如下：

（一）区域经济学理论

1. 区位理论

县域经济产业布局评价的重要理论依据是区位理论。区位理论是用来

---

① 参见《凤冈县乡镇经济发展水平综合测评试行办法》，http://baike.baidu.com/view/8172086htm#ref_[1]_8090105。

② 参见马婧婧、罗静《宜昌市县域经济发展水平评价》，《江汉论坛》2008 年第 12 期，第 68—70 页。

解释人类活动的空间分布以及空间中相互作用关系的理论，具体说来就是分析人类经济行为的空间区位选择和经济活动的优化组合。① 德国经济学家冯·杜能（J. H. von Thunen）于 1826 年完成的农业区位论专著《孤立国对农业和国民经济之关系》（以下简称《孤立国》）和德国经济学家阿尔申尔德·韦伯（Alfred Weber）的《工业区位论》的问世，标志着区位理论的诞生。"杜能圈"由杜能提出，主要论述"农场与市场之间的距离（市场半径）影响到企业的利润率"的农业区位论相关思想。② 韦伯的工业区位理论思想的核心是分析和计算运输、劳力及集聚因素的相互作用，以期寻找工业产品的生产成本最低点。③

2. 产业集聚经济理论

县域经济发展产业规模的合理性决定了需要产业集聚经济理论作为重要的理论指导。某个特定的地理区域内出现同一产业的高度集中，且产业资本要素不断汇聚到该空间范围内的过程就是产业集聚。④ 19 世纪末产生了研究产业集聚问题的热潮，马歇尔（1890）对产业集聚这一经济现象特别关注，并提出了"内部经济"和"外部经济"两个非常重要的概念。自此之后，产业集聚理论出现了不同的流派，极大地推动了产业聚集理论的发展，同时也产生了许多有较大影响的理论，如创新产业集聚论（熊彼特）、区位集聚论（韦伯）、企业竞争优势与钻石模型（波特）和产业集聚最佳规模论（E. M. 胡佛）等。该理论主要是通过分析影响产业集聚规模效益因素，分析经济集聚相互关系和研究产业集聚导向，以此找出经济发展和产业集聚规模的最优模式，实现最佳的产业集聚规模带动区域产业发展，使经济集聚效益最大化。

3. 空间结构理论

指导县域经济空间结构规划的重要理论支撑是空间结构理论。德国学者博芬特尔（E. V. Boventer）最早提出空间结构理论，空间结构理论是指

① 参见蔡来兴《国际经济中心城市的崛起》，上海人民出版社 1995 年版。

② 参见牛蕾《曲靖市县域经济竞争力评价及对策研究》，硕士学位论文，云南财经大学，2010（5）：12 – 20。

③ 参见［德］阿尔申尔德·韦伯《工业区位论》，商务印书馆 1997 年版。

④ 百度百科：产业集聚，http：//baike. baidu. com/link？ url = HeOiMiqmExWTq _ Zc _ _ tq6E8e8croNsufYQ91U。

社会经济各组成部分和组合类型在一定区域范围内的位置关系及其相互作用，同时反映此种关系的空间集聚程度和规模。① 空间结构理论主要关注空间结构在不同社会经济发展阶段的特征，最佳规模、合理集聚，平衡发展与区域经济增长间呈现倒"U"形关系，"点—轴"系统和"点—轴"渐进式扩散等。古典区位理论是空间结构理论的基础，将城镇居民区位优化和三大产业之间的关系进行综合考虑，分析不同的经济客体在空间中的集聚程度和相互作用关系，得到经济客体在空间中的相对位置关系和最佳组合。

4. 梯度理论

县域经济转移评价需要以梯度理论为理论基础。工业生产生命循环阶段理论由美国哈佛大学的费农（Vernon）等人提出，成为梯度理论提出的根源。区域经济发展由高向低梯度式地向前发展，区域经济发展速度不能超越区域内所拥有的基础条件，进而实现最大化的整体利润，区域主导产业在工业生命周期所处的阶段决定了区域经济梯度的高低。② 梯度理论将特殊阶段与区域经济发展固定，即"先进技术"区域永远保持"先进"，"传统技术"区域永远保持"传统"；区域重点生产布局往往更加注重现实优势的发挥，却忽视了潜在优势的开发和利用，导致一方面加大了区域经济开发之间的差异程度，另一方面使得整个国家和地域经济的开发速度受到影响。当前，梯度理论由静态转向动态方向发展，其中，最具权威性和代表性的理论是迈达尔理论，他认为："生产分布会随着任何一个地区或国家经济发展，有两种趋势必然产生，一种是极化趋势，主要表现为生产向某些地区集中；另一种是扩展趋势，主要表现为生产向广大地区分散，极化效应影响前者，扩展效应影响后者。"③

（二）比较经济学理论

研究资源在区域间流动需要比较经济学理论做铺垫，因此也可以用来研究经济资源在县域之间的流动问题。比较经济学理论可以用来比较不同

---

① 参见腾云、徐勇、马国霞、王志强《区域经济空间结构理论与方法的回顾》，《地理科学进展》2009 年第 1 期，第 111—118 页。

② 参见李靖宇等《区域经济协调发展观从中国到大连面向世界的战略跟进》，中国城市出版社 2004 年版，第 175 页。

③ 骆高远：《当代非洲旅游》，光明日报出版社 2010 年版，第 225 页。

国家之间同一社会制度或不同社会制度。它通过比较分析，衡量优劣，判明利弊，总结经验，作为一国经济体制改革、经济结构调整以及制定有关经济政策的依据。比较优势原理（Law of Comparative Advantage）是大卫·李嘉图代表作《政治经济学及赋税原理》中的著名理论。比较优势原理指出每个国家对相对优势较大的商品采取生产和出口策略，而相对优势较小的商品则选择进口方式，这样可以获得较多的利益，比较优势首次论述了参与国际贸易的双方或多方实现互利共赢是可能的，若一个国家产品出口的成本相对较低，而进口此产品的成本相对较高，同时与之正好相反的国家有相对应的产品，此种情形下，两国之间能够实现贸易互利。①比较优势理论能够指导资源在区域间的优化配置，结合该理论来评价县域经济包容性增长时，要注重资源和技术禀赋条件在发展县域经济中具有比较优势，这样才能生产出具有比较优势的产品，进而指导县域经济产业发展布局。

（三）新古典经济学分工理论

县域经济的产业分工格局如何定位关系到县域社会经济的长远发展，而新古典经济学分工理论则阐明了如何进行产业分工。亚当·斯密（1776）最早提出经济分工范畴，他在《国家财富的性质和原因的研究》一书中提出了绝对优势理论，斯密指出自然禀赋、国际分工和后天条件存在较大差异，因此生产效率和生产成本在各个国家都具有绝对差异，若每个地区和国家在组织生产时把区域内最有利的生产条件作为最重要的资源，那么生产成本将实现相对最低，再通过贸易往来使不同地区和国家间的产品实现交换，则资源配置效率在区域内大大提升，货币成本降低，且经济产出增加，实现劳动生产率的提高和社会财富的增加。②结合新古典经济分工理论，要充分考虑县域内适度的产业集群规模、合理的产业分工格局、产业分工的整体效益和密切的产业协作关系，以此准确评价县域经济的发展成果。

（四）产业结构优化理论

县域经济产业结构发展依托产业结构优化理论，为产业结构发展提供

---

① 参见大卫·李嘉图《政治经济学及赋税原理》，光明日报出版社2009年版。

② 参见亚当·斯密《国民财富的性质和原因研究》，商务印书馆1983年版。

理论基础。推动产业结构高速发展和结构合理化的过程就是产业结构优化。我国经济一体化进程逐渐加快，比较优势所造成的差别在不同的地域之间逐步减弱。为此，要把县域智力资源获取能力、创新能力和综合能力综合到县域经济包容性增长评价当中，准确反映县域经济产业结构调整和优化情况。

（五）区域可持续发展理论

关于可持续发展的概念在学术界尚未形成统一的定义。但是，可持续发展的理论为指导县域经济包容性增长提供了重要的理论参考。资源的协调和整合，系统内部有效的管理和运营是区域可持续发展理论的关注点，同时对系统本身的有序和稳定具有至关重要的作用。稳定与均衡的状态需要合理的制度结构，从而实现系统整体及部分发展的最优化。多样性和复杂性问题导致关于可持续发展的评价，学者、各级研究机构、国际组织、各国政府从不同角度提出了评价可持续发展的指标体系和评价方法，虽然各方的评价具有比较大的差异性，但是仍有共同之处，即几乎没有两个指标体系或评价方法是完全相同的。[1] 阿德里安（2002）等人构建了涵盖23个指标的可持续发展指标体系来评价墨西哥夸察夸尔科斯流域的可持续发展状况。[2] 闫庆文（2002）选择了16个评价指标来评价山东五莲县可持续发展情况。[3] 可见在评价县域经济时，需要考虑可持续发展问题。

（六）我国县域经济社会发展评价研究述要

赵玉芝、董平在研究评价江西县域经济发展潜力时，选取了经济发展、社会支撑、资源承载三个一级指标，包含了14个二级指标。[4]

杜忠潮、董智勇等在研究陕西县域经济发展差异时，选取了人均地区生产总值、农民人均纯收入、城镇职工平均工资、乡村就业人数、人均农林牧渔业总产值、社会消费品零售总额、粮食总产量、地方财政收入8项

---

① 参见凌迎兵《区域可持续发展理论、模型与应用》，上海交通大学博士学位论文，2003。

② Adrian Barrera-Roldan. Proposal and Application of a Sustainable Development Index. *Ecological Indicators*, 2002（2）：251－256.

③ 参见闵庆文、李文华《区域可持续发展能力评价及其在山东五莲的应用》，《生态学报》2002 年第 22 期，第 1—9 页。

④ 参见赵玉芝、董平《县域经济发展潜力综合评价以江西省为例》，《生产力研究》2012 年第 6 期，第 114—116、52、261 页。

指标。①

李玲在研究湖南县域经济发展模式时选取了人均生产总值、年末单位从业人员数、财政收入、本地电话年末用户、第一产业增加值、第二产业增加值、农村居民平均纯收入、工业总产值、固定资产投资总额、年末储蓄总余额、农林牧渔业总产值、规模以上工业总产值、社会福利院床位数等18个经济和社会发展指标。②

王庆丰、党耀国等在实证评价河南县域经济时，以河南省18个县（市）作为样本，建立了包含国内生产总值、社会消费品零售总额、工业增加值、第一产业比重、第二产业比重、第三产业比重、农业机械总动力、企业个数、人均国内生产总值GDP、教育事业费等23个指标。③

马婧婧、罗静在研究宜昌县域经济发展情况时，从经济总量、人均指标、结构指标三大方面选取了14项反映县域经济综合经济实力的主要指标。④

梳理已有县域经济社会发展的评价指标体系，可以得出以下结论：一是选取的指标都具有较好的可获得性；二是指标一般都包括经济总量、财政收入、产业结构、教育、医疗、就业等公共服务指标，最后再根据研究的目的增加其他指标。

三　县域包容性增长评价指标体系构建

（一）县域包容性增长指标体系选取的原则

县域经济发展包容性增长评价的定位与目标需要通过县域包容性增长评价原则来体现，借助这些原则，指导具体县域包容性增长评价指导理论和评价方法的选择。县域经济发展包容性增长评价应当遵循的原则主要有操作性、可比性、系统性、动态性、前瞻性等。同时，可以根据具体的县

---

① 参见杜忠潮、董智勇、金萍《基于系统聚类分析的陕西县域经济差异研究》，《宝鸡文理学院学报》（自然科学版）2009年第2期，第79—83页。

② 参见李玲《湖南县域经济的评价与分析》，《统计与决策》2009年第8期，第87—88页。

③ 参见王庆丰、党耀国、王丽敏《基于因子和聚类分析的县域经济发展研究——以河南省18个县（市）为例》，《数理统计与管理》2009年第3期，第495—501页。

④ 参见马婧婧、罗静《宜昌市县域经济发展水平评价》，《江汉论坛》2008年第12期，第68—70页。

域包容性增长发展状况，对部门原则加以调整。

1. 操作性原则

县域经济包容性增长评价指标应当充分考虑能否获得可用的评价指标数据、具备可操作的评价环节和获得认同的评价结果等要求，这样一来可以确保在科学的理论和方法指导下，县域经济包容性增长评价具有可操作性。

2. 可比性原则

纵向的可比性和横向的可比性可以体现出可比性原则的特点。县域经济包容性增长指标体系纵向的可比性是指在选取指标体系、评价采用的方法、数据统计分析方法等方面在不同的时期内具有连续性或者一致性。县域经济包容性增长指标体系横向的可比性是指在选取指标体系、评价采用的方法、数据统计分析方法等方面在不同的县域内保持一致。只有在坚持可比性原则下得出的评价结果才具备真正的可比性。由此，可比性原则也可以称为一致性原则。

3. 系统性原则

评价县域包容性增长是一项长期的、复杂的系统工程，遵循系统性原则要求在评价指标的选取、评价内容以及评价方法的选择上都实现系统化，这样才能使县域经济包容性增长评价更加全面、具体且有逻辑性。

4. 动态性原则

遵循动态性原则要求做到以下两点：一是随着时间的推移能够动态调整所采用的评价方法和所要评价内容等方面；二是在评价过程中，要动静结合，即使动态指标和静态指标同时包含在评价指标体系中。

5. 前瞻性原则

县域经济的包容性增长会随着社会经济的发展而提速，很多能够预见的、发展过程中会出现的问题，能够在评价县域经济包容性增长时被加以考虑，从而实现县域经济包容性增长的可持续性。

（二）县域包容性增长指标体系的构建

在选取县域包容性增长评价指标时必须依据包容性增长的内涵和特点。李晓园在使用 ROST Content Mining 工具进行词频分析"包容性增长"这一概念时，发现包容性增长研究的主要内容涉及以下几个方面：一是增长与发展的方式，二是增长与发展成果的分配，三是增长与发展对政府管理提出的要求。其中增长与发展、制度和公平、收入、机会、分配、共享、参与、权利等词汇频数较高，表明人们对包容性增长的关注点主要集中在这些方面，观点比较趋同。①

基于上述原则，本书选取以下 20 个评价县域经济包容性增长的指标。见表 4 - 2。

表 4 - 2 县域包容性增长评价指标体系

项 目	指标评价
县域社会经济发展指标	每千人拥有的人均卫生技术人员数
	人均拥有公共图书馆藏量
	人均地方财政一般预算收入
	人均生产总值
	每千人拥有的医院和卫生院床位数
	农村居民人均纯收入
	农村恩格尔系数
	城镇居民人均可支配收入
政府再分配公平性指标	普通小学师生比
	普通中学师生比
	新农合参保率
	城镇就业率
	人均各种社会福利性收养单位数
政府再分配公平性指标	人均各种社会福利性收养床位数
	教育支出占财政收入比重
	医疗卫生支出占财政收入比重
县域经济社会协调发展的指标	单位 GDP 能耗
	常用耕地面积指数
	城乡收入差异
	城镇化率

① 参见李晓园《以优质公共服务促进包容性增长》，《江西师范大学学报》（哲学社会科学版）2012 年第 1 期，第 36—42 页。

1. 反映县域经济发展状况的指标

主要有人均 GDP、人均地方财政一般预算收入、农村居民人均纯收入、城镇居民人均可支配收入、农村恩格尔系数（大多数县没有统计城镇恩格尔系数，本书以农村恩格尔系数代替）、城镇就业率。其中，人均 GDP、人均地方财政一般预算收入、就业率体现地方经济发展水平，农村居民人均纯收入、城镇居民人均可支配收入、恩格尔系数反映居民经济收入及分配状况。

2. 反映政府再分配公平性的指标

主要有教育支出占财政收入比重、医疗卫生支出占财政收入比重、新农合参保率、人均各种社会福利性收养床位数、人均各种社会福利性收养单位数、每千人拥有的人均卫生技术人员数、每千人拥有的医院和卫生院床位数、普通小学师生比、普通中学师生比、人均拥有公共图书馆藏量。这些指标体现出国家在基本公共服务方面的投入及产出情况。

3. 反映县域经济社会协调发展的指标

包容性增长要体现人与自然、人与社会的协调。因此，这类指标主要有单位 GDP 能耗、常用耕地面积指数、城乡收入差异、城镇化率等。

第三节 县域包容性增长指标主成分分析

一 苏赣陕三省样本县包容性增长水平的横向评价

横向评价是指通过选取具有内在一致性的县域经济包容性增长的指标体系、评价方法、数据统计方法和口径等来比较不同县域之间的包容性增长水平。

（一）样本县选取及数据来源

本书采用聚类分析法，将江苏省、江西省、陕西省分成经济发达区、经济较发达区和经济欠发达区，然后分别从每省三类区域选取了九县（市），即江苏省的兴化市、张家港市、盱眙县；江西省的南昌县、龙南县、都昌县；陕西省的蒲城县、定边县、岚皋县。此三省九县分别代表了东部地区、中部地区和西部地区社会经济的包容性增长情况。因此，这些县的相关统计数据用于评价我国县域经济发展包容性增长情况具有较好的代表性。

依据上述指标选取原则、确定的指标体系，以及实际情况下数据的可获得性，选取了县域包容性增长水平评价的统计分析数据。这些数据来源于 2012 年样本县统计年鉴和国民经济与社会发展统计公报及调研资料。统计数据如表 4 – 3 所示。

表 4 – 3（1） 三省九县县域包容性增长水平评价指标统计数据 （一）

省份	县名	年份	人均 GDP （元）	人均地方财政一般预算收入（元）	人均各种社会福利性收养单位数（个）	人均各种社会福利性收养床位数（张）	教育支出占财政支出的比重（%）
陕西省	蒲城县	2011	14095.00	456.81	0.000006	0.000158613	31.2997
	定边县	2011	72866.00	3943.67	0.000009	0.001326498	23.9744
	岚皋县	2011	12844.00	328.73	0.000274	0.012338925	20.7813
江苏省	张家港市	2011	204899.22	15675.60	0.000034	0.005193303	6.4903
	盱眙县	2011	24679.23	2595.42	0.000032	0.003007616	10.8038
	兴化市	2011	29209.79	1625.17	0.000105	0.005495868	18.4144
江西省	南昌县	2011	38099.15	2567.70	0.000019	0.002220715	20.4475
	都昌县	2011	6621.69	534.40	0.000033	0.004924739	24.8464
	龙南县	2011	23655.97	1614.67	0.000031	0.002439224	17.0024

表 4 – 3（2） 三省九县县域包容性增长水平评价指标统计数据 （二）

省份	县名	年份	普通小学师生比	普通中学师生比	每千人拥有的医院和卫生院床位数（张）	每千人拥有的人均卫生技术人员数（人）	农村居民人均纯收入（元）
陕西省	蒲城县	2011	0.07	0.09	2.15	2.47	5555
	定边县	2011	0.07	0.07	2.97	2.58	8010
	岚皋县	2011	0.07	0.07	2.97	2.67	4948
江苏省	张家港市	2011	0.13	0.21	6.18	7.38	17252
	盱眙县	2011	0.16	0.16	2.55	2.53	8807
	兴化市	2011	0.16	0.18	2.14	2.08	10439

续表

省份	县名	年份	普通小学师生比	普通中学师生比	每千人拥有的医院和卫生院床位数（张）	每千人拥有的人均卫生技术人员数（人）	农村居民人均纯收入（元）
江西省	南昌县	2011	0.06	0.06	1.36	1.54	8621
	都昌县	2011	0.04	0.05	1.38	2.08	3872
	龙南县	2011	0.05	0.08	2.12	2.65	5185

表4－3(3)　三省九县县域包容性增长水平评价指标统计数据（三）

省份	县名	年份	城镇居民人均可支配收入（元）	城乡收入差异（千元）	城镇化率（%）	城镇就业率（%）	农村恩格尔系数（%）
陕西省	蒲城县	2011	19031	13.48	41.70	96.20	44.30
	定边县	2011	21655	13.65	45.50	95.80	38.60
	岚皋县	2011	17552	12.60	35.00	95.70	40.69
江苏省	张家港市	2011	35128	17.88	64.00	99.00	30.70
	盱眙县	2011	19690	10.88	26.46	97.50	39.40
	兴化市	2011	21480	11.04	46.00	97.50	34.74
江西省	南昌县	2011	20741	12.12	45.00	95.00	44.50
	都昌县	2011	10259	6.39	15.25	95.87	44.50
	龙南县	2011	11640	6.46	48.30	95.90	43.78

表4－3(4)　三省九县县域包容性增长水平评价指标统计数据（四）

省份	县名	年份	新农合参保率（%）	单位GDP能耗（吨标准煤/万元）	人均拥有公共图书馆藏量（册）	常用耕地面积指数（%）	医疗卫生支出占财政支出的比重（%）
陕西省	蒲城县	2011	96.29	3.76	0.12	98.60	11.8247
	定边县	2011	100.00	0.85	0.33	100.10	9.8022
	岚皋县	2011	96.00	0.90	0.29	101.90	6.3193
江苏省	张家港市	2011	100.00	5.30	0.92	99.84	1.9631
	盱眙县	2011	100.00	0.65	0.11	100.23	1.5233
	兴化市	2011	100.00	0.62	0.13	100.25	2.0262

省份	县名	年份	新农合参保率（%）	单位 GDP 能耗（吨标准煤/万元）	人均拥有公共图书馆藏量（册）	常用耕地面积指数（%）	医疗卫生支出占财政支出的比重（%）
江西省	南昌县	2011	95.94	0.89	0.01	99.64	13.0297
	都昌县	2011	92.00	0.33	0.07	103.65	13.0230
	龙南县	2011	96.15	0.61	0.01	100.00	8.7725

注：以上数据来源于江西、江苏、陕西三省统计年鉴、各县统计年鉴、各县国民经济和社会发展统计公报；部分数据依据相关统计数据计算得出。

（二）数据分析

首先，对指标进行无量纲化处理，效益型指标无量纲化处理公式为：

$$r_{ij} = \frac{\alpha_{ij}}{max\ \alpha_{ij}}$$（α_{ij}指各指标值，$max\ \alpha_{ij}$为指标值中的最大值）

成本型指标无量纲化处理公式为：

$$r_{ij} = \frac{min\alpha_{ij}}{\alpha_{ij}}$$（α_{ij}指各指标值，$min\ \alpha_{ij}$为指标值中的最小值）

其次，将标准化后数据导入 SPSS 20.0 进行主成分分析，运算结果如表 4 - 4、表 4 - 5、表 4 - 6 所示。

表 4 - 4　　　　　　　　　解释的总方差

成分	初始特征值			提取平方和载入			旋转平方和载入		
	合计	方差的百分比	累积百分比	合计	方差的百分比	累积百分比	合计	方差的百分比	累积百分比
1	11.286	56.430	56.430	11.286	56.430	56.430	7.154	35.771	35.771
2	3.348	16.738	73.168	3.348	16.738	73.168	4.634	23.168	58.940
3	2.242	11.208	84.376	2.242	11.208	84.376	3.490	17.449	76.389
4	1.747	8.735	93.111	1.747	8.735	93.111	3.344	16.722	93.111

从表 4 - 4 可以看出，前四个主成分解释了全部方差的 93.111%，即包含了原始数据的信息总量达到了 93.111%，说明前四个主成分能较好地代表原有 20 个指标评价县域经济包容性增长情况。采用主成分提取方

法和具有 Kaiser 标准化的正交旋转法，得到四个主成分矩阵，如表 4 – 5 所示。由于单位 GDP 能耗、常用耕地面积指数、城乡收入差异为负向指标，因此表中该值为负值。同时，将这四个主成分分别用 y_1，y_2，y_3，y_4 来表示。

表 4 – 5　　　　　　　　包容性增长旋转成分矩阵

测量指标	成分			
	y_1	y_2	y_3	y_4
每千人拥有的人均卫生技术人员数	0.950			
人均拥有公共图书馆藏量	0.935			
人均地方财政一般预算收入	0.929			
人均生产总值	0.929			
每千人拥有的医院和卫生院床位数	0.898			
农村居民人均纯收入	0.718			
农村恩格尔系数	0.713			
城镇居民人均可支配收入	0.709			
普通小学师生比		0.968		
普通中学师生比		0.840		
新农合参保率		0.747		
城镇就业率		0.717		
单位 GDP 能耗			– 0.904	
常用耕地面积指数			– 0.860	
城乡收入差异			– 0.786	
城镇化率			0.622	
人均各种社会福利性收养单位数				0.957
人均各种社会福利性收养床位数				0.907
教育支出占财政收入比重				0.834
医疗卫生支出占财政收入比重				0.672

（三）主成分命名

第一，主成分的构成指标分别是：每千人拥有的人均卫生技术人员数、人均拥有公共图书馆藏量、人均地方财政一般预算收入、人均生产总值、每千人拥有的医院和卫生院床位数、农村居民人均纯收入、农村恩格尔系数、城镇居民人均可支配收入，反映了经济发展水平及公众享受社会经济增长成果情况。因此，把第一成分命名为"经济增长成果的共享性"（下文简称"共享性"）。

第二，主成分的构成指标分别是普通小学师生比、普通中学师生比、新农合参保率、城镇就业率。这一成分主要包含基础教育、农村医保及政府城镇就业指标，体现了政府为城乡人口提供平等的教育、就业、医疗卫生、社会保障等发展机会。因此，把第二成分命名为"发展机会的平等性"（下文简称"平等性"）。

第三，主成分的构成指标分别是单位GDP能耗、常用耕地面积指数、城乡收入差异、城镇化率。这些指标体现的是经济与资源、人与自然、城镇与乡村间的协调发展。因此，把第三成分命名为"经济发展的可持续性"（下文简称"可持续性"）。

第四，主成分的构成指标分别是人均各种社会福利性收养单位数、人均各种社会福利性收养床位数、教育支出占财政收入比重、医疗卫生支出占财政收入比重。这些指标体现的是公共服务投入，反映的是国民收入再分配的公平性。因此，将第四成分命名为"经济增长再分配的公平性"（下文简称"公平性"）。

（四）县域包容性增长评价排名分析

表4-6表示第i个主成分的得分系数，结合上表可以得出下面4个主成分的线性组合：

表4-6　　　　　　主成分得分系数矩阵

测量指标	成分			
	1	2	3	4
每千人拥有的人均卫生技术人员数	0.215	-0.106	-0.075	-0.008
人均拥有公共图书馆藏量	0.195	-0.093	-0.035	0.044
人均地方财政一般预算收入	0.199	-0.111	-0.045	-0.065
人均生产总值	0.199	-0.094	-0.071	-0.068

测量指标	成分			
	1	2	3	4
每千人拥有的医院和卫生院床位数	0.166	-0.059	-0.016	0.043
农村居民人均纯收入	0.069	0.061	-0.008	-0.033
农村恩格尔系数	0.060	0.125	-0.056	0.056
城镇居民人均可支配收入	0.059	0.008	0.103	0.018
普通小学师生比	-0.152	0.347	0.001	0.080
普通中学师生比	-0.047	0.240	-0.034	0.040
新农合参保率	-0.132	0.220	0.139	0.026
城镇就业率	0.036	0.168	-0.099	0.023
单位 GDP 能耗吨标准煤	0.013	0.096	-0.324	-0.044
常用耕地面积指数	0.129	0.003	-0.330	0.088
城乡收入差异	0.064	-0.029	-0.280	-0.112
城镇化率	0.057	-0.092	0.171	-0.049
人均各种社会福利性收养单位数	-0.056	0.113	0.037	0.317
人均各种社会福利性收养床位数	0.036	0.088	-0.090	0.286
教育支出占财政收入比重	-0.014	-0.082	0.125	0.247
医疗卫生支出占财政收入比重	0.040	-0.167	0.081	0.174

结合表 4 - 6，四个主成分的线性组合如下（公式 4.2）。（为方便下文计算，按照成分得分系数矩阵指标从上往下排列依次用 X_1，X_2，…，X_{20} 表示）

（1）$y_1 = 0.215 \times X_1 + 0.195 \times X_2 + 0.199 \times X_3 + 0.199 \times X_4 + 0.166 \times X_5 + 0.069 \times X_6 + 0.060 \times X_7 + 0.059 \times X_8 - 0.152 \times X_9 - 0.047 \times X_{10} - 0.132 \times X_{11} + 0.036 \times X_{12} + 0.013 \times X_{13} + 0.129 \times X_{14} + 0.064 \times X_{15} + 0.057 \times X_{16} - 0.056 \times X_{17} + 0.036 \times X_{18} - 0.014 \times X_{19} + 0.040 \times X_{20}$

（2）$y_2 = -0.106 \times X_1 - 0.093 \times X_2 - 0.111 \times X_3 - 0.094 \times X_4 - 0.059 \times X_5 + 0.061 \times X_6 + 0.125 \times X_7 + 0.008 \times X_8 + 0.347 \times X_9 + 0.240 \times X_{10} + 0.220 \times X_{11} + 0.168 \times X_{12} + 0.096 \times X_{13} + 0.003 \times X_{14} - 0.029 \times X_{15} - 0.092 \times X_{16} + 0.113 \times X_{17} + 0.088 \times X_{18} - 0.082 \times X_{19} - 0.167 \times X_{20}$

（3）$y_3 = -0.075 \times X_1 - 0.035 \times X_2 - 0.045 \times X_3 - 0.071 \times X_4 - $

$0.016 \times X_5 - 0.008 \times X_6 - 0.056 \times X_7 + 0.103 \times X_8 + 0.001 \times X_9 - 0.034 \times X_{10} + 0.139 \times X_{11} - 0.099 \times X_{12} - 0.324 \times X_{13} - 0.330 \times X_{14} - 0.280 \times X_{15} + 0.171 \times X_{16} + 0.037 \times X_{17} - 0.090 \times X_{18} + 0.125 \times X_{19} + 0.081 \times X_{20}$

（4）$y_4 = -0.008 \times X_1 + 0.044 \times X_2 - 0.065 \times X_3 - 0.068 \times X_4 + 0.043 \times X_5 - 0.033 \times X_6 + 0.056 \times X_7 + 0.018 \times X_8 + 0.080 \times X_9 + 0.040 \times X_{10} + 0.026 \times X_{11} + 0.023 \times X_{12} - 0.044 \times X_{13} + 0.088 \times X_{14} - 0.112 \times X_{15} - 0.049 \times X_{16} + 0.317 \times X_{17} + 0.286 \times X_{18} + 0.247 \times X_{19} + 0.174 \times X_{20}$

（公式 4.2）

构造综合评价函数：$F = a_1 y_1 + a_2 y_2 + \cdots a_n y_n$ （公式 4.3）

综合评价函数是利用主成分 y_1，y_2，$\cdots$，y_m 做线性组合，并以每个主成分 y_k 的方差贡献率 a_k 作为权数构造。依据计算出的 F 值大小进行排序或划分等级。

将标准化后的原始数据代入公式 4.2，得出 9 个县域的 4 个主成分得分，分别是 F_1，F_2，F_3，F_4，见表 4 - 7。

表 4 - 7　　　　　　县域经济包容性增长四个主成分得分及排名

县名	F_1 共享性	排名	县名	F_2 平等性	排名	县名	F_3可持续性	排名	县名	F_4 公平性	排名
张家港市	0.913	1	兴化市	0.408	1	蒲城县	0.244	1	岚皋县	0.420	1
定边县	0.032	2	盱眙县	0.339	2	南昌县	0.105	2	兴化市	0.039	2
都昌县	0.007	3	张家港市	0.112	3	定边县	0.089	3	都昌县	-0.007	3
岚皋县	-0.022	4	定边县	-0.066	4	张家港市	0.050	4	蒲城县	-0.023	4
龙南县	-0.094	5	岚皋县	-0.110	5	岚皋县	0.033	5	张家港市	-0.028	5
南昌县	-0.161	6	龙南县	-0.132	6	兴化市	-0.010	6	盱眙县	-0.046	6
蒲城县	-0.199	7	南昌县	-0.158	7	都昌县	-0.392	7	定边县	-0.101	7
兴化市	-0.234	8	蒲城县	-0.195	8	盱眙县	-0.044	8	南昌县	-0.120	8
盱眙县	-0.243	9	都昌县	-0.197	9	龙南县	-0.075	9	龙南县	-0.133	9

根据表4－7计算结果，再结合表4－4的各个主成分方差贡献率，代入综合评价函数（公式4.3）计算F综合得分，对各个县域的包容性增长做综合评价。最终九县各个主成分和综合得分排名见表4－8。

表4－8　　　　县域经济包容性增长评价综合得分及排名结果

县名	F总得分：包容性增长评价综合得分	排名
张家港市	1.047	1
岚皋县	0.321	2
兴化市	0.203	3
盱眙县	0.006	4
定边县	－0.046	5
蒲城县	－0.173	6
南昌县	－0.334	7
龙南县	－0.434	8
都昌县	－0.590	9

表4－7与表4－8数值出现负数，表示是该县域经济包容性增长水平与平均经济增长水平的位置关系。包容性增长的平均水平为零点，是在数据处理过程中将数据标准化的结果，所以负号并非表明该县域的包容性增长发展水平为负效益。[①]

二　评价结果分析与讨论

（一）主成分排名结果分析

对主成分F_1（共享性）得分排名进行分析可知，排名第一位的县是张家港市。张家港市城镇化水平较高，以城镇化带动了工业发展，经济实力较好。其雄厚的财力资源为该地区提供了更加优越的诸如医疗卫生、文化设施、城市基础设施等基本公共服务，提高了人民的整体生活质量，体现了经济增长成果更广泛地惠及区域居民。因此，张家港市在经济增长成果共享性上得分最高。盱眙县经济发展水平和城乡居民经济收入在九县中

---

① 参见何晓群《多元统计分析》（第三版），中国人民大学出版社2012年版。

居中等水平,但是其教育医疗条件差,每千人拥有的医院和卫生院床位数以及每千人拥有的人均卫生技术人员数分别仅为 2.55 床、2.53 人,人均拥有公共图书馆藏量仅 0.11 册,为张家港市的1/9。这表明其教育医疗、公共文化设施投入不足,基本公共服务水平不高,未能较好地体现出公民对于经济社会增长成果的共享性。都昌县经济发展水平虽不高,但政府提供的基本公共服务主要由国家财政拨款,各地差距不大,以致经济增长成果共享性反而优于盱眙县。

对主成分 F2(平等性)得分排名进行分析可知,排名第一位的是兴化市。这表明兴化市在包容性增长之公民获得平等发展机会方面最优。统计数据显示,兴化市的城镇就业率、新农合参保率、普通中学师生比等评价指标优于其他县(见图 4 - 2)。主要源于该县教育资源丰富,积累了更多的人力资本,获得就业竞争力,且经济发展水平较高,可为公民提供较多就业岗位,使其获得发展机会。排在最后的是都昌县,该县城镇化水平最低,只有15%,经济欠发达,政府对教育、促进就业等公共服务方面的投入较少,优质教育资源配置不足,工业不强,就业岗位少,影响了公民获得平等的发展机会。

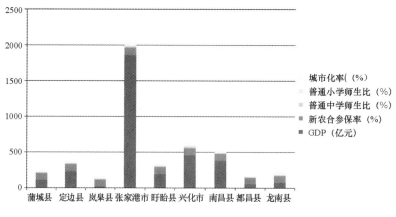

图 4 - 2 包容性增长平等性对比

对主成分 F_3(可持续性)得分排名进行分析,由于构成该成分的三个指标为负向指标,因此排名越靠前的县,表明其经济社会协调发展越不好。九县中,蒲城县居首位。统计数据显示,蒲城县城镇化程度为

41.7%，居九县中等位置，但其第二产业占GDP比重较大，工业产品主要为原煤、水泥、机制纸、食用植物油、小麦等，高污染、高能耗特点突出。如蒲城县原煤产量2011年比2012年增长41.3%，2012年比2011年又增长27.8%，县单位GDP能耗为3.76吨标准煤/万元，远远高于除张家港市之外的其他县。此外，蒲城县常用耕地指数居九县最低，耕地面积减小，且城乡年收入差异高达13476元，如图4-3所示。这表明该县经济发展与资源环境、城镇与乡村发展之间的矛盾突出，其经济社会发展的可持续性较差。

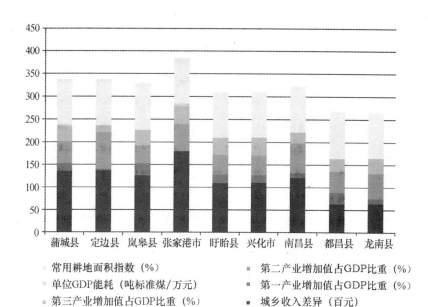

图4-3 包容性增长可持续性对比

龙南县地处赣南中央苏区，人均生产总值居中等地位，但其单位GDP能耗较低，仅为0.61吨标准煤/万元，且城乡收入差异小，仅为6455元，另常用耕地面积保持稳定，显示其经济社会发展与资源环境协调性在九县中为最佳。

都昌县第一产业在其产业结构中的比重较大，为25.78%，居九县之首，资源开发利用率相对较低，因此经济虽不够发达，人均生产总值仅为6621.69元，居九县之末，但其环境破坏程度也相对较低。因此，其经济社会发展的可持续性评价反而相对较高。

对主成分 F_4（公平性）得分排名进行分析可知，排名第一的是岚皋县。岚皋县政府在再分配方面注重公平，积极争取各种资源，提高公共服务水平。其仅教育和医疗卫生支出比重分别为财政收入的 292% 和 89%，分别占了 GDP 比重的 8.3% 和 2.5%，加之该县人口数量最少，只有171814 人，在公共财政投入不多的情况下，岚皋县的教育、医疗、福利条件也有较大改善，其万人各种社会福利性收养床位数为 123.389，远高于其他县，如图 4-4 所示。

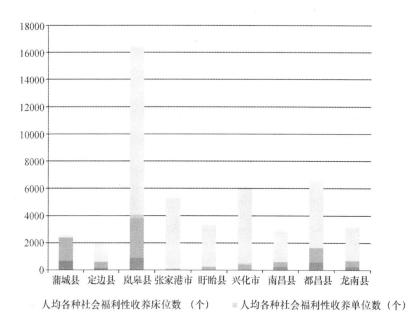

图 4-4 包容性增长公平性对比

而龙南县虽然人均地方财政一般预算收入为 1614.67 元，高于岚皋县的 328.73 元，但是其教育和医疗卫生支出仅占财政收入的 66.92%，远低于岚皋县的 380%，万人各种社会福利性收养床位数仅为 24.4 床，不到岚皋县的 20%。表明在再分配过程中，龙南县基本公共服务投入较低。

（二）综合排名结果分析

在包容性增长评价综合排名中，排名前两位的县（市）分别是张家港市和岚皋县。张家港市居于前列主要有以下几点原因：一是整体经济实力强于其他县域。这得益于其明显的区位优势和城镇化。区位优势和城镇化促进了该区域经济发展，经济发展又使得该县级市能够吸引高层次人才、提高就业率，增加教育、医疗等基本公共服务投入，提升公共服务水平；受教育水平提高、文化发展、人才聚集，科技竞争力增强又促进经济社会可持续发展。岚皋县虽然经济发展落后，但积极争取各种资源，公共服务特别是教育、医疗、养老投入较大，经济与社会发展较为均衡，因此，也表现出较好的经济发展的可持续和经济增长再分配的公平性。

都昌县在包容性增长方面位居最后。这主要源于其经济发展水平低。其城镇化程度很低，仅为 15.25%。虽然在一定程度上体现了生态环境与经济发展的平衡，但是财税乃立国之基、安邦之本，薄弱的财力难以提供优质公共服务，难以支撑科技创新，也就不能广泛地为城乡人口提供优质教育资源、医疗卫生资源、文化资源等。加之欠发达的经济减少了人们的就业机会，从而影响着人的全面发展。

（三）结果讨论

1. 促进县域经济持续健康发展是公民更公平、更广泛共享发展成果的基础

研究表明，虽然有的县在包容性增长的某一方面表现较优，但总体评价却不佳，如都昌县。其根本原因是经济欠发达。

经济增长是缓解和摆脱贫困最主要、最根本的力量源泉。发展仍是解决我国所有问题的关键，效率和增长是包容性增长的题中之义。这不仅仅是出于经济角度的考虑，而且是着眼于政治的角度，着眼于合法性。正如国外学者观察中国改革发展历程时指出的，改革开放以来"经济增长以及它对中国社会产生的深远影响是中国政权政治合法性的源泉"[1]。一项针对 20 世纪 90 年代的 14 个国家的研究显示，只有经济增长的时候，贫困才会减少，而且增长越快，贫困减少越多。[2]

---

① ［法］让－马克·夸克：《合法性与政治》，佟心平、王远飞译，中央编译出版社 2008 年版。

② 参见杜志雄、肖卫东、詹琳：《包容性增长理论的脉络、要义与政策内涵》，《社会科学管理与评论》2010 年第 4 期。

但是，经济的发展必须是持续健康发展。然而，目前县域经济发展方式粗放，产业结构不平衡，传统的农业生产方式占主导地位，第二产业占GDP的比重远远高于第三产业。如经济发展水平靠前的定边县、南昌县、张家港市的第二产业比重分别是81%、66%、59%，而第三产业比重却只有15%、23%、39%。此外，县域第二产业以基于本地农林资源、矿产资源等自然资源发展起来的农副产品加工企业和采矿业工业及从大中城市转移过来的传统工业为主。因此，许多县域经济增长以牺牲环境为代价，居民收入虽然增加了，资源环境问题却日益凸显，落后的生产方式带来的是高能耗、高污染。即使在农村，环境恶化问题也日趋突出。清清的小河干涸了，青青的山地光秃秃，肥沃的土地贫瘠化，存在大量的畜禽养殖污染、农药污染、化肥污染、农村生活污染和工业污染。因此，必须转变经济发展方式，从主要依靠要素投入向更多依靠创新驱动转变，从主要依靠传统比较优势向更多发挥综合竞争优势转换，如今加快工业化、城镇化、农业现代化建设，使县域经济社会发展更有效率、更可持续是县域经济包容性增长面临的根本问题。

2. 推进新型城镇化与新农村建设协调发展是消除城乡人口参与分享经济发展成果的不平等性的重要途径

研究显示，包容性增长综合排名没有与人均GDP排名完全对应起来（九个县GDP居前列的依次是张家港市、兴化市、南昌县、定边县、盱眙县、蒲城县、龙南县、都昌县、岚皋县）。这表明，只有经济发展成果更公平、更广泛地惠及县域广大居民，才能增进人民福祉，提高人民幸福指数。大力推进新型城镇化与新农村建设的协调发展是消除城乡人口参与分享经济发展成果的不平等性的重要途径。

新型城镇化以人为核心，以大中小城市、小城镇、新型农村社区协调发展为方向，以产城融合、节约集约、生态宜居、和谐发展为基本特征。大力推进新型城镇化既是加速发展县域经济、从根本上解决"三农"问题的重要途径，也是促进农业转移人口市民化、使更多的农业转移人口享受与城镇居民同等的基本公共服务和社会保障的重要途径。城镇化与工业化相互包容、互为条件。没有城镇的发展，就没有县域工业载体。城镇化为工业发展提供了更好的基础设施和人口条件，张家港市创造了以城镇化带动工业化的经验。产业发展可以带动就业，吸纳包括广大农村剩余人口在内的劳动者就业，促进人口聚集，从而以产立城、以产兴城。工业化又为城镇增添活力，促进城镇不断完善基础设施条件，提高科教文卫、社会保障等公共服务水平。

推进新型城镇化要和新农村建设协调起来，必须推进城乡要素平等交换和城乡基本公共服务均等化。要有制度保障，使农业人口能公平合理地得到其土地增值收益、征地补偿款，要有均等的公共就业创业服务体系，使农村务工人员在城镇能平等地获得就业和创业机会，并与城镇就业人口同工同酬，享受均等的社会保障等待遇，使其子女能公平地享受城镇教育资源等基本公共服务。新型城镇的发展将带动工业发展，从而为新农村建设提供更多的资源支持，有助于改善农村生活与生产条件，提高农村医疗、教育卫生、社会福利、科技文化等公共服务水平。

3. 加大基本公共服务特别是职业教育资源投入是消除县域居民特别是农村人口能力贫困、促进人全面发展的关键

研究显示，获得更多教育资源的县域，其公民获得平等参与社会经济的机会也越多。

人力资源是经济社会发展的第一资源，人力资本是经济社会增长的源泉。人力资源开发的基本方式是进行人力资本投资，其具体途径包括各类基础教育与职业教育以及在职培训、健康医疗卫生投资、迁移等。研究表明，人力资本与收入分配方式、收入数量有着密切关系。在穷人自身无法承担既定规模的人力资本投资并被迫放弃对后代进行人力资本投资的情况下，如果政府所提供的教育医疗等公共服务资源不足，或者服务水平低，则将导致公民能力贫困。而能力贫困既是导致穷人等弱势群体收入贫困、社会排斥的重要原因，也是阻碍他们继续发展和全面发展的因素，导致他们难以走出贫困。人力资本理论认为，教育是使个人收入的社会分配趋于平等的因素。一方面，教育能够提高人们的收入能力，影响个人收入的社会分配，减少收入分配的不平衡状态；另一方面，人力资本投资的增加，使物力资本投资和财产收入趋于下降，从而使人们的收入趋于平等化。[①]

我国党和政府一直非常重视义务教育。为了缩小区域之间、城乡之

---

① 参见西奥多·W. 舒尔茨《论人力资本投资》，吴珠华等译，北京经济学院出版社 1990年版。

间、学校之间办学水平和教育质量存在的明显差距，解决人民群众不断增长的高质量教育需求与供给不足的矛盾，2012 年国务院出台了关于深入推进义务教育均衡发展的意见。目前看来，意见取得了较好的成效。但是，在义务教育阶段结束后，许多农村学生却基于种种原因未能接受高等教育和职业教育，就直接进入就业阶段，由于他们既无学历又无专长，能力贫困导致其就业不易，生活在社会的底层。因此，增强国民收入再分配的公平性，增加教育、医疗卫生、社会保障等在公共财政预算中的比例，特别是加大职业教育资源投入，是消除农村居民和城镇贫困人口能力贫困、实现人的全面发展的关键。

第四节　本章小结

本章主要在总结我国县级经济社会发展水平评价实践基础上，结合专家学者关于县域经济社会发展水平评价研究，构建我国县域包容性增长指标体系，以主成分分析法对我国县域包容性增长进行评价。了解县域包容性增长的基本情况既是本书研究的应有之内容，也为后续研究进行铺垫。

本章主要研究结论有：

其一，县域包容性增长由经济增长成果的共享性、发展机会的平等性、经济发展的可持续性和经济增长再分配的公平性四个主成分组成。

其二，县域包容性增长水平与县域经济发展水平没有呈现完全对应的关系，但是与之有极密切的关系。

研究表明：经济强县与经济弱县都能体现较好的经济增长成果的共享性，但共享水平不同。在实践中，财力强县有更多的资金为本地区提供更加优越的诸如医疗卫生、文化设施、城市基础设施等基本公共服务，提高人民的整体生活质量，从而体现经济增长成果的共享性。如江苏省张家港市。但是经济落后县，因其发展水平不高，基本公共服务主要依赖国家财政拨款，各地差距不大，也体现出较好的经济增长成果的共享性，这是一种基于相对贫穷的成果共享均衡。

经济增长是县域包容性增长的关键词。从综合评价函数来看，人均GDP 的系数远高于其他指标的系数。经济弱县的包容性增长水平较低。经济弱县一般对自然资源利用开发程度低，因此环境破坏相对较少，在一定程度上体现了生态环境与经济发展平衡，但是薄弱的财力，不能为区域内居民提供优质基本公共服务，如教育、医疗卫生、文化、社会救助等资源不足，影响了人们的教育权、健康权等权利；基础设施落后，难以聚集一定数量的企业，减少了人们的就业机会。财力不足影响着公共服务能力的提高，进一步影响人们的生活和工作方式，影响着人的全面发展。

其三，城镇化率较高的县（市）大多数县域包容性增长水平也较高。这与其区域内基本公共服务水平相对较均衡有关。

因此，促进县域经济持续健康发展是公民更公平、更广泛共享发展成果的基础，推进新型城镇化与新农村建设协调发展是消除城乡人口参与分享经济发展成果不平等的重要途径，加大基本公共服务特别是职业教育资源投入是消除县域居民特别是农村人口能力贫困、促进人全面发展的关键。

第 五 章

包容性增长视角下我国县级
政府公共服务能力结构

第一节　公共服务能力结构研究模型构建

　　政府为公民和社会提供公共服务和物品，就是政府公共服务能力的释放和运用过程。县域发展价值取向不同对政府公共服务能力的要求也不同。包容性增长既强调增长，又强调包容。增长强调的是效率和效益，包容强调的是公平、合理、平等与和谐。因此县域包容性增长在社会发展上体现为公平，经济发展上体现为效率，生态环境发展上体现为人与自然的协调。发展要以科技进步为基础，要以人民生活水平和满意度来衡量。包容性增长是县级政府在公共治理中贯彻科学发展观的目标取向，因此县级政府公共服务能力必须促进县域包容性增长，通过制定和执行品质优良、积极而有效的公共政策，最大可能地汲取和运用各种资源，为社会和公众提供广泛而良好的公共物品和公共服务，满足公众公共需求，实现人与社会、人与自然协调发展。因此，本书县级政府公共服务能力构建借鉴已有政府治理能力研究成果，立足于促进县域包容性增长目标，从县级政府在不同层级政府间的公共服务职责分工来进行构建。学术界对政府能力分类存在多种不同的观点，具有代表性的观点见表 5 - 1。

表 5-1　　　　　　　　　　　国内关于政府能力构成的主要观点

学者	能力类型	能力构成	出处
王绍光、胡鞍钢	国家能力	汲取能力、控制能力、合法化能力、强制能力	《中国国家能力报告》，1993
张国庆	政府能力	经济管理能力、政治和社会管理能力、行政组织管理能力	《公共行政学》，2000
金太军	政府能力	社会抽取能力、社会规范能力、维持社会秩序能力、社会整合能力、维持社会公正能力、创新能力、宏观调控能力、自我更新能力	《行政改革与行政发展》，2003
金太军	政府能力	政府要求能力和政府支持能力，前者体现了政府的强制性和秩序性，后者则体现了政府的开放性、包容性、整合性、回应性及服务性	《行政自律：政府能力建设的伦理关怀》，2007
汪永成	政府能力	政府能力内部构成要素：人力、财力、权力、公信力、文化力、信息力、结构力；政府典型的外显能力：有秩序（维护）能力、危机管理能力、竞争能力、创新能力	《经济全球化与中国政府能力现代化》，2006
李江涛	政府能力	财政能力、控制能力、协调能力、危机管理能力和组织动员能力	《论政府能力》，2002
王骚、王达梅	政府能力	政策问题认定能力、政策方案规划和选择能力、政策执行能力、政策评估能力、政策调整能力	《公共政策视角下的政府能力建设》，《政治学研究》，2006 年第 4 期
周平	地方政府能力	规划发展能力、制度创新能力、资源配置能力、市场规制能力、提供公共产品和公共服务能力、组织协调能力、社会控制能力、人力资源开发能力、行政生态平衡能力、危机处置能力	《当代中国地方政府》，2007

续表

学者	能力类型	能力构成	出处
张钢、徐贤春等	地方政府能力	资源获取能力、资源配置能力、资源整合能力、资源运用能力	《长江三角洲 16 个城市政府能力的比较研究》，2004
李晓园	上级政府公共服务能力	规划能力、资源汲取能力、资源配置能力、执行能力、危机管理能力	《当代中国县级政府公共服务能力研究》，2010
刘寅斌、马贵香、李洪波等	省级地方政府公共服务能力	社会保障能力、环境能力、科技教育能力以及政府自身行政能力	《我国 31 个省级地方政府公共能力的比较研究》，2010
张创新、梁爽	县级政府公共服务能力	政治发展要素、经济发展要素、文化发展要素、社会管理要素、政策执行要素、制度创新要素	《西藏县级政府公共服务能力评价体系研究》，2013 年第 6 期
何艳玲	城市政府公共服务能力	需求识别能力、服务供给能力、学习成长能力	《中国城市政府公共服务能力评估报告》，2013

上述各种能力构成分类是作者基于自身学科背景和研究需要从不同的视角提出的。政府能力特别是中央政府能力更多的是基于政府职能提出，什么职能对应什么能力；地方政府特别是县级政府能力主要体现的是公共服务能力，多是根据资源配置理论，从资源获取到运用各个过程对应的能力要求；有一些是针对政府当前面临的公共管理问题提出解决问题所必须具备的能力；还有的是从实现政府职能的要求方面提出政府能力的构成要素。

政府组织和盈利组织虽然宗旨不同，但是同作为组织，其也存在相同的内在发展规律性，因此许多管理理论广泛运用于企业和政府组织，借鉴企业能力理论构建公共服务能力结构就具有很强的可行性和必要性。20世纪 90 年代以后，随着战略理论从偏重于静态分析企业外部环境及竞争态势，转变为更加重视外部环境，对外部环境方面更具有前瞻性的眼光和更强的战略主动性。能力理论也得到发展，并出现资源基础论、核心竞争力、动态能力等理论。企业资源基础理论强调企业竞争优势的源泉就是企业所控制的战略性资源。但也有专家持不同观点，认为资源与竞争优势之间并不存在必然的逻辑关系，稀缺的资源是企业获得竞争优势的必要条件，而不是充分条件。动态能力理论则注意到以前的战略观所忽略的两个关键方面，要求组织必须具有不断更新自身能力的能力；"动态"适应不断变化的环境，强调了"能力"在更新组织自身能力（整合、重构内、外部组织技能、资源）以满足环境的变化方面具有关键的作用（Lado&Wilson，1994；Teeee，Pisano&Shuen，1997）。

在正常情况下，资源不会独自发生作用，必须通过组织对资源加以利用才能产生经济效益和社会效益，资源发挥作用的过程就是能力作用的过程，能力越大，资源利用越好，发挥的作用就越大，如图 5 - 1 所示。

图 5 - 1 资源、能力、绩效

能力结构的分类必须符合两个原则：一个是穷尽所有的可能性；另一个是各类能力之间一定是异质的，即其不应当有包含关系。从当前的能力划分体系来看，关于能力的类别可谓难以尽数，而且有些能力虽然名称相同，但内涵却有差别，这正是能力分类标准众多所致。在以往的研究中，笔者从政府提供公共物品和公共服务的行动过程或者阶段对能力类型的需求类型对公共服务能力结构进行分析，认为任何公共服务的提供首先要编制规划，其次要筹集资源，获得了资源就涉及如何优化配置问题，如何具体贯彻执行，如何进行控制使行动不偏离组织目标，保证目标得以顺利实现等一系列过程，每一过程相应地对应了规划能力、资源汲取能力、资源配置能力、执行能力和危机管理能力。并以江西省和湖北省调查的数据进行了实证检验，这表明县级政府公共服务能力分为这五种类型是适宜的。

因此本研究仍假设县级政府公共服务能力由规划能力、资源汲取能力、资源配置能力、执行能力和危机管理能力五个亚能力构成。概念模型如图 5 - 2 所示。

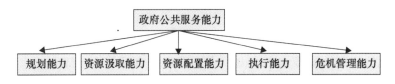

图 5 - 2　县级政府公共服务能力结构研究模型

当然，正如前述，县级政府公共服务的价值取向、目标不同，其公共服务能力的内涵也不同，因此本书基于文献梳理和前期研究成果所构建的县级政府公共服务能力结构模型必须进行探索性因子分析，需对模型进行实证检验。

第二节　公共服务能力构成变量测量

一　规划能力(Planning Capacity)

规划是"比较全面的长远的发展计划"，是一种可直接操作的计划，是组织中关于实现什么样的目标以及如何实现这些目标的一系列决策的总和，其最终目标是达成组织战略目标。兴起于 20 世纪 80 年代的公共部门的战略规划是新公共管理运动以及新公共管理范式的一个重要组成部分，是一种新的研究途径或新的学科分支。公共部门的战略规划深受私人部门战略管理途径的影响。奥尔森和伊迪从行政管理角度出发，认为"战略计划是在宪政框架内，为制定那些影响政府行为性质和方向的根本性决策所进行的专业性努力"。规划之所以重要，是因为它探讨"组织如何定位以面对越来越不确定的未来。为了给组织定位，管理者努力预测那些可以预见的事件并为此制定计划、评估方向，调整组织行动以使它与反映希望和志向的理想取得一致"[1]。正如德鲁克所说："一个组织至少需要指着某些东西告诉大家，（我们）所做的一切不是徒劳。"而所有这些目标以及为实现这些目标而付出的所有努力，都有赖于组织的战略规划。

① 　保罗·C. 纳特、罗伯特·W. 巴可夫：《战略管理手册》，《领导决策信息》2002 年第 15 期，第 48—63 页。

政府对当地经济社会发展起着引导、推动、组织与协调的作用，其不仅要关注经济增长，更要注重包容性增长，既要考虑经济社会现阶段的发展，更要考虑其未来的发展，使经济和社会发展具有可持续性。县级政府必须根据县域经济社会发展的外部环境和县域特点、公共服务目标，对县域经济社会战略进行全面、科学规划。县级政府规划编制是否科学、可行，直接影响县域经济社会发展。因此我们将县级政府公共服务规划能力定义如下：县级政府在宪政框架内、在识别国内外经济社会发展环境的基础上把握国家公共服务政策，立足于本县县情，根据县域公民公共服务需求及发展趋势对县域经济、社会发展的目标、实施计划、模式，编制科学规划的能力。

案例：削足适履的车位瘦身

某县为了更好地为居民提供停车位，特地"重金打造"机械式的停车位，这种机械式的停车位类似必须削足后才能穿进一双合适的鞋，好看却不中用。开发者的主要目的是希望能够建造更多的停车位，开发者要求设计方必须按照图纸要求完成停车位的建造，在有限的面积下建造与居民户数成比例的车位，使得施工方不得不给车位瘦身，并且机械式停车位的造价每个就需要约两万元。车位开发者声称机械停车库设备经过了质量技术监督局特种设备检测中心检验，不存在不符合标准的问题。大部分居民抱怨说为满足"标准"反而设计了许多小尺寸的停车位，这种无奈的选择带来的是更多的抱怨和不便。

为达到数量标准，在没有足够空间的情况下"挤也要挤出车位来"，到现实中，居民想停车却怎么也挤不进去。造成此种尴尬局面是"相关规定"惹的祸，还是政府相关部门的层层审批惹的祸，谁又应该为此埋单呢？

由此可见，合理的规划是办好实事的前提，否则即使再怎么符合"标准"，也只会取得事倍功半的效果。

方案规划"是一个针对未来，为能付诸行动以解决公共问题，发展中肯并且可以接受的方案的动态过程"。方案规划的评估要关注方案的可行性（政治、经济、技术、行政、法律等可行性）论证，充分估计主客观需要与可能，兼顾未来因素对政策的影响，使之建立在充分可行的基础上。显然不管是事关县域经济社会发展的大规划还是公共服务的专项规划，都必须具有合法性、科学性、可行性和前瞻性。因此，县级政府公共服务规划能力与编制规划的价值取向、编制规划技术和编制规划的程序有关。据此，县级政府规划能力从以下三方面进行测量：（1）规划编制环境的把握；（2）规划编制程序的公正与公开；（3）规划内容的可持续性。

二　资源汲取能力（Resource Extractive Capacity）

资源是政府履行公共服务职能的物质基础。如果控制了有价值并且稀缺的资源，就可以创造出竞争优势。所有的组织都要使用环境中的四种资源：人力资源、财务资源、物质资源、信息资源。此外，在中国，关系资源也是组织中非常重要的资源。人力资源是组织中成员的数量及其所拥有的技能、能力、知识、潜力和协作力，是实现组织目标的关键资源或者说是第一资源；组织长期运营或维持运营所需的资本就是财务资源；办公场所（包括办公设备）、原材料、制造设施及其他用来实现组织任务的各类设施就是物质资源；信息资源是有效决策所必需的、有用的并且可靠的数据；关系资源即组织与政府、企业、社会团体、公民等方面的合作与密切的程度与广度。普费弗兰与萨兰奇克把组织看作是一个政治行动者，认为组织试图获取资源或试图控制其他组织的权力行为都是组织的策略。政府组织也不例外，政府对资源的依赖是社会客观存在的，其资源汲取能力直接影响政府公共服务能力。

从政府的特性来看，财政资源是政府履行公共职能的基础和重要支柱，政府只有掌握了必要的财力才能实现其他功能。科学的财税体制是优化资源配置、维护市场统一、促进社会公平、实现国家长治久安的制度保障，因此《中共中央关于全面深化改革若干重大问题的决定》强调要深化财税体制改革。公共财政收入是自企业和家庭所取得的一切货币收入总和，为满足政府财政支出的需要，若按形式划分，可以分为税收和其他收入。税收是按照法律预先规定的标准，强制地、无偿地取得财政收入的一种手段，国家财政收入的最主要来源就是税收。① 恩格斯在分析国家特征

---

① 百度百科"税收的含义"，http://baike.so.com/doc/3926570.html。

时指出："为了维持这种公共权力，就需要公民缴纳费用——捐税"①，因此，衡量政府公共服务资源汲取能力的重要指标之一就是税收，当然在我国财政资源除了税收外，还包括名目繁多的专项资金，这种特殊资源的来源既与县情有关，如是不是国家贫困县，也与该县与其他政府或政府部门的关系有关。

若政府有能力动员足够的资源，则能够达成政府期望的政治目标，否则实现任何目标都十分困难。王绍光和胡鞍钢（2003）研究国家能力时指出国家动员社会经济资源的能力就是汲取能力，国家汲取能力的集中体现源自国家汲取财政的能力。张钢（2004）将政府能力划分为资源运用、资源配置、资源整合和资源获取四种能力类型，并且指出资源获取是指政府凭借购买、强制和合作等方式来获得资源，其中也包括释放资源的能力。② 两种不同资源获取能力或汲取能力的概念概括出资源汲取的类型和途径。社会力量的广泛参与、公共服务体制的变革和公共服务提供主体的多元化都会改变政府公共服务资源的基础力量，因此将会扩大公共物品和公共服务直接提供者的范围，政府将不再是唯一的公共服务提供者。

因此资源汲取能力可以界定为政府广泛吸纳和动员社会资源为公众提供公共物品和公共服务的能力，本书着重从财力资源的视角设计资源汲取能力的测量指标。即税收、非政府投资（即民营企业及外资投资）和特殊资源。

三　资源配置能力（Resource Allocation Capacity）

拥有一定的资源是任何一个组织维持自身生存和发展的先决条件，其次是为达到最佳的资源使用效果，能够合理配置有限的资源，支持组织目标的实现。资源具有价值性，但也是稀缺的，即相对于需求是不足的，是缺乏的，同种同量资源在不同的地区和不同的主体中其价值却不同。因此为了充分利用资源，管理活动的安排就必须比较它的成本与收益，从而选择更合适的管理活动。经济学家曼昆（Gregory ManKiw）明确提出"经济

---

① 转引自陈共《财政学》，中国人民大学出版社 2012 年版。

② 参见张钢、徐贤春、刘蕾《长江三角洲 16 个城市政府能力的比较研究》，《管理世界》2004 年第 8 期，第 20 页。

学研究社会如何管理自己的稀缺资源",认为地区经济增长由地区资源配置能力所决定。管理学家们则认为管理的本质就是通过对人和其他资源的配置实现组织目标的过程。优秀的管理者做事效果和效率并存,实现组织的目标就是有效果,凭借最小的资源投入实现目标就是有效率,也就是时间、金钱、人和材料实现最优化的运用。显然不管是基于管理学角度还是经济学角度,资源配置的实质都是通过资源的重新优化组合,以尽量少的资源耗费取得最大的效果,即达到资源配置的帕累托最优状态,从而实现组织的目标。

公共管理学者在研究政府能力或公共服务时也经常会涉及资源配置问题,但是对于资源配置概念和内涵的认识却有着较大的差别。张钢(2004)在研究地方政府能力过程中提出配置资源和整合资源两个能力概念,前者是指按照组织的需要和独特惯例设计将组织获取的和既存的各种资源要素进行分配和重组等;后者整合资源能力即是在组织的独特惯例或更大范围的组织间网络之中嵌入组织拥有的资源要素,整合组织资源使组织整体能力获得提高并创造新的价值。① 显然这两者都是政府如何合理有效地利用已有资源获得最大效益的问题,应当属于资源配置问题。周平(2002)认为县级政府的资源配置包括对资源的动员、提取和分配等方面,资源动员是把资源调动起来,进入某种"备用"状态;资源提取是将各种资源收拢和集中起来,最为典型的形式就是筹集一定数量的财政资金;资源分配则是按照一定的原则将集中起来的资源运用出去,县级政府在这种资源配置中体现出来的能量和力量,即为资源配置能力,这个对资源配置能力的定义超出了配置的内涵。② 傅允生(2007)认为资源配置能力是指:"要素资源配置方式和存在状况及其在资源配置过程中所具有的功能与效应,经济理性与地方政府管理效率。"③ 也就是说资源配置能力主要受到要素资源状况、区位条件、存在状况和资源配置方式以及地方政府的管理效率和经济理性的影响,这个表述更多的是关注配置的经济

---

① 参见张钢、徐贤春、刘蕾《长江三角洲 16 个城市政府能力的比较研究》,《管理世界》2004 年第 8 期,第 20 页。

② 参见周平《县级政府能力的构成和评估》,《云南行政学院学报》2002 年第 5 期。

③ 傅允生:《资源配置能力变动与浙江经济增长》,《浙江学刊》2007 年第 6 期,第 169 页。

效益。

党的十八届三中全会提出"要建设统一开放、竞争有序的市场体系，使市场在资源配置中起决定性作用"的目的是提高资源配置的效率和公平性。虽然用于提供公共服务或公共产品的资源从来源到使用目的都迥异于企业，但是同样也必须重视提高资源利用的效率，当然更要考虑资源投入产出的社会效益。因此公共管理中要合理地引进市场机制，正如十八届三中全会提出"推广政府购买服务，凡属事务性的管理服务，原则上都要引入竞争机制，通过合同、委托等方式向社会购买"。社会效益是其配置是否科学合理的最重要标准，因此资源配置受政府合法性的影响，受政府执政理念的影响。公平、正义是政府资源配置的重要原则，实现包容性增长，让广大人民公平合理地分享经济增长成果，促进能力发展是资源配置的价值取向。资源配置必须要正确处理效率与公平正义的关系，要根据区域公共利益和公共服务需求和目标，通过某种方式将有限的各类资源进行不同的优化组合，包括地区资源优化组合，不同所有制资源优化组合、不同类别资源优化组合，从而使公共服务和公共产品的产出实现经济效率和社会效益的最大化。

基于此，本研究界定县域公共服务资源配置能力是县级政府根据县域公共服务规划目标和具体任务，对已获取的和组织中既存的各种资源要素进行优化组合和分配，以实现经济效益和社会效益最大化的能力。资源配置能力主要从资源配置的市场性（市场机制）、公平性（社会公平）、效率性（配置效果）和优化性（资源整合）四方面测量。

四　执行能力（Implementation Capacity）

威尔逊是现代公共行政学的创始人，他认为"公共行政就是公法的明晰而系统的执行活动"。管理学家德鲁克曾经说过，管理"是一种执行责任"。执行力是执政能力的一种具体体现，在我国，党和各级政府的法律、政策、计划、命令能否被县级政府准确地执行，是"政令畅通"得以保障的关键，是能否实现党的意志和主张的关键，是能否保障公民权益的关键，是关乎党和政府威信的关键，由于行政管理体制、政府与政府间、政府与个人间的利益博弈、公务员队伍自身建设等问题，各级政府出现了程度不等的执行不力现象，如出现了一些地方政府或政府工作人员对党和国家政策、计划、指令软拖硬抗，抗令不遵，歪曲执行或者选择执行等执行不力现象。"管理主义变革都是从高层开始发动，而对执行缺乏足够的重视……实际上，具体环节的贯彻执行情况可能最终决定改革的成败。"我国政府首次提出政府执行力概念是在2006年3月的十届全国人大四次会议的《政府工作报告》中，"政府执行力和公信力的提高需要建立健全行政问责制"，而后我国又在多种场合强调"执行力是政府工作的生命力的体现，政令不畅，执行力弱，有令难行，甚至有令不行，就有可能出现'雷声大雨点小'政策落实现象，严重损害政府的公信力"。习近平同志在2013年6月党的群众路线教育实践活动工作会议上强调，制度一经形成，就要严格遵守，执行制度没有例外。面对中央高层政府推力和地方政府自身新情况、新问题的双重压力，关于提升政府执行力的理论研究和实践活动得到了学术界和各级政府的高度重视。不管是促进区域经济社会发展还是反腐倡廉，都重在制度建设，贵于制度执行。许多地方开展了执行年活动。如2007年江西省信丰县等赣南地区的县工商局开展"制度执行年"活动，2009年海南五指山市开展执行力建设年活动等。2014年陕西省高级人民法院出台《陕西法院执行信息公开平台建设实施细则》，推进执行信息公开平台建设，信息平台5月1日起正式运行。同年在群众路线教育实践活动中，江苏省严格落实党风廉政建设责任制，采取日常检查与专项检查相结合、明察与暗访相结合等方式，并把现代信息技术融入制度落实工作中，抓好制度执行监督检查，收到明显效果。

在公共服务方面，公共政策是政府执行的主要对象，但不仅仅局限于公共政策，同时也包括各种公共服务任务和计划。因此执行能力是把政府公共服务战略、指令和规划等落到实处，转化成为现实的能力，是构成县级政府公共服务能力的重要内容。

彼得斯认为，管理和执行公共项目极端困难，有很多因素可能会限制政治系统将政策付诸实施的能力，如制度、利益集团的自由主义、标准的操作程序、组织沟通、时间问题等。显然执行力涉及执行主体、执行资源与执行流程，因此政府执行力主要从执行认同、执行理解、执行机制、执行支持（资源条件）四个方面进行测量。

五 危机管理能力 (Crisis Management Capacity)

危机是各种紧急的，突然发生的，对人员、组织和其他资源有重大损害或潜在重大损害的重大事件。国内外学者对危机有多种不同的表述："真正的危机只有那些无法预知的、具有颠覆力的、被忽视的意外事故"，"危机是指具有严重威胁、不确定性和危机感的情境"，"危机是一种能够带来高度不稳定性和高度威胁性，特殊的、不可预测的、非常规的事件"、"行为准则架构和社会系统的基本价值受到严重威胁，并且在极高不确定和时间压力的条件下，必须对其做出关键决策的事件就是危机"，"危机是一种状态或事件，具有非常态的高度不稳定性、威胁性和不确定性，给生命财产造成严重损害，造成公众心理恐慌，公共秩序和社会关系的常态遭到破坏，基本的社会价值准则处于危机中"等。虽然上述关于危机的定义不同，但却都指出危机具有突发性、严重危害性等特点，一旦处理不当，可能会演变成一场复杂的、涉及面广的社会危机，甚至会动摇执政党的地位。如 2010 年 9 月 10 日江西宜黄发生的强拆自焚事件，事件起因是因宜黄县新客运站建设的需要，宜黄县政府开展强拆动员工作，但是由于对工作过程中出现的社会矛盾处置不当，致使烧伤被拆迁当事人 3 名，经县医院初步救治被烧伤的当事人后，由于当事人伤势较重而转入江西省第一附属医院继续开展救治，9 月 17 日，叶忠诚（被烧伤的当事人其中之一）在医院不治身亡，叶忠诚尸体被运回宜黄，9 月 11 日网络上出现了数张强拆现场照片（当事人被烧伤的情景），并被转载至其他网站，强拆自焚事件引起了全国网民的高度关注，几天之后，强拆自焚事件迅速上升为一起全国关注的公共事件，造成恶劣影响，10 月 10 日，县委书记和县长双双被免职。① 可见，加强政府公共危机管理是保障国家安全、维护社会安定和促进经济社会发展的重要保障。

奥古斯丁（Augustinus）指出要完全避免危机的发生是不现实的，但机会也会在危机中孕育，因此抓住这些关键的机会来反败为胜是危机管理的核心所在。他进而将危机管理划分为六个不同的阶段，分别是危机避

---

① 《透视江西宜黄强拆自焚事件》，http://blog.renren.com/share/128110753/3459817678。

免、危机管理准备、危机确认、危机控制、危机解决和从危机中获利。[①]
危机管理过程呈现出有计划、有组织、持续动态的特点，对潜在的或者当前存在的危机，政府要善于采取一系列控制行动管理不同阶段危机的发展态势，以期有效地预防、处理和消除危机。因此危机管理是政府采取监测、预控、预警、预防、评估、应急处理、恢复等措施，防止危机的发生，有效处理已经发生的危机。危机管理是公共产品，是政府公共管理的重要职责。

基于此，危机管理能力就是政府通过采取预防、控制和善后等相关措施，防止发生危机事件，或者在发生危机事件时，减少其产生的危害至最低程度，甚至将危机产生的风险转化为机遇的能力。危机管理能力从危机管理的机制、危机预防、危机沟通、危机应急处理和危机善后处理五方面进行测量。

第三节 公共服务能力结构模型检验

一 信度分析

信度分析（Reliability Analysis）又叫做可靠性分析。资料的可靠性和稳定性主要通过信度检验加以测试，随机误差（统计过程中资料受到外界因素的干扰）的大小也可以通过信度进行评价。可重复性和内在一致性是信度的两个维度：其中，内在一致性（internal consistency）维度是一种验证性测度，用来衡量每一个测量项（构造变量项下）与其他测量项（该构造变量下的）之间相关能力。在李克特量表中常用的信度检验方法为"Cronbach α"和"折半信度"。Crockert 和 Algina（1986）指出：α 系数是估计信度的最低限度，估计内部一致性系数，用 α 系数优于折半法。如果一个量表的信度越高，表示量表越稳定。因此我们采用 Cronbach α 来测量调查问卷的信度。一份信度系数好的量表或问卷，其总量表的信度系数最好在 0.80 以上，如果在 0.70 至 0.80 之间，为可以接受的范围；如果是分量表，其信度系数最好在 0.70 以上，如果是在 0.60 至 0.70 之

---

① 参见诺曼·R. 奥古斯丁等《危机管理》，中国人民大学出版社 2001 年版。

间为还可以接受使用。

对变量测量内在一致性的判断，不仅可以判断原构造是否合格，而且可以根据"个项—总量修正系数"对测量条款进行修正：如果某个观测变量的"个项—总量修正系数"低于 0.50，除非有特别的理由，一般都应该把这个条款删除，从而提升整个构造变量的 Cronbach α 系数。

对县级政府公共服务能力观测变量的信度分析，删除规划能力的可行性问项、资源汲取能力之府际合作问项和非政府投资的一个问项后，得到表 5 - 2 中的结果。

表 5 - 2　　　　　　　　公共服务能力观测变量信度分析结果

县级政府公共服务亚能力	总问项数	信度系数	评价
规划能力	3	0.633	可以接受
资源汲取能力	3	0.608	可以接受
资源配置能力	4	0.603	可以接受
执行能力	4	0.617	可以接受
危机管理能力	5	0.717	好

从表 5 - 2 可知，衡量县级政府公共服务各亚能力的信度系数均大于 0.60，说明这些观察变量对于县级政府公共服务各亚能力的衡量具有较好的可靠性或可以接受。

二　效度分析

（一）效度（validity）理论知识简述

效度是指测量工具能够正确测量出所要测量（研究者所设计）的特质的程度。测量效度就是要确认所收集的数据能否得到所要得到的结论，反映所要讨论的问题。效度有很多种，包括内容效度、结构效度和标准效度等。其中最常用的是内容效度（content validity）和结构效度（construct validity）。

内容效度是指测量工具内容的适当性与代表性，即测量内容所反映的待测潜变量的特质，是否实现了测量的目的。对内容效度常采用逻辑分析与统计分析相结合的方法进行评价，常以题目分布的合理性来判断，如问卷内容是否能涵盖所要研究问题的各个方面。能够涵盖，则具有优良的内容效度；反之则没有效度。

结构效度也即构造效度，指测量工具的内容能够反映概念或命题程度，也就是实际的测验分数能解释某一待测内容的多少，即推论或衡量抽象概念的能力。结构效度是依据原有理论与测量工具两者的配合程度。结构效度检验通常包括以下步骤：

（1）假设理论的构建。主要依据文献研究和实际经验等来构建。

（2）测量工具的选定。依据所构建的理论假设编制适当的测量工具。

（3）实施测量。在理论假设范围选取适当的受试者实施测量。

（4）实证检验。借助统计验证的实证方法，考查建构的心理或行为特质能否被测量工具有效地解释。

在统计学的角度，因子分析方法是检验结构效度最常用的方法。据 Kaiser 的观点，问项之间适不适合采用因子分析，可以从取样适当性数值的大小来判别。判断准则见表 5 - 3。

表 5 - 3　　　　　　　　KMO 统计量值与因子分析适合性对应表

KMO 统计量值	因子分析适合性
0.90 以上	极适合进行因子分析
0.80 以上	适合进行因子分析
0.70 以上	尚可进行因子分析
0.60 以上	勉强可进行因子分析
0.50 以上	不适合进行因子分析
0.50 以下	非常不适合进行因子分析

信度为效度之必要但不充分条件，即一个测量工具没有信度就没有效度，但是有了信度不一定有效度，测量工具质量好是做一切分析的前提，因此对测量工具必须做信度检测，也要进行效度分析。

（二）效度检验

对于变量度量的构造，我们不仅借鉴了国内外研究学者对该领域的贡献，同时，笔者在正式施测之前，与国内有关学者及县级政府官员进行了较为深入的访谈，评测了量表，根据专家意见的反馈，修改部分量表后，在学校 MBA、MPA 学员班和都昌县开展试测。此后，再针对个别问项进行调整，包括修改部分问项，使其表述更准确、通俗。由此，我们独立开发的调查问卷内容效度较高。

我们采用探索性因子分析来检验公共服务能力的测量效度。首先，将问卷数据随机分为两部分，分别用来进行探索性、验证性因子分析。

取一半的、有效的数据，针对县级政府公共服务能力的 21 个问项进行因子分析。提取因子的方法为主成分分析法（Principal Component Analysis），因子旋转方法为最大方差法（Varimax），设定抽取 5 个成分，得到结果如表 5 - 4 所示，KMO 值为 0.906，表明非常适合做因子分析。

表 5 - 4　　　　　　　　　　　KMO 和 Bartlett 的检验

取样足够度的 Kaiser-Meyer-Olikin	度量	0.906
Bartlett 的球形度检验	近似卡方	2634.052
	df	171
	Sig	0.000

因子分析结果显示，前五个成分的特征值对总方差的累积解释量为 52.418%。如表 5 - 5 所示。

表 5 - 5　　　　　　　　　　　解释的总方差

成分	初始特征值			提取平方和载入			旋转平方和载入		
	合计	方差的百分比	累积百分比	合计	方差的百分比	累积百分比	合计	方差的百分比	累积百分比
1	5.489	28.888	28.888	5.489	28.888	28.888	2.610	13.736	13.736
2	1.274	6.707	35.595	1.274	6.707	35.595	2.121	11.161	24.897
3	1.185	6.238	41.834	1.185	6.238	41.834	1.900	10.001	34.898
4	1.027	5.407	47.240	1.027	5.407	47.240	1.873	9.856	44.754
5	0.984	5.178	52.418	0.984	5.178	52.418	1.456	7.664	52.418
6	0.913	4.803	57.222						
7	0.851	4.479	61.700						
8	0.769	4.047	65.748						
9	0.737	3.879	69.627						
10	0.699	3.681	73.308						

续表

成分	初始特征值			提取平方和载入			旋转平方和载入		
	合计	方差的百分比	累积百分比	合计	方差的百分比	累积百分比	合计	方差的百分比	累积百分比
11	0.688	3.619	76.927						
12	0.661	3.480	80.408						
13	0.614	3.233	83.641						
14	0.587	3.087	86.728						
15	0.571	3.006	89.734						
16	0.545	2.867	92.601						
17	0.495	2.605	95.206						
18	0.460	2.422	97.628						
19	0.451	2.372	100.000						

提取方法：主成分。

回旋后的成分矩阵如表 5 - 6 所示。

表 5 - 6　　　　　　　　　　旋转成分矩阵[a]

	成分				
	1	2	3	4	5
危机事件善后处理	0.742	0.046	0.174	0.126	0.080
危机信息沟通	0.726	0.175	0.047	0.047	0.126
危机事件预防	0.572	0.436	0.033	0.062	0.104
危机控制制度	0.517	0.040	0.232	0.143	0.249
危机管理机制	0.493	0.201	0.352	0.285	- 0.179
执行理解	0.120	0.721	0.137	0.006	0.191
执行机制	0.172	0.629	0.093	0.190	0.242
执行认同	- 0.004	0.592	0.293	0.255	- 0.041
执行支持	0.219	0.466	0.034	0.218	- 0.354
资源配置公平性	0.291	0.204	0.703	- 0.167	- 0.079
资源配置优化性	0.046	0.125	0.637	0.188	0.152
资源配置的效率性	0.074	0.126	0.562	0.240	0.173
资源配置的市场性	0.353	0.000	0.448	0.125	0.276

续表

	成分				
	1	2	3	4	5
非政府资金投入	−0.040	0.095	0.198	0.754	0.156
税收	0.259	0.224	0.076	0.618	0.215
特殊资源	0.327	0.236	0.069	0.594	−0.133
规划的可持续性	0.152	0.191	0.187	0.060	0.694
规划编制程序公正	0.297	0.386	0.048	0.259	0.483
政策环境把握	0.317	−0.004	0.264	0.301	0.411

提取方法：主成分。　旋转法：具有 Kaiser 标准化的正交旋转法。

a. 旋转在 7 次迭代后收敛。

表 5-6 显示公共服务能力可以由五个主成分构成，第一个成分由测量危机管理能力问项构成，第二个成分由测量执行能力问项构成，第三个成分由测量资源配置能力问项构成，第四个成分由测量资源汲取能力问项构成，第五个成分由测量规划能力问项构成，因此可将之分别命名为危机管理能力、执行能力、资源配置能力、资源汲取能力和规划能力，这与笔者的假设相符。

三　县级政府公共服务能力测量模型验证性因子分析

（一）结构方程模型拟合理论简述

验证性因子分析（CFA）主要通过模型参数估计评价模型与实际观察资料的契合情况。即通过模型参数估计，求出差异最小模型参数，即样本方差—协方差矩阵和理论模型结构方差—协方差之间的差异。若收集到的数据与建构的理论模型趋于合理，则两者之间没有太大差别。模型拟合指数是衡量理论模型与数据的拟合程度的重要标准。不同类别的拟合指数可以从模型的复杂性、样本的大小、绝对性和相对性等方面评价理论模型。一般地，主要以 AMOS 软件为分析工具来评价模型拟合情况，通常会采用如表 5-7 所示的拟合指数基准。

表 5 - 7 结构方程整体模式拟合的评价指标及其标准

指数名称		拟合的标准或临界值
绝对拟合指数	X^2 值	显著性概率值 p > 0.05（未达显著水平）
	GFI	> 0.90
	AGFI	> 0.90
	RMR	< 0.05
	SRMR	< 0.05
	RMSEA	< 0.05 拟合良好，< 0.08 拟合合理
	NCP	越小越好，同 90% 的信度区间包含 0
	ECVI	理论模式的 ECVI 值小于独立模式的 ECVI 值， 且小于饱和模型 ECVI 值
相对拟合指数	NFI	> 0.90
	RFI	> 0.90
	IFI	> 0.90
	TLI	> 0.90
	CFI	> 0.90
简约拟合指数	PGFI	> 0.50
	PNFI	> 0.50
	CN	> 200
	NC 值 （X^2 自由度比值）	1 > NC > 3 表示模式简约拟合， NC > 5 表示模式要修正
	AIC 值	理论模式的 AIC 值小于独立模式的 AIC 值， 且小于饱和模型 AIC 值
	CAIC 值	理论模式的 CAIC 值小于独立模式的 CAIC 值， 且小于饱和模型 CAIC 值

上表中，卡方值 X^2 值越小，表明实际资料与整体模型关系越契合；若 X^2 值为零，表明假设模型与实际数据资料十分吻合。NC 是卡方除以自

由度的比值。卡方与自由度的比值越接近零，表明模型与测量数据拟合越好；若 NC < 3，表明整体模型拟合得非常好；若 NC < 5，表明整体拟合较好，仍然可以接受；若 NC > 10，表明整体模型拟合非常差。RMR 是残差均方和平方根，此值越小越好，其值在 0.5 以下均为可接受的拟合标准。RMSEA 是渐进残差均方和平方根，变化区间在 [0，1]，越趋近于 0 越好，在 0.08 以下则认为模型拟合合理。模型拟合情况还需参考以下几个指标：拟合优度指数（GFI），标准拟合指数（NFI），非标准拟合指数（TLI），调整拟合指数（AGFI），增值拟合指数（IFI），相对拟合指数（RFI），比较拟合指数（CFI），区间 [0，1] 是上述拟合指数值的变化取值范围，取值越接近 1 越好，取值在区间 [0.90，1] 被认为拟合良好。

考虑到样本的大小容易对卡方值造成影响，卡方值样本数越大，越容易达到显著，则越可能拒绝该理论模式。同样地，卡方自由度比也较容易受被测样本大小的影响，若被测样本为大样本，则测试结果可靠性不高。因此，判别模式可否被接受时，参考其他拟合指标值的方法较优，采用综合判断较为可信。我们对县级政府公共服务能力的调查样本为 1068，属于大样本，不论是卡方值还是卡方自由度比（NC）都受影响，容易拒绝该假设模式，必须综合考虑其他拟合指标加以判断模型拟合与否。所以，我们忽略卡方自由度比这一指标。

若模型拟合得不好，那么还需结合模型修正指标和专业知识修正模型。主要采用两种修正方法。其一，将与观测变量相关的误差变项设置成共变关系；其二，删除结构模型中不显著的路径系数以及那些虽显著但路径系数为负的路径。然而，拟合指数是用来考察数据与理论模型拟合程度的，不能仅据此判断该模型是否成立，还需根据研究问题的背景知识开展综合性论断。

（二）验证性因子分析

输入调查样本的未用于信度分析的另一组数据，运用 AMOS 20.0 软件，使用最大似然估计法进行参数估计后得出：县级政府公共服务能力测量模型拟合程度较高，详见图 5-3、图 5-4。拟合指数参数值见图下方各指标值。这表明笔者所建构的理论模型与实际情况基本相符。

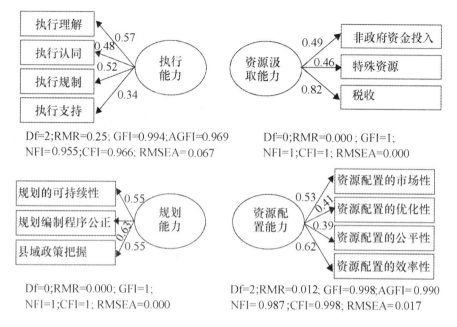

图 5 - 3（1） 公共服务能力各亚能力测量模型标准参数估计

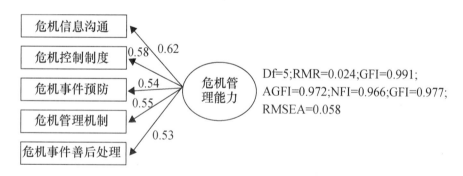

图 5 - 3（2） 公共服务能力各亚能力测量模型标准参数估计

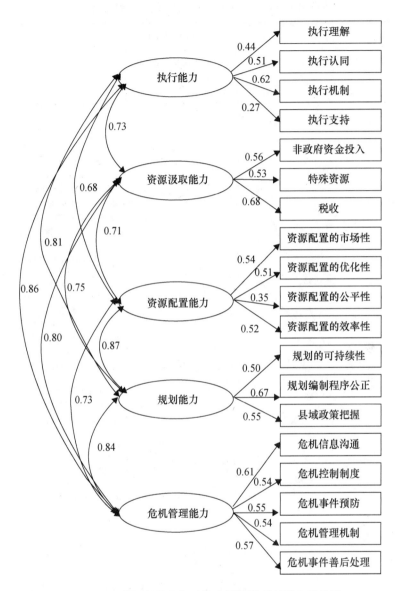

图5-4　公共服务能力各亚能力测量模型标准参数估计

四　县级政府公共服务能力结构模型检验

输入1240份调查样本的数据，对县级政府公共服务能力结构模型进行检验，结果如表5-8和图5-5所示。

表 5 - 8   县级政府公共服务能力结构模型主要拟合指数检定摘要

指标名称	df	X2/df	GFI	AGFI	RMR	RMSEA	NFI	IFI	CFI
检定数据	147	2.404	0.944	0.927	0.038	0.048	0.858	0.912	0.911
拟合判断		拟合	拟合	拟合	拟合	拟合	基本拟合	拟合	拟合

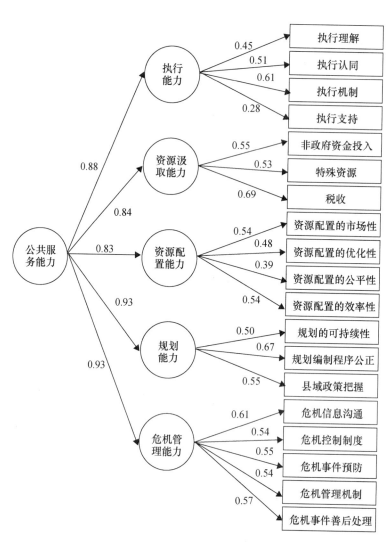

图 5 - 5   县级政府公共服务能力结构模型标准参数估计

运算结果显示，该模型路径系数的显著性概率符合要求。与之相关联，县级政府公共服务能力结构模型与实际情况拟合良好。

第四节 县级政府公共服务能力结构模型
研究结论及其理论阐释

一 能力结构模型检验结论

根据上述分析和检验，可以得出如下结论：

第一，县级政府公共服务能力由规划能力、资源汲取能力、资源配置能力、执行能力和危机管理能力五个亚能力构成。其中，在以包容性增长为目标的情况下，危机管理能力最重要，载荷系数为0.931，规划能力次之，执行能力再次之，资源汲取能力稍弱，这与笔者之前研究的县级政府公共服务能力各个亚能力的重要性有很大差别：在非包容性增长目标下，资源汲取能力最为重要，其对公共服务能力的载荷系数为0.892，资源配置能力在县级政府公共服务能力系统中所占比重较小，载荷系数为0.435，而在包容性增长情况下，资源配置能力重要性显著提高，载荷系数为0.830，资源汲取能力重要性则减弱（相较于一般情况下）（见表5-9）。

表5-9 县级政府公共服务结构载荷系数

包容性增长视角下县级政府公共服务能力									
构成维度	载荷系数	构成维度	载荷系数	构成维度	载荷系数	构成维度	载荷系数	构成维度	载荷系数
规划能力	0.926***	资源汲取能力	0.836***	资源配置能力	0.830***	执行能力	0.882***	危机管理能力	0.931***
一般情况下县级政府公共服务能力									
构成维度	载荷系数	构成维度	载荷系数	构成维度	载荷系数	构成维度	载荷系数	构成维度	载荷系数
规划能力	0.871***	资源汲取能力	0.892***	资源配置能力	0.435***	执行能力	0.718***	危机管理能力	0.800***

第二，在县级政府公共服务能力系统的五种亚能力构成中，每种亚能力都有相应的观测变量，其重要性也有所不同，详见表5-10。

表5-10   县级政府公共服务构成维度观测变量及载荷系数

规划能力		资源汲取能力		资源配置能力		执行能力		危机管理能力	
观测变量	载荷系数	观测变量	载荷系数	观测变量	载荷系数	观测变量	载荷系数	观测变量	载荷系数
规划编制程序公正	0.670***	非政府资金投入	0.554***	资源配置的优化性	0.479***	执行支持	0.278***	危机信息沟通	0.605***
规划的可持续性	0.502***	税收	0.685***	资源配置的市场性	0.543***	执行理解	0.454***	危机控制制度	0.558***
政策环境把握	0.555***	特殊资源	0.531***	资源配置的效率性	0.537***	执行机制	0.610***	危机事件预防	0.536***
				资源配置的公平性	0.392***	执行认同	0.510***	危机管理机制	0.573***
								危机事件善后处理	0.543***

注：载荷系数为标准化值，*** 表示 p < 0.001。

规划能力主要通过编制规划程序的公正性、政策环境把握和规划的可持续性三个观测变量进行测量。结果表明，程序公正最重要，政策环境把握和规划的可持续性也很重要，其中又以对政策环境的把握更重要。

资源汲取能力主要通过税收征管、非政府资金投入和从上级机构获得较多预算外资金或特殊经济政策等特殊资源三个观测变量进行测量。结果表明，税收对资源汲取能力的影响最大，非政府投资与特殊资源也有重要影响，但以前者影响更大。

资源配置能力主要通过资源配置的市场性、资源配置的效率性和县域资源配置的优化性、资源配置的公平性四个变量进行测量。结果显示，资源配置的市场性和效率性的影响力相近，但以前者更大。优化配置县域资源也有较重要的作用。

执行能力主要通过执行认同、执行理解、执行机制和执行支持四个观测变量进行测量。结果表明，执行机制最重要，执行认同与执行理解也很重要，但以后者更重要，执行支持影响力较弱。

危机管理能力主要通过危机信息沟通、危机控制制度、危机事件预防、危机管理机制和危机事件善后处理五个观测变量进行测量。结果表明，危机信息沟通最重要，危机管理机制次之，危机控制制度再次之，危机事件预防和危机事件善后处理重要程度相近。

二　研究结论阐释

（一）危机管理能力是县级政府公共服务能力系统的非常重要的构成部分

其每提高一个单位，公共服务能力就提高 0.931 个单位。今天我们生活在一个人为的、具有不确定性的、风险完全不同于早期制度发展阶段的世界。当前，政治经济改革已进入社会结构的全面分化时期，制度变迁引起利益格局的改变、分化，转型期制度的漏洞和人们意识形态的变化，对自然资源进行掠夺性的开采而忽视环境保护，对预防和处理自然灾害的力量不足、处理失当等，使得我国的危机事件进入高发期。农村地域广阔，农业深受自然条件的影响，虽然我国政府制定了一系列减灾的方针政策，加大了人力、物力和财力的投入，兴建了大批减灾工程，但是，重发展、轻减灾的现象依然普遍存在，减灾工程建设落后，减灾力量不足，频发的农村自然灾害事件仍然是威胁农村生产、生活的主要危机事件。不少县、市以采掘本地矿产资源或者承接发达地区产业转移的高能耗、高污染的企业来发展经济，安全制度的缺乏或执行监督不力，设备和技术的落后使得安全事故不断。农村公共卫生防疫体系不健全，饮用水安全和垃圾处理问题解决不力，食品卫生安全意识薄弱，造成公共卫生类突发事件发生，给广大农民群众带来身体上的伤害和经济上的损失。以宽带网数字技术和移动通信技术为基础，以互联网移动媒体为代表的新媒体时代，使得信息传播更加广泛和迅速，而且真伪难辨，在这一时代背景下，如果上述种种社会突发事件处理不当，极易形成危机事件，影响县域经济社会的正常秩序，同时也影响县级政府的威信。因此，在新媒体背景下，公共危机具有的突发性、对抗性、争议性的特点更凸显出良好的危机信息沟通机制的重要性。因此必须切实加强危机管理，完善危机管理机制，提高预防和处置突发公共事件的能力，尤其要重视危机信息沟通。

（二）规划能力是县级政府公共服务能力系统很重要的构成部分

其每提高一个单位，县级政府公共服务能力就提高 0.926 个单位。研究表明，规划编制程序公正是规划能力最重要的观测变量。这是因为规划是比较全面的、长远的发展计划。科学制订县域经济社会发展规划，促进县域经济社会可持续发展，必须从总体层面和长远角度把握县域经济社会发展的重点、次序和相应的政策措施。强调公众参与既是包容性增长的关键要素之一，同时广泛征求公共服务和公共产品受众的意见，充分了解民意、表达民意也是保证规划体现公共服务和公共产品公益性的程序性条件。只有那些相信人民的、投身于人民创造力源泉中去的人，方可取得胜利。公民参与规划编制，既有助于其对规划的理解、认同和支持，同时也有利于规划制订者更准确地领会和把握党和国家公共服务政策及县域公共服务环境，提高公共服务规划的科学性和可行性。因此在规划编制程序上公平、公正、公开，广泛听取人民群众的意见和建议，既可以调动广大民众投身于县域经济社会建设的积极性，也有利于避免政府领导者短期执政行为。正如美国前总统艾森豪威尔所言："规划书可能没用，但规划过程有用，通过公民、公务员参与规划的制定和实施，既可以产生很好的激励作用，也可以发挥很强的约束功能。"

对环境的把握是规划能力的重要内容。任何规划都受到环境条件的制约。因此，对环境的把握包括对党和政府公共服务政策的把握以及对当地经济社会环境的把握就显得非常重要。这种环境把握能力是规划能力的重要组成部分。准确领会党和政府的关于经济社会发展的方针政策是科学制订县域经济社会发展规划的前提。第一要义是发展，核心是以人为本，基本要求是全面协调可持续，根本方法是统筹兼顾等科学发展观的基本理论①，"国家富强、民族独立、人民幸福"等"中国梦"的内涵，"坚持社会主义市场经济改革方向，以促进社会公平正义、增进人民福祉为出发

---

① 《湖南省〈中共中央关于全面深化改革若干重大问题的决定〉的实施意见》，《湖南日报》2014 年 2 月 13 日。

点和落脚点"① 等十八届三中全会精神及具体的基本公共服务政策内容都是编制县域包容性发展规划必须把握的政策环境。

（三）执行能力是县级政府公共服务能力系统的重要组成部分

其每提升一个单位，公共服务能力就提升 0.882 个单位。由管理学角色理论可知，越是高层，其决策能力越重要；越到基层，其执行能力越重要。县级政府作为一级体制完备的基层政府，是党和国家公共服务政策的直接贯彻落实者和执行者。县级政府对党和国家公共服务政策的执行情况直接影响其辖区内公民享受公共服务的水平和质量。

执行能力的强弱与县级政府及其公务员对公共服务政策的认识和执行机制密切相关。当今社会的公共服务政策或任务的执行有许多是需要协作和沟通的。弗雷德·鲁森斯和他的副手对 450 多位管理者的研究表明，有效的管理者特别重视沟通，约 44% 的时间用于日常管理沟通。因此，协调良好、责任明晰的执行机制是落实政策任务的制度条件。此外近 10 年来，国内外学术界对员工工作态度也作了更为深入的研究。研究成果表明，认同感越强的员工，员工工作越努力，工作也就越有成效。因此，县级政府工作人员不仅要正确理解公共服务政策，更要对公共服务政策或任务有认同感。

（四）资源汲取能力是县级政府公共服务能力的较重要的构成部分

资源是任何组织存续、发展，实现其职能或使命的必不可少的条件。本书所提及的资源汲取能力中的"资源"主要是指财税资源。财力是政府赖以生存并实现自己职能和使命的经济基础，是政府公共服务能力中的核心要素。恩格斯曾形象地指出"财税是喂养政府的奶娘"。

现阶段我国基本公共服务的"生产率"呈现一种低水平趋同状态，但基本公共服务绩效却呈现明显的地区差异性，与地区经济发展情况有明显的一致性，这表明我国当前政府基本公共服务整体属于"投入型"，而非"效率型"。换言之，公共服务的绩效主要取决于投入，财政能力强，公共服务投入就多；公共服务投入多，公共服务和产品的产出就多。投入—产出效率与资源配置有关，而资源投入与资源的汲取能力有关。因

---

① 吴涛：《中共商丘市委关于迅速兴起学习贯彻党的十八届三中全会精神热潮的决定》，《商丘日报》2013 年 11 月 25 日。

此，现阶段资源汲取能力对公共服务能力的影响很大。但是资源汲取多，可能会促进经济社会发展，但并不必然地会促进包容性增长，典型的如引进企业的类型是否符合低能耗低污染的标准？民营资本和引进的外资是否提高了县域公共服务水平？县域财力的增长是否提高了基本公共服务水平？等等。因此与一般情形下的县级政府公共服务能力结构不同，包容性增长视角下的县级政府公共服务能力资源汲取能力固然很重要，但是在整个能力构成中却并不处于最重要的位置。

税收资源是县级政府最主要的资金来源，但是政策、专项资金、社会捐助等特殊资源的有无和多寡对县级政府财政资源影响很大。1994 年 1 月我国实行分税制，税收立法权为中央所专司。分税制改革后出现的突出问题主要有以下几点：一是央地政府间事权和财权划分不清，存在一些不合理的交叉，造成央地间事权与财权之间的脱节与错位。一些应由中央政府承担的事务，地方负担了一部分支出，一些属于地方的事权，中央财政也承担一部分。特别是近年来，财政税收逐级上收，事权却逐级下放，其结果是大大削弱了县级政府的财政力量。二是税收管理体制不协调，分税不分权，各种地方税的立法权、解释权、减免权、开征权等几乎都集中于中央，地方税税源少、比重低，限制了地方政府在组织财政收入过程中采取因地制宜的自主性。县级政府作为教育、科学、卫生、文体和社会保障等地方公共服务和公共产品的主要提供者，因此其财政资金来源主要依赖于中央的转移支付，而我国均等化转移支付的总量偏小，省级和地市级财政对县级财政的转移支付力度严重不足，加之我国转移支付结构不尽合理，主观性较强的专项转移支付比重较大，无论是中央对地方的补助还是地方对中央的上交数额都是双方讨价还价的结果，依据不足，从而导致"跑部钱进"成为不正常但却普遍存在的现象。能获得中央、省级政府的政策、专项资金和社会广泛捐助等特殊资源是提高县级政府资源汲取能力的重要途径。

非政府资本如民营企业和外资参与公共服务，有利于增强县级政府公共服务能力。新公共管理理论和公共选择理论都强调要打破公共物品供给的垄断，让更多的私营部门参与公共服务的生产和供给；治理理论提出一些公共产品的供应可以由私人部门和第三部门承担，与政府部门互通资源、分担政府责任、相互合作，以求善治。美国政府自 20 世纪 80 年代以来迫于财政压力开展公共服务市场化改革，引入市场机制，既大大减轻了政府的财务负担，又提高了公共服务效率。笔者在实地调查中发现，民营经济比较发达的县，其民营企业参与公共服务就多，该县公共服务水平也相应较高。

随着我国行政管理体制改革的深化，政府行政审批权不断下放，如2013年4月，国务院取消和下放71项行政审批事项，同年5月又取消和下放117项行政审批事项，以体制机制为切入点，为市场主体松绑，从而激发企业与个人的创业积极性。因此，与2010年笔者的研究结论相比，资源汲取能力各构成要素的重要性发生了变化，税收仍是第一要素，但是特殊资源的重要性低于非政府资源投入。

（五）资源配置能力是县级政府公共服务能力系统的不可或缺的组成部分

和笔者以前关于县级政府公共服务能力的研究结果进行比较发现，是否以包容性增长为发展目标，对资源配置能力在县级政府公共服务能力的重要性影响很大。在包容性增长情形下，资源配置能力每提升一个单位，公共服务能力就提升0.830个单位，而在一般的情形下，资源配置能力每提升一个单位，公共服务能力仅提升0.435个单位。究其原因，笔者认为，这可能是因为在一般情形下，我国基本公共服务领域投入—产出效率普遍较低，故而对公共服务能力的影响偏弱。但是包容性增长强调共享，这就要求政府对公共资源进行均衡配置，以促进城乡基本公共服务均等化，因此在公共服务能力中处于重要位置。

资源配置能力的状况主要由资源配置的市场性、效率性、公平性和优化性四个变量所左右。其中资源配置的市场性和效率性尤其重要，其回归系数分别为0.543和0.537。发挥市场在资源配置中的决定性作用，是市场经济的本质要求。市场决定资源配置主要通过价格机制、供求机制、竞争机制及激励和约束机制，这有利于转变政府职能，转变经济发展方式，有利于抑制权力寻租等消极腐败现象，也有利于提高资源配置的效率性和公平性。

党的十八届三中全会《中共中央关于深化改革若干重大问题的决定》（下称《决定》）明确提出，要推进城乡要素平等交换和公共资源均衡配置，鼓励社会资本投向农村建设，这是健全城乡发展一体化体制机制，形成以工促农、以城带乡、工农互惠、城乡一体，从而缩小城乡差别的重大举措。《决定》提出要发挥市场在资源配置中的决定作用，着力清除市场壁垒。我国是中央控制力较强的国家，中央政府在公共服务方面既注重引入市场机制的资源配置方式，同时又"更加注重公平"。这种资源配置制度方式适用于全国各地县级政府。虽然各地在具体实施上存在差距，但差距不是太大，因此资源配置能力的四个观察变量的路径系数相差不大。当然县级政府作为基层政府，往往更重视经济发展，因此在进行资源配置时更注重市场机制，提高资源利用率；更注重资源的优化配置，形成区域品牌。

第五节 本章小结

本章构建了包容性增长视角下我国县级政府公共服务能力结构模型，并以调研数据进行实证分析，这既是课题研究的重要内容，也是为后续研究做铺垫。本章得出以下研究结论。

1. 公共服务能力结构

县级政府公共服务能力由规划能力、资源汲取能力、资源配置能力、执行能力和危机管理能力五个亚能力构成。其中，在以包容性增长为目标的情况下，危机管理能力最重要，规划能力次之，执行能力再次之，资源汲取能力稍弱，资源配置能力最弱。

2. 公共服务能力亚能力构成要素

规划能力由编制规划程序的公正性、政策环境把握和规划的可持续性三个要素构成。其中程序公正最重要，政策环境把握和规划的可持续性也很重要，这两者之间，又以对政策环境的把握更重要。

资源汲取能力由税收征管、非政府资金投入和从上级机构获得较多预算外资金或特殊经济政策等特殊资源三个要素构成。其中税收对资源汲取能力的影响最大，非政府投资与特殊资源也有重要影响，但前者影响更大。

资源配置能力由资源配置的市场性、资源配置的效率性、资源配置的优化性和资源配置的公平性四个要素构成。其中资源配置的市场性和效率性的影响力相近，但前者更大。优化配置县域资源也有较重要的作用。

　　执行能力由执行认同、执行理解、执行机制和执行支持四个要素构成。其中执行机制最重要，执行认同与执行理解也很重要，但后者更重要，执行支持影响最弱。

　　危机管理能力由危机信息沟通、危机控制制度、危机事件预防、危机管理机制和危机事件善后处理五个要素构成。其中，危机信息沟通最重要，危机管理机制次之，危机控制制度再次之，危机事件预防和危机事件善后处理重要程度相近。

第 六 章

县级政府公共服务能力对
县域包容性增长的影响

第一节 公共服务能力对包容性增长
影响研究模型的构建

"包容性增长"不仅仅要求增长与发展，更强调"参与"和"共享"，追求的是幸福与尊严。利普赛特（Seymour Martin Lipset）曾提出经济发展和政治民主之间关系的命题，认为经济发展和政治民主具有线性关系，罗伯特·巴罗对利普赛特的命题进行了进一步考证，其研究表明经济发展和政治民主具有曲线相关关系。公众参与既有助于科学决策，也有利于公众对区域甚至整个国家的经济社会发展的价值取向、战略目标及实施路径达成共识，自觉地使自己的行为符合发展的需要，从而提高决策的执行力，促进经济社会进步和发展。公共参与提高了对公共管理和政府改革的理解和认知程度。古典民主理论的代表人物卢梭认为参与具有教育功能、民主训练功能、正当化功能和共同体整合的功能。在他的理论中，参与不仅仅是一套民主制度安排中的保护性附属物，它也对参与者产生一种心理效应，能够确保政治制度运行和这种制度下个人心理品质之间具有持续、互动的关联性。[1]最近几年，"公众参与"已经成为公共决策和国家立法中一道靓丽的

---

① 参见季燕霞《当代中国社会的利益格局与利益制度研究》，中国社会科学出版社 2011 年版，第 268 页。

风景线，是民主化公共生活的一个符号。浙江温岭"民主恳谈"模式是我国较为典型的基层参与式民主实践，该模式民主恳谈定位为"民主、服务、教育"，有助于建立廉洁高效责任政府，有助于增进社会和谐。

联合国于 2005 年在"千年宣言"中的一个审视报告中指出，共享既指共享经济增长成果，也指共享发展、安全和人权。回顾过去的 30 年，中国国内生产总值实现了年均增长 9.8% 的高速度，已超过日本，跃升为世界第二经济大国。从当前和未来一段时期看，中国经济保持世界领先速度的格局不会改变，但是毋庸置疑，当前也存在着制约我国经济社会可持续发展的不利因素，存在着影响我国人民群众生活幸福的不和谐因素：城乡居民间、不同行业间收入差距大；资源环境约束多；能源资源供需矛盾和环境污染问题也日益突出。2012 年，中国国内生产总值占世界总产出的份额为 11.5%，消耗的煤炭、一次能源和淡水却分别约占世界消耗总量的 50.2%、21.9% 和 15%；优质教育资源、医疗资源分布不平衡，影响人们发展机会的平等。

幸福是全人类生活的普遍期待与目标。对此，公共政策目标承认了其重要性。2012 年 6 月，联合国大会将每年的 3 月 20 日定为"国际幸福日"。建设一个"幸福社会""幸福城市""幸福社区"被我国许多地方政府正式列入了当地的社会经济和政治发展规划，如建设"幸福广东""幸福湖北"及"幸福江阴"等。研究表明，政府对人民的幸福生活负有重大的责任，政府公共服务能力影响经济社会发展方式，影响人民群众幸福指数。政府为公民和社会提供公共服务和公共物品，就是政府公共服务能力的释放和运用过程。

基于此，可以推断出，县级政府公共服务力影响县域包容性增长。并结合第五章关于能力结构实证研究结论，构建县级政府公共服务能力对县域包容性增长影响概念模型如图 6-1 所示。

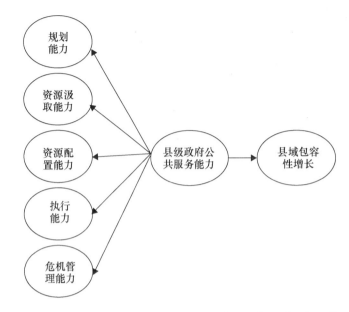

图 6 - 1   县级政府公共服务能力对县域包容性增长影响的概念模型

第二节   公共服务能力对包容性增长
影响研究模型的变量测量

县级政府公共服务能力由规划能力、资源汲取能力、资源配置能力、执行能力和危机管理能力构成已在第五章得到验证，其变量定义与测量也在该章进行了充分的阐述，在此不再赘述。

包容性增长是公共服务能力作用的结果。包容性增长是经济总量与人民幸福指数的协调增长，包容性增长倡导和保证机会平等，促进和实现社会公平正义，人们平等、广泛地参与经济增长的过程并从中受益。因此包容性增长的评价既应当包括包容性增长的客观评价，也应当包括人们对幸福、对公平正义、对包容性增长成效认知的主观评价。作者在《县域包容性增长评价及政策建议》一文中以苏、赣、陕三省为例，运用主成分分析法，得出包容性增长的客观评价可从"经济增长成果的共享性""发展机会的平等性""经济发展的可持续性""经济增长再分配的公平性"四个方面进行测量。包容性增长的主观评价主要是以人们对县域经济包容性增长的满意度进行测量。但是由于本调查只有九个县，如果以九县包容性增长的经济社会发展指标进行衡量，根据结构方程模型的运算要求，显然样本数太少。由于本研究采用结构模型研究法来探索县级政府公共服务能力与包容性增长之间的关系，结构模型研究要求大样本数据，一般不少于 200 个，客观评价只能是一个县一个样本，因此鉴于数据的可获得性，本研究以包容性增长的主观评价即对包容性增长的满意度作为研究模型中包容性增长的测量项目。这样的设计是可信的和科学的。一是从理论上来讲，实现好、维护好最广大人民的根本利益是党和国家一切工作的出发点和落脚点，包容性增长水平高低的最终评价标准还是要让群众满意。二是从研究方法上来看，关于只有一个问题的整体评估法与更烦琐的工作要素总和法谁优谁劣的研究表明前者更有效（斯蒂芬·P. 罗宾斯，1997）。包容性增长的内容广泛，因此以公民个体对包容性增长的满意度作为包容性增长评价具有较好的可适用性。

第三节　公共服务能力对包容性增长
影响的研究模型检验

一　县级政府包容性增长测量问项信度分析

县级政府公共服务能力观测变量的信度已在第五章进行分析，每个项目的结果和总信度均在 0.6 以上，显示结果为可接受或较好。

运用 SPSS 20.0 软件，对收集到的 1240 份问卷数据进行包容性增长观测变量的信度分析，得到信度系数为 0.792，显示 9 个观测变量问项对于包容性增长这一构造变量的衡量较有可靠性。

二　县级政府包容性增长测量问项效度检验

效度分析主要是通过探索性因子分析来检验。取一半的调查数据对测量包容性增长的 9 个问项进行因子分析。提取因子的方法为主成分分析法（Principal Component Analysis），因子旋转的方法为方差最大法（Varimax），以特征值 =1 为抽取因子标准，分析结果如表 6 - 1、表 6 - 2、表 6 - 3 所示。

表 6 - 1　　　包容性增长因子分析 KMO 和 Bartlett 球形度检验值

取样足够度的 Kaiser-Meyer-Olkin 度量	0.864
Bartlett 的球形度检验	1089.652
df	536
Sig	0.000

表 6 - 2　　　　　　包容性增长因子分析主成分解释的总方差

成分	初始特征值			提取平方和载入		
	合计	方差的百分比	累积百分比	合计	方差的百分比	累积百分比
1	3.381	37.564	37.564	3.381	37.564	37.564
2	0.950	10.551	48.115			
3	0.876	9.732	57.846			
4	0.769	8.541	66.388			
5	0.702	7.799	74.186			
6	0.640	7.112	81.298			
7	0.608	6.761	88.059			
8	0.566	6.290	94.350			
9	0.509	5.650	100.000			

表 6 - 3　　　　　　　　　　成分矩阵[a]

测量项	成分
	1
教育科技文化满意度	0.641
医疗卫生满意度	0.660
社会保障满意度	0.595
社会治安满意度	0.555
环境保护满意度	0.613
公共文化建设满意度	0.588
社会保障就业满意度	0.649
基础设施满意度	0.603
管理措施满意度	0.603

由表6-1、表6-2和表6-3可知包容性增长的主观评价的因子分析的 KMO（Kaiser - Meyer - Olkin）的检验值为 0.864，显著性概率为0.000。表明适合做因子分析，但是只有一个主成分，即包容性增长的满意度评价，其解释的总方差的百分比为 37.564。

三　县级政府包容性增长测量模型的验证性因子分析

为了进一步探明包容性增长与其观察变量之间的关系，下面用调查数据中未用作信度分析的另一组数据进行县级政府包容性增长的验证性因子分析。

运用 AMOS 软件，使用最大似然估计法（maximum likelihood）进行参数估计后得出县级政府包容性增长测量模型参数估计结果，如图6-2所示。模型拟合指数如表6-4所示。

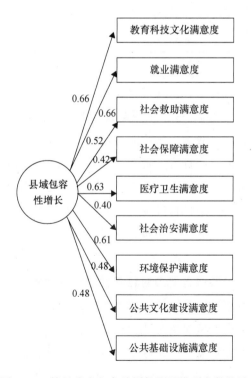

图6-2　县级政府包容性增长测量模型参数估计

表 6 - 4   县级政府包容性增长测量模型拟合检定摘要

指标名称	拟合的标准或临界值	检定结果数据	模式拟合判断
X^2 值	显著性概率值 p > 0.05 （未达显著水平）	117.656	
		（p = 0.000）	
		DF = 26	
GFI	> 0.90	0.956	拟合
AGFI	> 0.90	0.924	拟合
RMR	< 0.05	0.941	拟合
RMSEA	0.05 拟合良好，< 0.08 拟合合理	0.075	拟合合理
NFI	> 0.90	0.901	拟合
RFI	> 0.90	0.863 ≈ 0.900	基本拟合
IFI	> 0.90	0.921	拟合
TLI（NNFI）	> 0.90	0.890	拟合
CFI	> 0.90	0.921	拟合
PGFI	> 0.50	0.552	拟合
PNFI	> 0.50	0.651	拟合

模型拟合而言，各拟合指数皆符合或基本符合可接受的模式标准。但由于显著性概率达 0.000，故拒绝原假设。考虑卡方自由度和卡方值对样本大小十分敏感，样本数越大越可能拒绝原理论模式。所以，还要看其综合的拟合指标值是否符合标准。此外，考虑到模型变量较多且较为复杂，若过分强调模型拟合必将删除部分问项，如此将使部分信息流失。而若放宽卡方值则可以尽可能地保留问项，且有助于更好地进行探索和分析。本模型的其他拟合指数较好，说明包容性增长测量模型基本符合实际资料。

四 县级政府公共服务能力对包容性增长影响的研究模型检验

根据前述，县级政府公共服务能力由规划能力、资源汲取能力、资源配置能力、执行能力和危机管理能力构成已得到验证，包容性增长的主观评价由教育科技文化满意度、医疗卫生满意度、社会保障满意度、社会治安满意度、环境保护满意度、公共文化建设满意度、社会保障就业满意度、基础设施满意度、管理措施满意度 9 个问项组成，基于此，完善县级政府公共服务能力对县域包容性增长影响的研究模型，并输入数据进行验证分析，发现并修正模型中出现的不合理数据。根据理论知识和修正指数修改模型，再次输入调研的 1240 份数据，采用最大似然估计法进行参数估计，如表 6-5 和图 6-3 所示。

表 6-5　县级政府公共服务能力对包容性增长影响的研究模型检定摘要

指标名称	拟合的标准或临界值	检定结果数据	模式拟合判断
X^2 值	显著性概率值 p > 0.05 （未达显著水平）	740.164	
		（p = 0.000）	
		DF = 281	
GFI	> 0.90	0.955	拟合
AGFI	> 0.90	0.944	拟合
RMR	< 0.05	0.029	拟合
RMSEA	0.05 拟合良好，< 0.08 拟合合理	0.036	拟合合理
NFI	> 0.90	0.900	拟合
RFI	> 0.90	0.884 ≈ 0.900	基本拟合
IFI	> 0.90	0.935	拟合
TLI（NNFI)	> 0.90	0.925	拟合
CFI	> 0.90	0.935	拟合
PGFI	> 0.50	0.516	拟合
PNFI	> 0.50	0.778	拟合

修正后的模型自由参数估计值的显著性概率值小于 0.001，说明模型已通过检验。就模型拟合而言，除 RFI 接近 0.9 以外，其余各拟合指数都符合模型可接受标准。表明本研究所提供的县级政府公共服务能力对包容性增长影响的理论模式与实际资料是基本相符的。

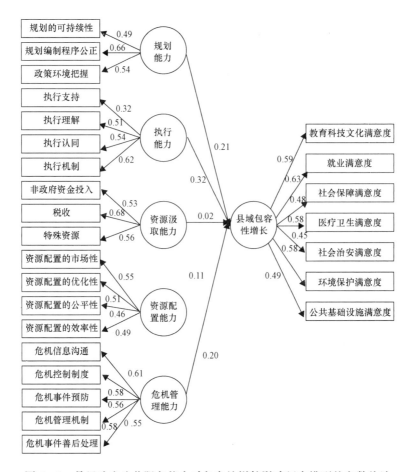

图6-3 县级政府公共服务能力对包容性增长影响研究模型的参数估计

第四节 公共服务能力对包容性增长影响
实证研究结论及其阐释

一 县级政府包容性增长实证研究结论

根据上述分析和检验，可以得出关于县级政府包容性增长的如下结论：

（1）县级政府公共服务能力对包容性增长有影响，其中影响最大的是执行能力，其回归系数为0.318，公共服务能力其他构成部分的影响力从大到小依次为规划能力、危机管理能力、资源配置能力、资源汲取能力。县级政府公共服务能力对县域包容性增长影响的回归系数见表6-6。

表6-6　　　　县级政府公共服务能力对包容性增长影响的回归系数

影响因素	规划能力	资源汲取能力	资源配置能力	执行能力	危机管理能力
回归系数	0.212	0.024	0.109	0.318	0.203

（2）包容性增长主观评价从教育科技文化满意度、就业满意度、社会保障满意度、医疗卫生满意度、社会治安满意度、环境保护满意度、公共基础设施满意度等方面进行衡量，各满意度对包容性增长评价的贡献率不同，见表6-7。

表6-7　　　　　　　县域包容性增长观测变量回归系数

观测变量	教育科技文化满意度	就业满意度	社会保障满意度	医疗卫生满意度	社会治安满意度
回归系数	0.658	0.661	0.418	0.632	0.404
观测变量	环境保护满意度	公共基础设施满意度	社会救助满意度	公共文化建设满意度	
回归系数	0.605	0.479	0.522	0.475	

注：路径系数为标准化值，*** 表示 $p < 0.001$。

从表中可知，包容性增长主观评价中，就业满意度的重要性最大，教育科技文化、医疗卫生和环境保护满意度的重要性相近，公共基础设施和公共文化建设满意度的重要性接近，社会救助满意度高于公共基础设施和公共文化建设满意度，低于其他观测变量的满意度。

二　县级政府公共服务能力对县域包容性增长影响的研究结论阐释

（一）执行能力对包容性增长影响最大，其中执行能力的执行机制、执行认同、执行理解尤为重要

执行是政府的主要职责，18世纪法国启蒙运动代表人物卢梭指出："政府是在主权者与臣民之间建立的一个中间体，以便能够使两者适应，

它负责执行法律并维持社会和政治的自由。"① "县为国之基，民乃邦之本"，雍正皇帝即位后在接见州县官时感慨："州县官虽小，却是亲民的官，庙堂旨意要他向百姓布达实施，百姓疾苦要他向朝廷奏闻"，今天县级政府起着沟通中央政府、省级政府、地市级政府与乡镇、农村的重要桥梁作用，责任更加重大。包容性增长的相关政策如社会保障、社会救助、教育科技文化卫生、环境保护等政策主要由高层政府制定，县级政府是党和国家公共服务政策的直接贯彻落实者和执行者。因此政府是否具有良好的执行机制，是否具有正确的执行理念，对执行政策、任务和目标是否有正确的认识等，直接影响党和政府的政策执行效果，影响县域经济社会发展方式，影响县域公共服务水平，影响县域公众在多大程度上能够享受到经济社会发展带来的成果。

案例 1：岚皋：打通联系服务群众"最后一公里"，执行好惠民政策

近几年来，民生民情成为各级政府工作报告的热点词汇，党和政府也出台了许多惠民政策，但群众观念不强，执行不力，不能落实。如群众上门办事，来回奔波踢皮球；干部下村帮扶，开着车子转圈圈……这短短的"最后一公里"，成了阻隔干群关系的一面墙。如何打通联系服务群众的"最后一公里"？2014 年，岚皋县借助党的群众路线教育实践活动，建立县镇村三级便民服务体系、包组联户服务方式、美丽农家服务平台，破解了服务群众"隔层墙"的现象。

在县政务服务中心，进驻单位工作人员热情周到，紧张有序地为群众提供政策咨询、证件办理、档案交接等"一揽子"服务。镇便民服务中心和村便民服务室，实行群众动嘴干部跑腿策略，能办理的直接给群众办理，不能直接办理的给群众代办。2014 年岚皋县建立县直部门便民服务窗口 40 个、镇便民服务中心 15 个、村或社区便民服务室 194 个。服务群众靠"窗口办事"远远不够，2013 年以来，该县党员干部走出机关，来到农家，一家一户摸情况，建民情台账、民生台账和帮扶台账，帮助群众解难题，办理急需解决的事项。服务的"触角"悄然伸向群众家门口、

---

① 单传海：《县级政府执行力》，新华出版社 2011 年版，第 8 页。

田地边，群众办事"跑趟趟"的场景越来越少，实现了便民服务无缝对接，切实落实党和政府的惠民政策，赢得了群众的广泛拥护，树立了良好的政府形象。

（二）规划能力对包容性增长的影响力居第二位，其中规划编制程序的公正性最重要

20 世纪 60 年代末，出现了主张要使人类停止免除灾难就必须停止国民生产总值和人口增长的思潮。代表人物有《经济增长的代价》的作者米香和《增长的极限》的作者麦多斯，米香强调为经济增长付出的代价，并指出经济发达国家是在付出社会和文化代价的基础上来实现经济增长的，并且这种代价太大，否认了"经济增长必然带来生活水准的提高"这一当时社会普遍认可的观点。自此，经济增长质量研究重新获得了经济学家们的重视，由苏联经济学家 Kama Jef 撰写的《经济增长的速度和质量》一书和由联合国在 1996 年计划签署的《人类发展报告》均提出，由于经济的增长，导致因贫困和收入分配不公而造成的无情增长、因严重失业而造成的无工作增长、因失去自由民主而造成的无声增长、因生态破坏而造成的无未来增长、因毁灭文化而造成的无根增长五种有增长无发展的情形。在对经济增长的后果和质量进行研究的基础上，包容性增长理念逐步形成和发展。至 21 世纪，亚洲开发银行提出"对穷人友善的增长"观点，促进贫困减除战略在 2004 年被提出，贫困减除战略的战略支柱之一就是包容性社会发展。《世界发展报告 2006：公平与发展》由世界银行发布，报告中提出，再分配主导群体的影响力、特权或补贴是最优减贫政策应包含的内容，而并非直接干预收入的不平等；包容性制度应得到确立，提供大量机会。《增长报告：可持续增长与包容性发展的战略》于 2008 年 5 月由世界银行增长与发展委员会提出，该报告明确提出了我们需要包容性增长，并将社会要包容、政府要有效和经济要开放概括为经济增长的关键"三要素"。显然，从经济数量型增长至质量型增长再到包容性增长的经济增长理论演变与实践发展表明，决策层的执政理念，影响着经济社会发展模式，不同的经济社会发展模式就必须有与之相适应的宏观制度安排。因此要实现包容性增长，从宏观方面来看必须建立公平正义的制度，通过制度的改革，保证合理的"经济竞争的公平机会"，诸如教育等制度

缩小"初始禀赋"差距的影响，对财富和收入再分配进行再调整，减少财富和收入的不均等。从微观方面来看，则要有以达成包容性增长为目标的一系列完整的、系统的、解决方案式的安排，也即要有县域包容性增长的规划。在经济一体化的当代，资源要素自由流动，县域发展主动或被动都要参与更大范围的市场竞争。泰伯特（Tiebout）政府竞争的经济学模型认为，居民个人选择社区居住考虑的一个关键要素是在这个社区可供选择的税收和服务结构。居民将考虑在一个社区中承担的税负以及从公共物品中享受到的利益。县域情况千差万别，如何提供优质公共服务，吸引"用脚投票"的投资者来此发展？如何探索本县经济社会发展之路？如何在培育区域品牌中发挥政府作用，以特色取胜？这些都对县级政府规划能力提出了高要求。好的规划必须具有科学严谨性，必须是体现当地特色，对环境与主体变化进行科学预测，保证主体利益优化的方案；它应当能确认真正的战略问题并找到易于执行的解决方案；它应当体现主体的核心利益及长远利益，强化主体的价值最大化，强化主体的自我发展力、自我更新力和良性发展力。公民是规划的使用者、受益者，也是规划实施的参与者。公民参与规划编制，有利于规划的制定者更全面地掌握党和政府的政策及县域环境，有效解决好区域经济社会发展中的问题，体现公共利益最大化，提高规划的科学性、可行性和可持续性。也有助于公民对规划的理解、认同和支持。如定边县立足县域资源优势，以"工业化强县、农业产业化富民、城市化改善民生"为主线，按照"打基础、立支柱、兴产业、创品牌"的工作思路，重点加强马铃薯、玉米、大棚蔬菜、荞麦等名优小杂粮和以葵花、胡麻为主导品种的优质油料五大优势产业建设，打造"中国马铃薯之都"和"西北特色农业大县"，2011 年农民人均收入完成 7200 元，同比增长 15.5%，五大优势产业成了农民增收的亮点。再如张家港市根据自身特色，走出一条以城镇化带动工业化的发展之路。这个规划的要求应当满足以下几点：既要促进经济数量的增长，更要保障经济发展的质量；既要经济增长，更要社会、人的发展；既要重视当前增长，更要重视可持续发展；既要重视效率，更要重视公平。什么样的行政价值理念、什么样的规划偏好直接影响县域经济社会发展规划，影响县域包容性增长的水平。

案例2：江苏金坛市（县级市）举行听证会，
完善矿产资源总体规划

来自农林、环保、规划方面的专家和部分企业的15名听政代表参加听证会。听证会上，听证代表针对《金坛市矿产资源总体规划》提出的开采总量、矿山环境治理、禁采区划分等方面内容阐述了各自意见。金坛市国土资源局经办机构人员对听证代表的质询进行解释后表示，将充分吸纳听证意见，修改完善规划报上级部门审批。矿产资源总体规划举行听证会，广泛征求意见，既有助于对国土资源工作进行有效监督，以保障国土资源管理工作的公正与公平，也有助于保障人民群众的知情权、监督权和参与权；有利调动广大人民群众参与管理的积极性、主动性和创造性，使规划更加科学。

（三）危机管理能力是影响县域包容性增长的第三个重要因素。其中危机信息沟通、危机事件预防、善后、管理机制、控制机制对包容性增长的影响大，特别是危机信息沟通

改革开放30多年来，我国的政治、经济、社会和文化发生了巨大的变化，创造了世界发展史上少有的持续繁荣发展的经济奇迹。但是伴随着经济的发展，我国也进入了社会"高风险"期，出现了一些矛盾和问题：社会分配不公，贫富差距大，城乡区域发展不平衡；经济社会发展与资源环境之间的矛盾突出；人民群众对政府的期待与部分官员贪腐、损害党和政府公信力的矛盾；市场信用缺失、科技创新能力不足导致的资源环境与经济发展之间的矛盾；国有企业改革及城镇化建设中产生了农村土地征用、城市拆迁等问题。一旦处理不慎，在当前信息网络化时代，人人都是自媒体的背景下，极易酿成影响范围大、后果严重的群体事件，影响县域包容性发展。据中国社会科学院发布的2013年《社会蓝皮书》，近年来，由于各类社会矛盾频繁发生，群体性事件数量飙升，群体性事件形成的原因以征地拆迁冲突、环境污染冲突和劳动争议为主。由征地拆迁而引发的群体性事件约占50%，由劳动争议和环境污染而引发的群体性事件约占30%，由其他矛盾而引发的群体性事件约占20%。典型事件如2010年9月10日江西省抚州市宜黄县凤冈镇发生的因拆迁引发的自焚事件；2011年什邡、启东、镇海发生的为反对当地修建破坏环境的项目，而上街集会

抗议,使得当地政府撤销那些群众反对的项目事件;2012 年的原陕西省安监局局长杨达才和原广州市城市管理综合执法局番禺分局政委蔡彬的"表叔"事件、"房叔"事件;2013 年 10 月 22 日晋宁县公安局对涉嫌非法拘禁和故意伤害的两名犯罪嫌疑人依法传唤,遭当地约 200 名村民堵截、扣留过往公务车辆和公务人员事件;2014 年 1 月云南中烟公司对全国各地区的劳务派遣人员予以解聘的群体事件;等等。危机事件如果处理不当和不及时,将影响县域和谐稳定,影响人民群众的满意度、幸福感,影响党和政府的公信力,也必然影响县域经济社会发展。

案例 3:张家港市处理因患儿死亡危机事件得当,事态平息

2010 年 11 月 28 日傍晚,在张家港市第一人民医院,一名 5 岁患儿在输液过程中,突然出现了腹痛等症状,经抢救无效死亡。5 日上午 9 时许,近千名群众竟聚集在医院门口,强行举行祭奠患儿活动,其中部分人员还出现了过激行为,一定程度上影响了医院的就医秩序。

事后,省市领导非常重视,要求各方及时、妥善处理相关事宜。当地"11·28"医疗纠纷处理领导小组迅速成立,行政调查程序立即被启动,对该医院的 18 名当事人(值班医生、护士等)展开调查,并组织了专家分析诊疗及抢救过程。因张家港市主要领导及时赶到现场,采取有效措施,与患儿家属积极沟通,组织力量疏导现场群众。至 13 时,聚集的群众已陆续离开现场,事件得到较好处理。

(四)资源配置能力是影响县域包容性增长的第四个重要因素,其中资源配置的市场性、公平性、效率性、优化性影响程度相近,以市场性更重要

资源是有限的,如何有效配置和优化有限的资源,使人们日益增长的物质、文化需要得以满足,这也成为社会经济发展中亟待解决的问题。资源合理配置是促进城乡区域协调发展,消除人们能力贫困、促进平等发展的重要条件,是转变生产方式、促进产业结构调整、改善生态环境的重要条件。一般地,有效的资源配置与优化有三种可选制度,其一是市场经济,其核心是以效率为先;其二是计划经济,其以公平为前提;其三是混合所有制经济,兼顾公平和效率是其主要目标。目前,几乎所有的资源配

置都重视效率和市场作用，但是对待公平与效率的关系决定了资源配置的制度方式。效率优先强调的是资源的有效利用，追求的是投入最少，产出最大。因此让自由竞争在经济活动中充分体现是效率优先的核心。代表人物有美国学者弗里德曼、库兹涅茨、科斯和英国学者哈耶克等。效率优先论把效率放在第一位，公平体现收入分配应当遵循效率第一的原则。库兹涅茨甚至认为为了获得必要的效率，牺牲暂时的公平不仅是值得的，也是必须的。阿瑟·奥肯认为，必须权衡利弊，判断和分析公平与效率，而不能片面地为了获取其中一个而选择牺牲另一个，增进平等需要采取效率优先策略。"若平等与效率同时具有价值，没有任何一方占有绝对优先优势，则就其冲突方面需达成妥协。那么考虑效率为主就必须放弃某些平等，或者考虑平等为主就必须放弃某些效率。但是如果为了获取其中一方而放弃了另一方应该是公平的。特别是允许产生经济方面不平等的经济决策，必须是公正的、效率的。"①

　　县域包容性增长既要强调经济增长，重视经济效率，但是更要强调公平，公民共享发展成果，强调发展的包容性。在资源环境约束条件下，配置和优化资源的原则是什么？是效率优先还是公平优先或者公平优先兼顾效率？如何整合资源，优化配置资源，直接影响着县域经济是否包容性增长以及包容性增长水平的高低。

案例 4：蒲城优化资源配置，提高财政支农资金效率

　　财政支农资金是农业基础地位政策的体现和农业投入的具体实现形式。党和政府虽然不断增加财政支农资金，但是，目前财政支农资金，例如综合开发资金、基本建设投资、科技支出、支持农业生产支出等，使用起来分散且交叉重复，影响资金运用效果。究其原因，考虑以下两方面：第一，农业政策的多目标性和功能性。农业产业的发展除了要考虑食品与生产资料供给、资源利用和环境效应问题，还应考虑农民增收和农村稳定问题。这些政策目标要具体到每个农口职能部门来实现，这就必然导致国家财政支农资金要分配到相对应的农口职能部门。第二，体制转轨不完全。目前施行的财政支农政策，大多都是传统计划经济体制遗留的产物，

---

① 李灯强：《调节居民收入分配的财政制度研究》，湖北人民出版社 2011 年版，第 22 页。

仍然是按照部门进行支农资金管理。由于资金同时受多个部门分管，而不同部门在理解和执行政策的时候又按照不同的要求，所以政策在真正实施过程中仍然受制于各部门执行时的协调欠缺。目前，发改委、财政、科技及农业各部门间，在分管支农资金的分配时，基本都各自为政，资金使用既分散又存在交叉重复，资金使用的效率很低。

目前，项目小、资金少、投放分散，为改变这一现状、提高财政资金的使用效率，2014 年，蒲城县着手解决管理资金不规范、办事效率不高、办事流程复杂、工作职责不清、透明度不强等问题，一共修订并完善了13 项财政制度，内容分别涉及拨付程序、项目确定、运行透明和绩效评价等。

在项目实施过程中，其按照使用要集中、重点保障原则，坚持做到安排需统筹、渠道有条理、不轻易变更用途、功劳分开记，适度调整财政专项资金。即将专项资金打散为支持民生发展和社会事业的资金、支持经济发展的资金、支持公共管理的资金三大类。考虑专项资金的使用方向和产出效益，同时结合县域规划和重点部署，优化升级、统筹结合，踏踏实实地给蒲城带来了巨大的变化。

（五）资源汲取能力是影响县域包容性增长的最后一个因素，其中影响最大的是税收，其次为非政府资源投入，特殊资源的获取也是重要因素

包容性增长或包容性发展是发展经济学的新概念。任何组织的生存和发展都离不开资源，政府组织也毫不例外。资源与政府的关系是依赖关系，因此，政府要促进县域包容性增长，必须要依托一定的资源，特别是财力资源。财力是政府赖以生存并实现自己职能和使命的经济基础。让弱势群体得到救助和保护，加强中小企业和个人能力建设，让更多的人享受全球化成果，在经济增长过程中保持平衡是包容性增长的核心要素，而且这无一不需要财力等资源的支持。如教育、医疗、卫生、就业、科技创新、转变生产方式等无一不需要资源支持。因此汲取资源多，公共服务投入多，公共服务和产品的产出多，包容性发展的基础就好，反之汲取资源少，仅靠中央政府财政拨款，包容性发展就会受到资源的约束。因此，资源汲取能力影响县域包容性增长。

案例 5：都昌县积极引进外资，促进包容性增长

都昌县位于江西省北部，设县已有 2000 多年的历史，是江西 18 个文明古县之一，地处亚热带湿润性季风气候区，以丘陵和滨湖平原为主，水域宽阔，具有发展农业的优越条件。但是该县经济一直欠发达，财政一直处于保障"吃饭"艰难还要促进"发展"的两难困境，财力不足，制约该县经济社会发展。近几年，都昌县委县政府多方筹集资金，进一步加强与省厅和市局的工作联系，积极争取上级财政部门的支持，积极支持、引导金融机构加大贷款投放，拓宽资金来源，建立同乡会，鼓励本籍人士回乡创业，不断增加财力。2014 年同上年相比一般转移支付增加 1692 万元，增加专项转移支付 20300 余万元，2013 年全县财政收入继续保持高位增长态势，地方公共财政收入较前一年增长 34.9%；财政总收入比上年增长 25.7%。财力增长促进了民生事业的发展。同年，与民生相关的主要支出项目中：教育支出增长 29.7%；社会保障支出增长 16.8%；医疗卫生支出增长 31.8%；农林水支出增长 12.4%；节能环保支出增长 52.8%；住房保障支出增长 64.4%。

2014 年 6 月 4 日，县政府又与江西鄱湖三宝农业科技示范园项目签约。该农业科技示范园项目利用当地得天独厚的环境资源优势，与农户合作，以"农业创园、旅游建园、科技富园、质量兴园"为基本方针，建立现代农业示范基地。项目总投资 1.5 亿元，建设期为三年，项目占地总面积 10000 亩，建有生态休闲接待中心、农业新技术孵化区、无公害大米示范园、花木苗圃示范园、有机水果示范园、有机蔬菜示范园、食用菌工厂生产示范园、农产品加工中心、检测中心、学生艺术实习园、农耕文化展示园等多个特色园。与传统农业模式相比，示范园项目采取与农户合作的模式，为农户提供技术、服务方面的系统支持，将会摆脱以往农业生产规模小、科技少、问题多的局面，为该县农业发展注入新活力。

第五节　本章小结

本章构建了包容性增长视角下我国县级政府公共服务能力对包容性增长影响的结构模型，并以调研数据进行实证分析，这既是课题研究很重要

的内容，也是开展后续研究的着重点。

本章得出以下研究结论：

1. 包容性增长评价

不仅要有客观指标衡量，还应当有主观评价。主观评价从教育科技文化满意度、就业满意度、社会保障满意度、医疗卫生满意度、社会治安满意度、环境保护满意度、公共基础设施满意度方面进行衡量。各满意度对包容性增长评价的贡献度不同，其中就业满意度最大，教育科技文化、医疗卫生环境保护满意度差不多大，公共基础设施和公共文化建设满意度差不多大，社会救助满意度高于公共基础设施、公共文化建设和社会治安满意度，但低于其他观测变量的满意度。

2. 县级政府公共服务能力对包容性增长的影响

公共服务能力对包容性增长有重要影响。其中，影响最大的是执行能力，其他亚能力的影响力从大到小依次为规划能力、危机管理能力、资源汲取能力、资源配置能力。

3. 亚能力构成要素对包容性增长的影响力

执行能力中的执行机制、执行认同、执行理解和执行支持影响很大，尤其是执行机制、执行认同和执行理解；规划能力中的规划编制程序的公正性影响最大；危机管理能力中的危机信息沟通、危机事件预防、善后、管理机制、控制机制影响大，特别是危机信息沟通；资源配置能力中资源配置的市场性、公平性、效率性、优化性影响程度均较大，市场性影响更大。资源汲取能力中税收影响最大，其次为非政府资源投入。

第 七 章

县级政府公共服务能力与其
影响因素间的量化关系

第一节　县级政府公共服务能力与其影响
因素间关系的研究模型构建

梳理有关文献发现，明确提出影响政府公共服务能力的因素的研究并不多，但关于政府能力影响因素的研究成果较为丰富，有的直接指出了行政能力或政府能力的影响因素，有的则把政府能力影响因素研究隐含于政府治理等研究中。如亚洲发展银行认为善治的基本要素包括公信力、透明性、可预见性和参与。此外，企业能力的影响因素对本书也具有借鉴意义。归纳起来，代表性的观点如表 7 - 1 所示。

表 7 - 1　　　　　　国内外关于政府能力影响因素的主要观点

提出人	能力名称	能力影响因素（或构成要素）	来源
汉密尔顿	行政能力	第一，统一；第二，稳定；第三，充分的法律支持；第四，足够的权力	《联邦党人文集》，1980
阿尔蒙德	影响环境能力	行政系统管理水平、行政文化	《比较政治学》，1988
马克斯·韦伯	国家能力	物质手段的垄断性	《经济与社会》，1978
陈康成	行政能力	组织结构的严密性、制度规范的有效性、人员素质的优良性和财力资源	《政府行政能力与政府财力资源问题研究》，2000

提出人	能力名称	能力影响因素（或构成要素）	来源
张国庆	行政能力	政府职能、公共行政权力、公共选择	《公共行政学》，2005
周平	地方政府能力	人员、组织、职权、行为、资源	《西部地区县级政府能力分析》，2002
汪永成	政府能力	权力资源、人力资源、财力资源、权威资源、文化资源、信息资源、结构资源	《经济全球化与中国政府能力现代化》，2006
王文友	政府能力	政府环境、政府权力、政府财政、公务员的数量与质量、政府体制、行政技术	《政府能力发展论》，2006
吴家庆、徐容雅	地方政府能力	管理理念、职能、管理方式、政府行为、政府人员的能力、政府信息化程度	《地方政府能力刍议》，2004
黄津孚、王锡秋等	企业能力	知识、结构、文化、流程、人员	《资源、能力与核心竞争力》，2001
俞可平	驾驭全球化能力	态度、官员素质、制度、环境、宏观调控	《全球化与中国政府能力》，《公共管理学报》2005（2）
	善治的基本要素	合法性、透明性、责任性、法治、回应、有效	《治理和善治引论》，《马克思主义与现实》1999（5）
亚洲发展银行	善治的基本要素	公信力、透明性、可预见性和参与	
张开云、张兴杰、李倩	地方政府公共服务供给能力	经济因素（地方经济实力及绩效、财政制度、政府规模）、社会因素（供给主体、机制）、政治因素（政府理念与政治观念、法律法规、政府职能、公共管理者的素质和能力）	《地方政府公共服务供给能力：影响因素与实现路径》，《中国行政管理》2010（1）

续表

提出人	能力名称	能力影响因素（或构成要素）	来源
张立荣、李晓园	县级政府公共服务能力	行政环境、人力资源、政府回应、行政文化	《县级政府公共服务能力与其影响因素关系研究——基于江西、湖北两省的调查分析》，《公共管理学报》2010（4）
刘兆鑫、高卫星	政府能力	职能、效能、作风和素质	《政府能力建设的四维要素论》，《河南社会科学》2011（1）
任维德	西部民族地区地方政府能力	自然、历史、人文、政策、体制	《地方政府能力与地区发展差距研究》，2007
李国青	中国政府能力	政府自觉、政府素质、三维架构	《中国政府能力建设研究》，2012

　　从上述研究中可以看出，虽然上述观点各异，但早期的研究共同指向因素可以归纳为：行政文化、政府回应、公民参与、政府权威、政府人力资源、财力。后来人们开始关注环境对政府能力的影响。现代组织管理理论则认为，组织是一个开放的系统，不断与其环境进行信息、能量和材料的交换。任何组织都需要关注外部环境，因为在那里可以发现组织的关联因素、机遇和威胁。公共组织情况更是如此，其受外部团体的影响远大于私营部门。公共部门管理模式与传统行政模式的主要差别在于，前者更加关注处于组织直接控制之外又对组织产生影响的事务。①

　　包容性增长要求公平合理地分享经济增长。公民参与是公共政策的基石，政府积极地回应、满足和实现公民的正当要求是实现地方政府治理现代化的基本要求。综上所述，我们界定影响县级政府公共服务能力的主要因素有县级政府行政环境、政府人力资源、政民互动三个因素，并建构县级政府公共服务能力影响因素与公共服务能力关系概念模型，如图 7-1 所示。

---

　　① 参见［美］F. W. 雷格斯《行政生态学》，金耀基译，台湾商务印书馆股份有限公司1985 年版。

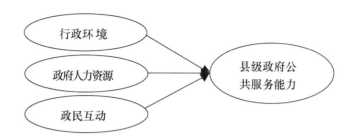

图 7 - 1　包容性增长视角下县级政府公共服务能力与
其影响因素间的关系模型

第二节　假设陈述与变量测量

一　行政环境

（一）行政环境（Administrative Environment）概述及测量

战略行政生态学和管理理论均认为，作为社会的子系统，政府不可避免地会受环境影响。组织环境就是组织界线以外的、直接或间接对组织存在与发展产生影响的一切事物。因此，行政环境也即政府外部的、影响政府公共行政行为各因素之和。

行政生态学理论指出，存在各式各样的生态因素影响着公共行政，而最重要的生态要素共五种：政治构架、经济要素、社会要素、符号系统及沟通网络。第一，政治构架要求政治与行政相对分离。因为政治强调政策决定，而行政强调政策执行，两者本质上存在功能相互依存的关系。而这种关系奠定了政治结构作为行政生态要素的基础。[①] 不同类型的社会、家庭和社团对行政的影响也不同。社会越发展，社会分工越发达，代表着不同社会利益的社团组织越多，社团对公共行政的影响也越大。第二，经济要素是影响一个国家行政的第一位因素。第三，社会要素指包括以血缘关系为纽带的自然团体、以利益关系为纽带的各种社会组织，例如教会、政党、工会、商会等"社团"。第四，符号系统则为包括了典章、法则、神

---

① 参见丁煌《西方行政学说史》，武汉大学出版社 2006 年版，第 290—297 页。

话在内的完整的符号系统。第五，沟通网络指对该国的公共行政产生重要影响的，包括语言状况、文化水平、舆论力量以及通信交通等在内的联络全社会的一张网络系统。

组织理论往往从以下两个方面来思考环境对组织的影响："(1) 社会（一般）环境（General Environment），它影响某一特定社会中的一切组织；(2) 工作（具体）环境（Task Environment），它更直接地影响着个别组织"①。一般环境与具体环境不存在清晰的界限，环境因素也是无穷无尽的，但我们在进行具体研究时并不需要对所有因素进行研究，只要对那些主要环境变量进行研究即可。著名美国组织理论家弗莱蒙特·E. 卡斯特认为，组织一般环境特征有：文化特征、技术特征、教育特征、政治特征、法制特征、自然资源特征、人口特征、社会特征和经济特征。②

行政生态学理论从公共行政的社会环境、文化背景、意识形态等外部关系上着手，研究社会行政行为与行政制度，但太过追求新奇术语，而忽略了公共行政价值取向。而组织理论较为全面地分析了组织环境，却没能突出政府组织环境特点。因此，考察上述关于环境构成因素理论，取其长、避其短，我们认为，影响县级政府公共服务能力的环境主要有社会文化、政治、经济、法律和技术五个构成变量，见图 7 - 2。

因此，本研究对县级政府行政环境的测量项目为：

(1) 政治环境；(2) 法律环境；(3) 经济环境；(4) 社会文化环境；(5) 技术环境。

(二) 行政环境对公共服务能力影响假设理论依据

1. 政治环境（Politics Environment）

政治，即在一定经济基础之上，借助社会公共权力，围绕特定利益，以规定并实现某特定权利的一种社会关系。社会生活中，具体外延形态为制度、组织、行为、文化。③ 政治环境影响县级政府公共服务能力，主要

---

① 转引自［美］弗莱蒙特·E. 卡斯特等《组织与管理——系统方法与权变方法》（第四版），中国社会科学出版社 2000 年版，第 164 页。

② 参见［美］弗莱蒙特·E. 卡斯特等《组织与管理——系统方法与权变方法》（第四版），中国社会科学出版社 2000 年版，第 166 页。

③ 参见王浦劬《政治学基础》，北京大学出版社 2005 年版，第 8 页。

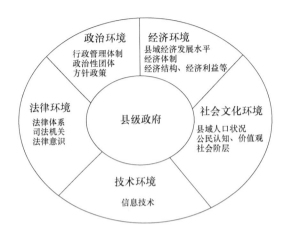

图 7 - 2   县级政府行政环境构成

表现在以下几个方面。

第一，行政管理体制决定了县级政府公共服务组织结构。在公共服务职能活动中的地位、作用、职能以及与中央政府和其他上级政府公共服务职责、财权、事权的划分。

第二，政治性团体使部分公共组织能够以强有力的集体行动参与公共决策，对公共服务的规划、资源配置产生影响。

第三，公共政策是组织政治活动的结果，也是公共组织施加影响的工具。[①] 党和国家及上级政府制订的方针政策决定着公共服务，特别是基本公共服务的价值取向、对象及内容。如上级政府是倡导包容性增长、促进公平正义，还是重视经济发展的速度、强调效率优先的价值取向和政策措施，对县级政府公共服务能力的影响是根本性的。

2. 法律环境（Law Environment）

法律环境，即影响县域公共行政的社会法制系统及其运行状态，包括法律规范、司法执法机关、法律意识三大要素。法律环境对公共行政的影响主要表现在以下几个方面：

第一，法律规范规定公共行政的禁止行为和可以作为的行为，完善的

---

① 参见陈振明《公共管理学》，中国人民大学出版社 2004 年版，第 70 页。

法律体系是政府依法行政的前提。

第二，司法机关的行为既是政府公共行政的内容，又是政府其他部门的行政环境。

第三，县域公民和组织的法律意识影响着公共行政的效能。在一个人们普遍具有自觉遵守法律并用法律来维护自己的合法权益的社会，一方面将会直接降低公共行政的成本，另一方面也会对公共行政起着很好的监督作用，促进公务员依法行政的主动性。

3. 经济环境（Economic Environment）

经济环境，即影响县域公共行政的县域经济体制、利益、结构和经济发展水平等因素。经济环境对县级政府公共服务能力的影响表现在以下方面：

第一，经济体制决定政府的行为方式。道格拉斯·诺斯在研究制度变迁和经济增长的关系时指出，"制度安排的发展才是主要的改善生产效率和要素市场的历史原因"，"过去和现在经济运行不好的根源就在于基本决策规划的设计和实施失误"①。如"资源配置中要不要引入市场机制"，"什么公共服务可以引入，如何进行监管"等，这些经济环境要素影响着政府公共服务能力。

第二，县域经济发展水平影响着财力资源，从而制约着政府的公共服务能力。经济结构、利益对政府公共服务能力的影响主要体现为：经济结构影响着县级政府公共服务的组织结构和目标。如计划经济时代没有私营企业，政府公共服务也就没有此服务职能，而现在许多县都非常重视民营经济发展，成立中小企业局等机构对之进行引导、管理和服务；经济利益主要影响政府公共服务的目标确定及社会分配效率与公平的关系处理等。

然而，计划经济时期形成的思维方式和行为习惯，从上至下、或多或少地依然存在，影响着政府公共服务决策与行为。市场机制的资源配置效果优于计划体制下的资源配置是不争的事实。县域市场化程度越高，经济越充满活力，财政收入就越多，可以提供的公共服务产品就越多，表明政府公共服务能力也就越强。

---

① 盛洪：《现代制度经济学》（上卷），北京大学出版社 2003 年版，第 290—293 页。

4. 社会文化环境（Scientific and Cultural Environment）

社会文化环境，即影响政府公共服务的县域人口结构、状况、权力结构、社会阶层的形成和变动、居民生活及工作方式、教育程度、风俗习惯、宗教信仰、价值观念等。社会文化环境对政府公共服务的影响主要表现为：

第一，县域人口的状况和结构影响公共服务和公共物品的数量与种类，是公共资源配置的考量因素。县域以乡村人口为主，必须加大农村公共服务如农业生产基础设施、农村生活基础设施等投入。如经过几十年计划生育国策的实施，县域农村老年人口增多，养老问题凸显，这些新问题影响着敬老院、医院等的布局。

第二，社会阶层的变化影响县域公共服务决策。公民和社会团体组织会影响县级政府公共服务决策。但一般而言，单个的人或企业对政府决策的影响很小，各种利益人联合起来，成立社团，使得政府决策朝着有利于自身利益方向发展的力量就大得多。此外，"政府机构常常会发觉应该并必须依赖社团协助，以实现各种计划和政策"①。许多学者认为，社团发展程度应该作为社会现代化进程的路标。代表国家发展程度的诸多指标与正式的、自愿性社团的数目有着很强的关联度。比较国家或地区现代化程度的标准也将社团活动质量标准予以纳入。② 在我国县域，社团组织不仅有民主党派、商会和行业协会等组织，而且随着农村经济的发展，农民自办的新型社会组织也得到蓬勃发展。政府善治的实质是政府与公民不直接的、良好的互动与合作，且往往需要中介组织来协调。③ 在实践中这些社会团体组织向公共服务决策部门表达自己组织及成员的利益诉求，对县级政府公共服务的决策施加影响，在政府与社会组织、政府与公民的互动中出台的公共决策将协调各方利益，更易于执行和取得更好的执行效果。

第三，县域公民对政治的认知、价值观、行为规范、风俗习惯、道德

---

① ［美］里格斯：《行政生态学》（中译本），台湾商务印书馆1978年版，第15页。

② 参见侯小伏《打开另一扇门：中国社团组织的现状与发展》，群众出版社2003年版，第70页。

③ 参见俞可平《增量民主与善治》，社会科学文献出版社2005年版，第210页。

传统等文化要素不仅影响其对公共服务的需求与价值评判，而且由于县级政府多属于"人才本土化"，社会环境通过影响政府公务员的认知、价值观、行为习惯等来影响政府处理公共服务问题的方式。美国政治学家 Gabriel A. Almond 指出，政治文化，即从一定社会经济制度和思想文化之中衍生而来，经长期的社会化过程，相对积淀于心理层面的政治态度和价值取向，是政治运作层面和系统的观念依托。[①] "全体人口的政治认知可能趋于准确的地方，其情感和评价就可能趋于赞成"[②]。公民文化强调公民理性和积极地参与政治，而且它还是忠诚的参与者文化，不仅取向于政治输入，而且积极取向于结构输入和过程输入。

5. 技术环境（Technique Environment）

技术，即完成工作任务而需要的知识、技能和完成任务所运用的工具及设施。其本身也作为组织因素，制约组织管理方式方法。[③] 技术包括很多，在本书中的技术环境主要是指影响县级政府公共服务的信息技术环境。信息技术环境对县域公共服务能力的影响主要体现在以下几个方面：

第一，计算机、现代通信和网络技术的普遍应用，使信息得以更快、更全面地进行交流，给政府公共服务能力建设带来机遇与挑战。一方面，建立在数字技术和网络技术基础上的，如微信、手机、微博、QQ、电子邮件等新媒介的应用，为政府信息公开以及加强与公民的沟通和联系、实行电子政务和电子民主提供了条件，有助于建立畅通的政民沟通网络，促进公民参与公共决策，增进对政府公共服务行为的理解、认同，提高公共服务质量感知度。但是另一方面，人们接收和传递新媒体信息，大多不受时间、地点场所的制约，人既是新媒体信息的接受者，又可以成为新媒体信息的原创人和传播者，加大了危机事件的发生概率，对政府公共服务和危机处理能力提出了更高的要求。

第二，信息技术的应用改变了组织结构与管理方式。组织扁平化和电子政务有利于提高政府工作效率，但也会带来政府信息安全等问题。

---

① 参见黄湘莲《公民文化与民族精神的重构》，《中州学刊》2007 年第 7 期，第 133 页。

② 参见〔美〕加尔里埃尔·A. 阿尔蒙德、西德尼·维伯《公民文化》，徐湘林译，华夏出版社 1989 年版，第 23—24 页。

③ 参见陈振明《公共管理学》，中国人民大学出版社 2004 年版，第 71 页。

综上，行政环境对县级政府公共服务能力的影响深刻。通过上述分析，对行政环境影响县级政府公共服务能力做出如下假设：

假设 1：H1 县级政府公共服务能力受行政环境影响

假设 1—1：H1—1 行政环境影响县级政府规划能力

假设 1—2：H1—2 行政环境影响县级政府资源汲取能力

假设 1—3：H1—3 行政环境影响县级政府资源配置能力

假设 1—4：H1—4 行政环境影响县级政府执行能力

假设 1—5：H1—5 行政环境影响县级政府危机管理能力

二 人力资源

(一) 人力资源 (Human Resource) 理论阐述及测量

人力资源是"组织内部所拥有的劳动者"①，是"员工所天然拥有并自主支配使用的协调力、融合力、判断力和想象力"②。与自然资源相比，人力资源是组织活动中最活跃、最积极的生产要素，"人才是第一资源"已成为共识。③

人力资源既包含量的概念，更包括质的概念。从量的方面来讲，县级政府公务员必须数量适当、结构合理，每个人的工作应为满负荷，既不能工作负荷过轻、人浮于事，也不能超负荷运转、掠夺性地使用人才。从质的方面来看，要求公务员具有良好的政治素质、职业操守和完成任务的工作能力。由于人力资源具有较强的时效性和能动性，人力资源管理就显得非常重要。如人力资源规划、招聘与配置、培训与开发、绩效管理和薪酬管理等。在政府人力资源中，县长和县委书记的能力和素质在县级政府公共服务政策决策和执行中起着更加重要的作用。研究表明，在行政环境和各方面条件差不多的地方，主要领导的能力和素质决定着其辖区经济社会发展的水平。据此将人力资源的测量项界定为：(1) 政府主要领导的素质和能力；(2) 人力资源数量；(3) 人力资源素质；(4) 人力资源管理。

---

① 李隆盛等：《人力资源发展》，台湾师大书苑有限公司 2000 年版。

② [美] 彼得·德鲁克：《管理实践》，上海译文出版社 1954 年版。

③ 2002 年 8 月，江泽民同志在北戴河会见部分科学家时发表的重要讲话中，首次提出了"人才资源是第一资源"的论断。

（二）人力资源与县级政府公共服务能力假设分析

县级政府人力资源的主体是县级政府主要行政领导者和普通公务员（由于县乡政府公务员数量不足，还录用了一些事业编制人员和其他聘用人员，他们的工作性质与政府公务员一样，是政府人力资源的一部分，但是由于为数不多，在此不作讨论），他（她）们是党和国家方针政策在县域贯彻实施的执行者，是县域公共服务政策的决策者和执行者，其对政府公共服务能力的影响主要体现在以下两个方面：

第一，政府主要领导的素质和工作能力直接影响县域公共管理的理念和方式，影响政府公共服务政策的决策和执行；此外，政府主要领导的能力、形象影响县域民众对政府的信任度，从而影响其对政府公共服务决策及实施的支持与理解。

第二，县级政府人力资源队伍的数量、素质和能力的高低，直接关系到党和国家公共服务政策的执行。政府工作人员对公共服务政策的理解、认同，直接影响其对公共服务政策的执行态度，其能力直接影响公共服务政策能否得到有效执行。我国政府执行不力，出现了只执行利于自己的政策，不执行不利于自己的政策，这种现象出现的关键原因是，政府人员对公共政策的认同度不高及个人与组织、本部门与政府、本级政府与上级政府的利益博弈。

根据上述分析，我们提出以下假设：

假设 2：H2 县级政府人力资源影响县级政府公共服务能力

假设 2—1：H2—1 县级政府人力资源影响县级政府规划能力

假设 2—2：H2—2 县级政府人力资源影响县级政府资源汲取能力

假设 2—3：H2—3 县级政府人力资源影响县级政府资源配置能力

假设 2—4：H2—4 县级政府人力资源影响县级政府执行能力

假设 2—5：H2—5 县级政府人力资源影响县级政府危机管理能力

三　政民互动

（一）政民互动（Government Civilian Interaction）理论阐述与测量

政民互动指的是政府与公民包括社团的沟通与协作，重点是政府回应与公民参与。美国行政管理学者 Grover Starling 指出，回应是公共管理的责任之一。他将政府回应定义为：回应即政府对民众关于其要求和接纳政策变革做出的反应，并采用积极解决措施。① 在我国，人们理解的政府回应为：在现代政府公共管理中，对公众需要及其提出的问题做出的积极、敏感反应及回复的过程。② 然而，政府回应不是简简单单地对公民需求的回复，政府不仅要设法满足民之所愿，也要考虑民之所益（即公共利益）。③ 政府回应主要体现公共政策决策上。公共政策即政府对社会领域的权威输出，是政治系统对全社会价值做的权威性分配，是政府回应社会的主要途径。④ 如何提高政府的回应性，许多学者提出了独到的见解。李伟权博士在其《政府回应论》中，基于我国政府回应机制存在的制度性障碍分析，提出打造回应平台、建构回应机制和公众参与的政府公共决策回应机制支撑系统的政策建议。

"政治决策者要有了解各种集团目前有哪些要求的能力，努力发展建构合理的专业化程度更高的利益表达机构，更准确地传递它们的信息，政府需扩大参与"⑤。环境保护、基层自治、社区治理、重大公共事务决策等，都需要公民有序、有效参与。这有赖于制度框架的完善，如信息公开、参与平台，也有赖于公共精神的培育。

政府回应与公民参与存在互动关系，政府是否及时地对公民需求进行回应也影响着公民对政府回应的期望与热情。

因此，我们将政民互动的测量项设为：

（1）公民和社团参与的公共精神；（2）公民参与行为；（3）政民互动平台；（4）社团参与行为；（5）政府回应机制；（6）政府回应行为。

（二）政民互动对县级政府公共服务能力影响假设

政府的善治就是要建立一个有效回应公民的机制。⑥ 公民参与是善治的基础，它意味着所有的社会成员都发出声音或者影响决策和治理。⑦ 因

---

① 参见［美］格罗弗·斯塔林《公共部门管理》，上海译文出版社 2003 年版，第 132 页。
② 参见何祖坤《关注政府回应》，《中国行政管理》2000 年第 7 期。
③ 李伟权：《政府回应论》，中国社会科学出版社 2005 年版，第 54 页。
④ 张国庆：《现代公共政策导论》，北京大学出版社 2000 年版，第 7 页。
⑤ ［美］阿尔蒙德：《比较政治学：体系、过程和政策》，上海译文出版社 1987 年版，第 212 页。
⑥ 参见［印］哈斯·曼德、穆罕默德·阿斯夫《善治——以民众为中心的治量》，国际行动援助中国办公室编译，知识产权出版社 2007 年版，第 65—66 页。
⑦ Reconceptualising Goverance, Discussion paper 2. UNDP Policy Document, 2000, NEW York：2.

为参与，确保穷人和他们的关注问题被考虑进来。更进一步，参与催化了公信力的活力，因为参与，政治领袖的利益与穷人弱势群体的利益联系在一起并接受后者的监督。

具体来说，政民互动对政府公共服务能力的影响主要表现在以下方面：

第一，政民互动可以矫正政府公共服务决策与公民意愿和选择之间的矛盾。公民通过政治参与，表达自己对公共资源分配的意愿和选择，表达自己的公共服务需求，并施加压力，使政府公共服务决策不致偏离公共利益需求。

第二，政民互动有利于公民对政府公共服务政策的理解和认同，增强政府公信力，提高公民对政府公共服务的满意度。政府回应强调政民互动，政府不仅能了解公民的公共服务需求，同时，公民在参与中也对政府政策制定的理念、原则有了更多的了解，不仅参与热情越来越高，而且理性参与能力越来越强，从关注个人或小团体利益转向关注社会公共利益。

综上所述，我们对政民互动因素影响县级政府公共服务能力作如下假设：

假设3：H3 政民互动影响县级政府公共服务能力

假设3—1：H3—1 政民互动影响县级政府规划能力

假设3—2：H3—2 政民互动影响县级政府资源汲取能力

假设3—3：H3—3 政民互动影响县级政府资源配置能力

假设3—4：H3—4 政民互动影响县级政府执行能力

假设3—5：H3—5 政民互动影响县级政府危机管理能力

第三节　县级政府公共服务能力影响因素测量量表的信度与效度分析

一　信度分析

（一）县级政府公共服务能力影响因素分量表信度分析

信度分析是为检验每个公共服务能力影响因素的问项是否具有内在一致性，因而必须对每个能力影响因素的调查问项进行验证。运行 SPSS

20.0 统计软件，设定 95% 的置信区间，得到县级政府公共服务能力影响因素量表信度结果如表 7 - 2 所示。

表 7 - 2　　　　　　　　县级公共服务能力影响因素测量量表信度

县级政府公共服务能力影响因素	问项数	信度系数	评价
行政环境	4 个问项	0.606	可以接受
政府人力资源	4 个问项	0.631	可以接受
政民互动	6 个问项	0.774	好

由表 7 - 2 可知，每个公共服务影响因素的 Cronbach's a 均在 0.6 以上，显示这些测量问项对影响县级政府公共服务能力因素的衡量有着较高的可靠性。

二　效度分析（探索性因子分析）

对影响公共服务能力影响因素的 14 个问项进行探索性因子分析，以检验公共服务能力影响因素的测量效度。取调查问卷数据的一半，提取因子方法采用主成分分析法，因子旋转方法为方差最大法（Varimax）。基于研究需要，本研究固定因子数量 3 作为提取因子标准。经 SPSS 20.0 软件分析得出如下结果。

表 7 - 3　公共服务能力影响因素之因子分析 KMO 和 Bartlett's 球形度检验值

取样足够度的 Kaiser - Meyer - Olkin 度量		0.894
Bartlett 的球形度检验	近似卡方	1467.871
	Df	66
	Sig.	0.000

从表 7 - 3 可知，县级政府公共服务能力影响因素因子分析的 KMO 检验值为 0.894，且显著性概率为 0.000，表明问卷数据极适合做因子分析。

县级政府公共服务能力影响因素问项回旋后的成分矩阵中，以因子载荷量 0.5 为标准，除经济环境、人力资源数量由于因子载荷不足 0.5 被删除外，其余问项因子载荷均在 0.5 以上，形成三个主成分，如表 7 - 4 所示。

表 7 - 4　　　公共服务能力影响因素之因子分析回旋后的成分矩阵

	成分		
	1	2	3
社团参与行为	0.693	0.050	0.099
政府回应行为	0.692	0.136	0.050
公民和社团参与的公共精神	0.678	0.135	0.185
公民参与行为	0.629	0.204	0.177
政府回应机制	0.620	0.236	0.216
政民互动平台	0.522	0.183	0.206
技术环境	0.011	0.770	0.183
政治环境	0.270	0.677	- 0.031
法律环境	0.287	0.619	0.162
人力资源素质	0.033	0.211	0.803
领导素质和能力	0.244	0.075	0.609
人力资源管理	0.413	0.002	0.542

提取方法：主成分。　　旋转法：具有 Kaiser 标准化的正交旋转法。

a. 旋转在 5 次迭代后收敛。

从表 7 - 4 可知，第一个成分有 6 个政民互动的问项测出其特质，第二个成分有 3 个行政环境测量问项测量其特质，第三个成分有 3 个政府人力资源问项测出其特质。据此表明，公共服务能力影响因素有三个主成分，分别为行政环境、人力资源、政民互动，这与我们的理论假设完全符合。三个主成分解释总变异量为 50.417%（见表 7 - 5）。

表 7 - 5 公共服务能力影响因素主成分解释总变异量

成分	初始特征值			提取平方和载入			旋转平方和载入		
	合计	方差的百分比	累积百分比	合计	方差的百分比	累积百分比	合计	方差的百分比	累积百分比
1	3.982	33.184	33.184	3.982	33.184	33.184	2.858	23.817	23.817
2	1.105	9.207	42.392	1.105	9.207	42.392	1.655	13.791	37.608
3	0.963	8.026	50.417	0.963	8.026	50.417	1.537	12.809	50.417
4	0.822	6.852	57.269						
5	0.793	6.608	63.877						
6	0.711	5.925	69.802						
7	0.669	5.572	75.374						
8	0.665	5.538	80.911						
9	0.632	5.265	86.176						
10	0.609	5.072	91.248						
11	0.577	4.809	96.057						
12	0.473	3.943	100.000						

提取方法：主成分。

因此，本问卷具有很好的结构效度和内容效度。

三 验证性因子分析

依据探索性因子分析结果和前文理论推导可知，县级政府公共服务能力有行政环境、政民互动和政府人力资源三个影响因素，三个影响因素并不是孤立存在的，而是彼此之间互相影响。为进一步探明三个影响因素与政府公共服务各亚能力之间的关系，以下进行县级政府公共服务能力影响因素的一阶验证性因子分析。

（一）测量模型的参数估计

以第二章构建的县级政府公共服务能力影响因素理论模型为基础，结合上述探索性因子分析的问项，调整县级政府公共服务能力影响因素的测量模型，导入1240份问卷数据，运行 AMOS 20.0 软件，使用最大似然估计法（maximum likelihood）进行参数估计后，得出县级政府公共服务能力影响因素一阶验证性因子分析参数估计结果，如图 7 - 3 所示。

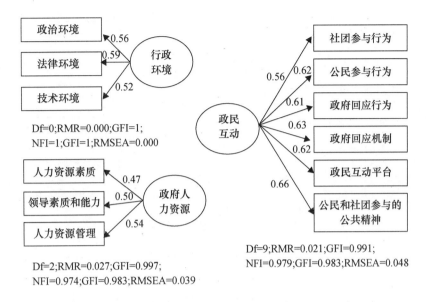

政治环境 0.56
法律环境 0.59　行政环境
技术环境 0.52

Df=0;RMR=0.000;GFI=1;
NFI=1;GFI=1;RMSEA=0.000

人力资源素质 0.47
领导素质和能力 0.50　政府人力资源
人力资源管理 0.54

Df=2;RMR=0.027;GFI=0.997;
NFI=0.974;GFI=0.983;RMSEA=0.039

社团参与行为
0.56 0.62　公民参与行为
政民互动 0.61　政府回应行为
0.63　政府回应机制
0.62　政民互动平台
0.66　公民和社团参与的公共精神

Df=9;RMR=0.021;GFI=0.991;
NFI=0.979;GFI=0.983;RMSEA=0.048

图7－3　公共服务能力影响因素一阶验证性因子分析参数估计

由图7－3可知，行政环境、政府人力资源和政民互动三个一阶验证性因子分析测量模型均显示出良好的模型拟合度，模型检验结果显示，12个观测指标的λ值（C. R. 值）均大于1.96，表示12个观测指标参数均达到0.05的显著性水平，其余模型适配指标均达到模型指标值的拟合基准，表示单一构面的测量模型与样本数据可以契合，三个测量模型构面的收敛效度佳。

（二）公共服务能力各影响因素间关系模型

为验证行政环境、政府人力资源和政民互动之间的相关关系，本书构建公共服务能力影响因素间关系模型，如图7－4所示。输入1240份调查问卷数据，运用AMOS 20.0软件，使用最大似然估计法（maximum likelihood）进行参数估计后，得出县级政府公共服务能力影响因素关系模型参数估计结果。由图7—4可知，模型各项适配指标均达到模型拟合标准，行政环境、政府人力资源和政民互动关系模型显示出良好的模型拟合度。

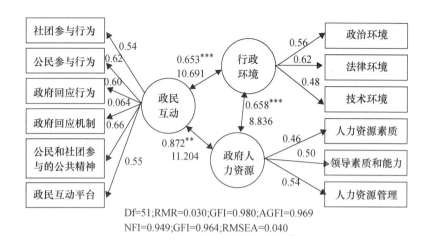

图 7 - 4　公共服务能力影响因素间关系模型

由计算结果可知，公共服务能力各影响因素彼此相互影响。

1. 政府人力资源因素与政民互动因素彼此之间影响最大

政府人力资源因素与政民互动因素的相关系数高达 0.872（p <
0.001）。其原因可能有以下几点：

一是政民互动有助于促进政府人力资源形成以民为本的价值观，有助
于政府人力资源素质的提高。行政人员对一定的行政行为、行政观念和行
政思想的价值理解和追求是行政价值观的核心内涵。[①] 我国政府人力资源
从计划经济体制下的行政命令转变为市场经济体制下的社会主义民主政
治，从权力理性转向合法权利，从全能型政府向服务型政府转变。上述三
个转变体现了行政价值观的变化，而这些价值观念的转变与政府和民众的
互动息息相关，特别是在当今社会强调包容性创新、包容性增长、法治理
念的文化背景下，通过政民互动可以有效促进政府人力资源消除官僚主
义、官本位思想，增强亲民、爱民、尊民意识，自觉抵制贪污腐败、权钱
交易等不良现象。

二是政民互动有助于促进政府人力资源管理。公民有序参与公共政策
决策，有助于提高行政管理的规范化和科学化水平，这对政府人力资源的

---

① 参见杨冬艳《公共行政正义研究》，河南人民出版社 2010 年版。

素质提出了更高的要求。政府工作人员必须具备相应的素质以回应公民或团体提出的问题。政民互动增强政府人力资源的使命感、责任感和公益意识。我国政府正在向服务型政府转变，转变成功与否关键取决于政府人力资源的素质水平。

三是政府人力资源因素直接影响政民互动机制、平台和公民与社团参与行为。政民互动简单来说是公民和社团参与，政府回应公民和社团诉求。经济多元化、政治民主化和信息网络化一方面使得公民参与的意愿不断增强、参与的条件不断改善，另一方面政府回应公民和社会的需求成为现代公共管理的基本职责。从某种程度上说，政府回应程度的高低是衡量政府民主化发展程度高低的标准，政府治理效果越佳，许多可能发生的危机事件就越有可能消灭在萌芽之中。作为政民互动的行政主体，其对政民互动的态度和认知、回应的内容、回应社会和公民的方式、回应的基本技能、回应行政对象的行政主体数量是否充足等，都影响着政府回应的效果，影响着公民和社团参与的行为和态度。

值得一提的是，政民互动理念的创新是一个长期发展的过程，需要一定的组织环境和氛围来适应。而政府人力资源是政府组织的核心，政府人力资源理念的更新有利于促进政民互动理念的创新，这也是包容性增长和创新的题中之义。本书"公民或者其他社团组织政治参与对政府的决策影响力度"这一问题的调查结果显示，41%的被调查者回答"一般"，30%的被调查者回答"大部分符合"，7%的被调查者回答"非常符合"，高于笔者2009年的调查数据。这说明政府正在转变社会治理理念，能够虚心听取民意，这与政府人力资源素质的提高是分不开的。

案例：群众路线教育实践活动促进县域政民互动形式多样化、内容丰富化

2014年江西各县普遍开展了群众路线实践教育活动，群众路线实践教育活动有效地促进了政民互动。宁都县对收集到的涉及"四风"、民生、经济发展等问题进行梳理分类，建立整改台账，将具体问题、整改责任单位、进展情况、完成时限等信息向社会公开，以社会监督倒逼责任部门整改到位。截至6月，全县共征求意见建议3212条，已经办结952条。

万安县深入开展"下访听诉、排忧解难"活动，县级领导干部每周安排一天，深入联系点、便民服务中心、村民说事室，面对面听取群众诉求，实打实解决群众困难。目前，已集中解决群众实际困难90多个。遂川县根据农村特点，建立"干部夜访日"制度，采取上门走访、议事约访、集中接访、跟踪回访等方式，夜访民心民声，对群众反映的问题实行台账管理、限时办结，切实推进"连心"工程有效开展。目前，已累计夜访群众5万余户，解决实际问题1230个。南昌县构建县、乡镇、村（社区）三级政务信息网络，通过加大政府信息公开、推行一站式电子政务服务平台、开展网络在线交流等方式，不断完善和延伸政务服务，解决群众切身利益问题，打通联系服务群众"最后一公里"。贵溪市开展"党员干部家家到、困难群众户户帮、民情信息月月报"活动，切实进农家门、说农家事、知农家情、解农家忧，推动"连心"工程落地。截至6月，共走访群众5500户，办实事好事1560件，解决难题1270个，帮扶困难家庭800户。宜黄县组织300名机关党员干部进社区报到，每人联系一名群众、参加一次组织生活、开展一次座谈、当一天志愿者，并根据自身特长和部门特点，为群众提供政策咨询、义诊、法律维权等服务。湖口县开展"千名干部下基层、连心行动入万户"活动，组织广大党员干部深入基层一线，重点推进村组公路建设、卫生服务、饮水安全、治安联防等"十项连心工程"，切实解决群众反映的突出问题，推动教育实践活动取得实效。安义县开展"践行三严三实、问题立行立改"专项工作，采取问题建库、案件交办、承诺公示、销号管理、督导跟踪、办结反馈、效果评估的方式，对干部群众反映的涉及作风效能、工业发展等方面的200余个问题进行集中整改。九江县马回岭镇着眼于办事快捷便利，建立镇、村便民服务站和民事代办点12个，着力解决群众反映集中的计生、新农合、土地规划等办理慢、办结难的问题，进一步推动基层党员干部转作风、连民心。永修县组织943名科级以上干部与困难群众结对，重点从生产、生活、就业、就医、就学、心理疏导六个方面进行帮扶，建立工作台账，健全定期调度、年终考核等机制，已推荐就业46人，提供帮扶资金25.5万元。赣州市南康区开设"农村党支部书记论坛"，每月确定一个座谈研讨日和论坛主题，采取案例分析、现身说法等方式，进行讨论交流，搭建村党支部书记互相学习、共同提高的平台。已举办信访维稳、新农村建设、城乡清洁、现代农业、征地拆迁、党建等 6 期论坛，180 多名村党支部书记参加了讨论。上高县组织 170 多支"连心"小分队进村入户，围绕村容村貌、村情民情绘制"民情地图"；围绕基础设施建设、整顿软弱涣散党组织、壮大村级集体经济等，规划"为民路线图"；围绕办证、缴费等事项，制作"便民流程图"，切实解民难、助民富，促进联系服务群众常态化、长效化。星子县坚持立查立改，对群众反映强烈的农村卫生脏乱差问题，采取村级党组织分片包干、挂点部门物资帮扶、在职党员志愿服务、村民主动参与的方式，进行专项整治，已组建党员志愿者服务队 12 支，投入帮扶资金 12 万余元。吉水县开展"三问五送"为民服务活动，组织党员干部深入 100 个移民点，问生活所困、生产所需、发展所盼，送产业、项目、技能培训、社会保障、公共服务，促进 6009 户外来移民安居乐业、发家致富。已培训 400 余人，新增井冈蜜柚种植地 3000 余亩。安福县实施村级为民服务"直通车"工程，由 225 名村组干部担任民事代办员，为群众代办新农合、建房申请、政策咨询等，在直接联系服务群众中解民难、改作风。全县累计建成"直通车"工程 65 个，代办事项 1356 件。

2. 政府人力资源与行政环境之间存在较强的相互影响关系

政府人力资源与行政环境的相关系数为 0.658（$p < 0.001$）。

政府人力资源在素质、数量和开发方面的提高，有利于促进行政环境的改善。其主要体现在以下几方面：一是政府人力资源政治素质高，服务能力强，有助于把党和政府的政策落到实处，从而提高政府公信力，优化行政环境。二是行政环境的改善进一步促进政府人力资源水平的提升。良好的政治环境有利于更好地监督政府人员，防止滋生腐败现象；良好的法律环境有利于政府人员依法办事，形成良好的社会氛围；良好的技术环境有利于政府人员提高执行效率。

行政环境对政府人力资源的影响主要表现在两个方面：一是影响政府整体的人力资源队伍的数量和质量。二是影响人力资源个体。从政府人力资源队伍的整体来看，县域经济越活跃，财政实力越强，政府在当地的威信越高，声誉越好。一方面已有的人力资源能保持相对的稳定性，流失率相对较少，另一方面愿意到该县从事公务员工作的人就越多，相应地参加公务员招聘选拔考试的人也越多，政府也就可以选拔到更优秀的人才加入公务员队伍中，从而提升公务员队伍素质。由于县级政府人才以本土化为主，当地的经济社会发展水平和人口数量都会影响到当地人口资源的数量和质量，当然也会影响到公务员的数量和质量。在调研的某经济不太富裕的县，水利部门近几年通过国家公务员考试，陆续招录了公务员，但是由于工作条件较艰苦，待遇不高，结果有的弃职而去，有的调走，导致公务员数量不足。从政府人力资源个体来看，也深受个体所处的具体经济社会和自然环境的影响。正如鲁迅先生所言："据我所知，北人的优点是厚重，南人的优点是机灵，但厚重之弊也愚，机灵之弊也狡……"① 地域差异的影响沉积在人力资源中，影响着人力资源的观念意识、思维方式和性格等。

在行政环境问题调查中我们发现，关于"近五年本县没有出现县级主要领导或主要部门领导受到党纪国法处罚现象"的问题，只有5%的被调查者选择"非常不符合"；在"当地民众遵纪守法意识强"问题中，只有3%的被调查者选择"非常不符合"，见表7-6。对县级政府满意度也高于笔者2009年的调查数据。由此可见，政府人力资源对于促进行政环境的改善具有十分重要的作用。反之，良好的行政环境也有利于政府人力资源素质的持续提高。

表7-6　　　　　　　　行政环境问项调查统计结果

问项	非常不符合	大部分符合	一般	大部分符合	完全符合
近五年本县没有出现县级主要领导或主要部门领导受到党纪国法处罚现象	5%	13%	40%	27%	16%
当地民众遵纪守法意识强	3%	11%	38%	34%	15%
本县大多数乡村都可以用电脑上网	3%	15%	34%	31%	16%

① 《鲁迅全集》（第五卷），人民文学出版社1980年版，第436页。

3. 政民互动与行政环境也存在较强的相关关系

政民互动与行政环境之间的相关系数为 0.653（p < 0.001）。

一方面，政民互动促使政府改善行政环境，主要表现在：随着我国政府从全能型政府向服务型政府转变，管理角色也逐步为服务角色所替代。特别是党的十八届三中全会提出："切实转变政府职能，深化行政体制改革，创新行政管理方式，增强政府公信力和执行力，建设法治政府和服务型政府"①。在此种背景下，民众和社会团体参与政府决策的需求不断上升，这就要求政府加快民意表达渠道、环境和技术平台的建设，进而促使政府提高和完善行政环境。正如上文提到的，公民可以通过网络、社会团体等多种方式参与政府决策，政府必须保障上述渠道的畅通并使用更多先进网络技术开通多样化的民意表达渠道，如微信、微博等进行政民互动。此外，行政环境的改善有利于改善政民互动效果，提高效率。如良好的法律环境使公民在表达民意时有法可依，而不会出现政府与公民之间的冲突，良好的技术环境使公民在表达民意时更加方便、快捷，如政府网站的建立、乡村网络的基础设施建设。依托现代网络技术平台，公民能够更好地了解政府动态，及时地表达意愿和诉求，甚至提供建议措施。因此，政民互动与行政环境之间形成了良性循环，相互促进。

另一方面，行政环境也深刻影响着政民互动。公民和社团向政府表达自己或团体的需求以及参与政府公共决策的动机、意愿都深受县域经济社会文化环境的影响。行政管理体制和政府治理模式影响政民互动。如民主与专制，前者以民主为核心价值观，强调公平公正和公民的参与，后者则以统治阶层权威为中心，推行精英政治。根据行政生态环境理论和当代有关研究，经济欠发达的、市场经济不活跃的地方，公共决策和利益的表达则以公民个体参与为主；而经济发达、商品意识活跃的地方则公共决策、利益表达以社团参与为主。政治文明程度高的地方，人们参与的意愿较强，相反，则人们参与的程度较低。调研中发现，经济发达地区，政府可以提供更多的资金鼓励、支持公民和社团参与，构建更广阔的互动平台，而此区域的民众也往往有更多的参政议政热情。此外，中国传统文化和地

① 《中共中央关于全面深化改革若干重大问题的决定》（2013 年 11 月 12 日中国共产党第十八届中央委员会第三次全体会议通过），《求是》2013 年第 22 期，第 3—18 页。

域文化也影响着政民互动的价值理念。中国传统行政文化的"民为邦本""为政爱民"的施政理念对政民互动产生了积极影响,但是"官本位""中庸"等思想却起着消极的作用;调研还显示,民风古朴的县域,公民参与热情不高,而在民风开放的县域,公民比较热心公共事务,参政议政热情也较高。

(三)二阶验证性因子模型检验

前文已经验证了公共服务能力影响因素测量模型,以及公共服务能力影响因素之间的关系模型,并检验了上述模型的合理性和科学性,但上述模型并未说明公共服务能力影响因素是否由行政环境、政府人力资源和政民互动构成,同时也并未说明三种因素在公共服务能力影响因素当中的重要性程度情况。因此,本书构建了公共服务能力影响因素概念化模型(如图7-1所示)。为验证公共服务能力影响因素概念化模型的合理性和科学性,研究运用 AMOS 20.0 软件,输入 1240 份调查数据,使用最大似然估计法(maximum likelihood)进行参数估计后,得出县级政府公共服务能力影响因素二阶验证性因子分析模型参数估计结果,如图7-5所示,模型拟合结果如表7-7所示。

表7-7 公共服务能力影响因素验证性因子分析之拟合检定摘要

指标名称	拟合的标准或临界值	检定结果数据	模式拟合判断
X^2值	显著性概率值 p > 0.05 (未达显著水平)	151.627 (p = 0.000) DF = 51	否
GFI	> 0.90	0.980	是
AGFI	> 0.90	0.969	是
RMR	< 0.05	0.030	是
RMSEA	0.05 拟合良好,< 0.08 拟合	0.040	是
NFI	> 0.90	0.949	是
RFI	> 0.90	0.933	是
IFI	> 0.90	0.965	是
TLI(NNFI)	> 0.90	0.955	是

指标名称	拟合的标准或临界值	检定结果数据	模式拟合判断
CFI	> 0.90	0.965	是
PGFI	> 0.50	0.641	是
PNFI	> 0.50	0.733	是

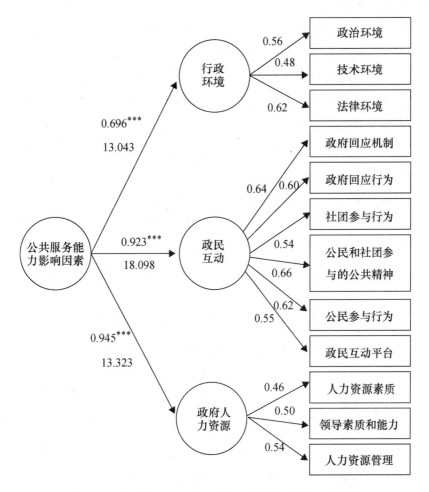

图 7 - 5　公共服务能力影响因素二阶验证性因子分析模型

从表 7 - 7 所示的各项指标来看，除显著性概率值 p < 0.05 没有达到标准外，其余适配指标均达到模型适配标准，表明模型拟合良好。同时，也说明我们所提供的理论模型是与实际情况相符合的。

（四）实证研究结论

分析上述结果，我们可以得出如下结论：

1. 政府人力资源是政府公共服务能力最重要的影响因素

人力资源因素中主要影响变量有县级政府人力资源管理、主要领导的素质和能力以及人力资源的素质。其中，以人力资源管理和主要领导的素质和能力影响最大。

2. 政民互动也是影响政府公共服务能力的重要因素

政民互动因素中，主要影响变量有政府回应机制、政府回应行为、公民参与行为、政民互动平台、公民和社团参与的公共精神和社团参与行为。其中，以公民和社团参与的公共精神影响最大，其每提升一个单位，相应的政民互动提升 0.66 个单位；政府回应行为、政府回应机制、公民参与行为三者影响力相差不大；最后是政民互动平台和社团参与行为。

3. 行政环境是影响政府公共服务能力的重要因素

行政环境与公共服务能力影响因素的路径系数为 0.696（p < 0.001）。行政环境因素中主要影响变量有政治环境、法律环境和技术环境。其中，政治环境和法律环境两者程度差不多，前者影响力略大，且两者的影响力远大于技术环境。

第四节　公共服务能力与其影响因素
间关系模型检验与假设验证

一　公共服务能力与其影响因素间关系总模型检验与假设验证

（一）模型检验

为检验本书提出的行政环境、政府人力资源、政民互动与政府公共服务能力之间关系模型的合理性和科学性，本研究运用 AMOS 20.0，导入1240 份问卷数据，对该模型进行结构方程检验和修正，修正后结果如图7－6 所示。模型拟合指标值基本符合吴明隆推荐的指标基准。① 除 NFI 指

---

① 参见吴明隆《结构方程模式——AMOS 的操作与应用》，台湾五南图书出版股份有限公司 2008 年版，第 87 页。

标值未达到 0.9 外，其余指标值显示良好的模型拟合度（模型拟合情况如表 7 - 8 所示），表明模型通过检验。

表 7 - 8 公共服务能力与其影响因素间关系模型拟合结果

指标名称	df	X²/df	GFI	AGFI	RMR	RMSEA	NFI	CFI
检定数据	363	3.083	0.940	0.928	0.036	0.041	0.870	0.908
拟合判断		拟合	拟合	拟合	拟合	拟合	基本拟合	拟合

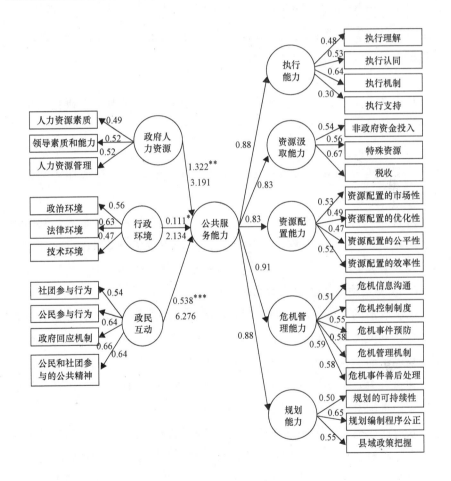

图 7 - 6 公共服务能力与其影响因素间关系模型

（二）假设验证

在对上述研究模型的检验中，可以得出拟假设检验结果如表 7 - 8 所示。

表 7 - 9   公共服务能力与其影响因素间关系模型假设验证结果

假设	因素负荷量	C. R.	验证结果
H1：行政环境→政府公共服务能力	0.111	2.134*	支持
H2：政府人力资源→政府公共服务能力	0.322	3.191**	支持
H3：政民互动→政府公共服务能力	0.538	6.276***	支持

注：* $p < 0.05$；** $p < 0.01$；*** $P < 0.001$。

从表 7 - 9 可知，C. R. 值均大于 1.96 且显著，这表明本研究提出的三个假设均通过检验。

（三）假设验证结果及分析

1. 政民互动、政府人力资源和行政环境对政府公共服务能力都具有显著影响

由表 7 - 8 可知，政民互动对政府公共服务能力的影响最大，其路径系数为 0.538；其次为政府人力资源，其路径系数为 0.322；行政环境对政府公共服务能力的影响相对最弱，其路径系数只有 0.111。

2. 政民互动因素假设检验结果讨论

民主政治的发展，全社会法制意识的普遍增强都要求政府必须转变行政方式，从仅关注行政结果转向关注行政过程和结果，必须重视政民互动。政民互动、关注民情、体现民意、集中民智，从而有利于提高政府公信力和执行力。新媒体的广泛运用也拓宽了政民互动的平台。因此，政民互动成为影响县级政府公共服务能力最重要的因素。

政府回应机制、公民和社团参与的公共精神、公民参与行为、社团参与行为是政府政民互动的要素。实证结果显示，除了人们公认的政府回应机制很重要外，公民和社团参与的公共精神、公民参与行为也很重要。

政府回应机制和公民参与行为机制是政民互动规范化、常态化的制度保障。但是，有机制还必须有公民和社团的有序和理性参与，两者形成良性互动关系后才能促进政民有效互动。公民和社团的参与既依赖于政府回

应的机制和为公民、社团进行参与提供的平台，同时也深受公民和社团对公共事务参与的认识、能力的影响。公民和社团必须要有良好的参与精神和参与能力，能够理性有序地参与，而不是局限于狭隘的本人或本部门、本集团利益。政府对公民和社团参与、对公民和社会需求回应的诚意，也影响着公民和社团参与的意愿和热情。政府互动的制度保障是公民和社团参与的基本条件。政府回应机制越完善、公民和社团参与的平台越广阔，公民和社团参与的机会就越多。公民和社会参与行为则直接影响到政民互动的效果，影响到政府行政成效。随着服务型政府建设的推进，县级政府越来越重视对公民的回应，除了政协、人大等传统方式，各个县也都利用新媒体如网站、微信、博客等建设政民互动平台，特别是县级政府网站成为政府信息公开、征询的重要渠道。网站一般都设有书记和县长等领导问政邮箱、热线电话等，很受人们欢迎。但不可否认的是，部分县级政府网存在网速慢、网站信息内容不能及时更新、许多链接功能失效、领导邮箱邮件不回等问题。有研究表明，县级政府网站可访问性是影响政府透明度的关键因素之一。[①] 2012 年 9 月 28 日，北京大学公众参与研究与支持中心发布了一份《中国行政透明度观察报告（2011—2012）》，该报告通过对中国 72 个省部级行政单位、88 个地级行政单位以及 38 个县级行政单位的透明度进行观察和比较后发现，我国县级基层政府的整体透明度不佳，在满分为 100 分的前提下，其及格率只有 26.3%。[②]

3. 人力资源因素假设检验结果讨论

"为政之要、首在得人"。人力资源的素质和数量，特别是政府主要领导的能力和素质，是影响政府服务能力的重要变量。政府人力资源的素质，包括政治素质、文化素质和业务素质，直接影响其公共服务职责的履行程度。素质越高，任务完成得就越好。当前，我国县级政府人力资源存在结构性不平衡的矛盾，表现在懂市场、IT 能力强的人才不足，而有些部门却人浮于事；地区和部门分布不均，艰苦的行业或偏远

---

① 参见郑烨、胡春萍、吴建南《政府网站建设对政府透明度影响的实证研究》，《图书情报知识》2013 年第 4 期。

② 参见中国经济网《报告显示内地县级政府透明度及格率不足三成》，http://www.ce.cn/xwzx/gnsz。

地区的人力资源数量不足，影响着政府公共服务任务的完成。如一些边远县或一些农林水行业岗位或在偏远乡镇的公务员，流失率较高，即使是通过公务员考核制度招录过来的人员，也难以留下。人力资源是一种特殊的资源，不同于其他物质资源，其所具有的社会性、能动性、动态性、再生性和增值性，导致不同条件下其被挖掘的潜力也不同，人力资源的存在和有效利用能够充分地激活其他物化资源，显然人力资源素质比人力资源数量更加重要。

"70后"和"80后"正在不断成为县级及以下基层政府人力资源的生力军，其多元化的工作动机、高学历、对工作生活质量的追求、独立等特征给政府人力资源管理带来了新的挑战，知识经济时代，知识更新的周期越来越短，培训与开发也日益显示出其必要性和重要性。因此，人力资源管理成为人力资源因素的重要变量。

4. 行政环境假设检验结果讨论

行政环境是围绕行政主体的外部境况，主要包括政治环境、法律环境和技术环境。在第二章，我们对行政环境因素构成进行了假设，如图7-7所示。

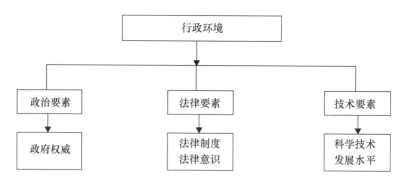

图7-7　县级政府行政环境要素

在县级政府行政活动中，政治环境、法律环境和技术环境是影响行政活动的主要环境因素，其中法律环境的影响最大，政治环境影响次之，技术环境的作用稍逊。

新制度经济学研究表明，制度构成了社会的激励结构，政治和经济制度是经济绩效的根本性决定因素。① 其中，法律制度是所有制度因素中的主要内容。发展经济学和法治主义理论吸收了新制度经济学的观点和方法，认识到发展中国家与发达国家的主要差异在于制度方面，一个繁荣的市场经济需要有政治、法律、文化制度来支撑。

法律环境是指与政府公共行政相关的社会法制系统及其运行状态，包括法律体系和人们的法律意识。新制度经济学和发展经济学都重视制度因素在经济发展中的作用，而在经济社会发展过程中，法律制度的权威性、强制性、执行性特征，使之成为一种"硬约束"机制②，具有行为激励、优化资源配置、降低交易成本和平衡利益的功能。人的行为是由人的需要、动机等一系列复杂的心理特征所支配。法律意识是人们对法律制度的认识和评价。人们并不是机械地适应法律规范，而是根据自己对法律制度的认识和判断来适应法律，作为或不作为。如果有富有时代精神和切实可行且比较完备的国家和地方法律法规来规范和引导政府及公民的行为，有健全的民主制度、完善的行政制度、公正的司法制度和有效的监督制度来保障政府依法行政，从政府到公民普遍都具有很强的法律意识，立法机关依法立法、执法机关依法行政、司法机关依法独立司法、公民依法活动，显然这样的法律环境有利于政府从事公共行政活动，并提高公共行政效能。

政治环境是行政环境中的重要组成部分。影响县级政府公共服务能力的政治环境主要有行政管理体制，特别是县级政府与上级政府财权与事权的设定以及民众对政府的依赖和信任程度，即政府在人民群众中的公信力。在我国，县级政府管理体制及与其他各级政府的事权和财权的设定基本上由上级政府确定，政府责权一致，有利于履行政府职责。反之，责任大权力小，政府就难以作为、不敢作为。反之，权力大责任小，就可能乱作为。人民对政府有着高度的信任度，就能自觉地支持和参与政府工作，党和政府及县级方针政策就易于得到贯彻和实施。反之，如果人民群众对政府失去了信心，即使是有利于人民生活、生产的好的政策，人民群众也

① 参见谭崇台《西方经济发展思想史》，武汉大学出版社 1995 年版，第 47—59 页。
② 参见李玉虎《经济发展与法律制度变迁研究：以中国经济改革与法律发展为视角》，中国检察出版社 2009 年版，第 107 页。

将持怀疑态度，从而好的政策也难以落到实处。人们对政府的认识依赖于政府的作为，取决于在公共服务中政府行为是不是以维护最广大人民群众的幸福为出发点和归宿点，是不是公平公正的，是不是诚信的，是不是能促进当地经济和社会的包容性发展的。

技术环境运用现代网络技术来辅助政府公共服务。计算机、现代通信和网络技术的普遍应用促进了政府电子政务和电子民主的发展，但是也对政府治理能力提出了更高要求。从目前县级政府对这些技术的应用来看，其主要在信息公开、征询、政民沟通、公共事务办理等方面发挥作用，特别是作为政府回应的一种重要手段或平台，在网上办理事务越来越普遍。

二 行政环境与公共服务亚能力关系的模型检验与假设验证

（一）模型检验

假设 1 检验通过只能表明行政环境对公共服务能力具有显著影响，并不能说明行政环境对公共服务能力的各个亚能力都存在显著影响，即对执行能力、规划能力、资源汲取能力、资源配置能力和危机管理能力都存在显著影响。因此，本书构建了行政环境与公共服务能力各亚能力间的关系模型，如图 7 - 8 所示。同时，为检验模型的合理性和科学性，采用 A-MOS 20.0 软件和 1240 份调查问卷数据，对该模型进行结构方程分析，分析结果显示模型拟合良好，模型无须修正，模型拟合指标数值如表 7 - 10 所示，除 NFI 和 CFI 稍低于 0.9 外，其余指标均显示出良好的模型拟合度，说明本书构建的行政环境与公共服务能力亚能力关系模型具有科学性和合理性。

表 7 - 10　　　行政环境与公共服务能力亚能力关系模型拟合结果

指标名称	df	X^2/df	GFI	AGFI	RMR	RMSEA	NFI	CFI
检定数据	204	4.178	0.936	0.921	0.042	0.051	0.852	0.883
拟合判断		拟合	拟合	拟合	拟合	拟合	基本拟合	基本拟合

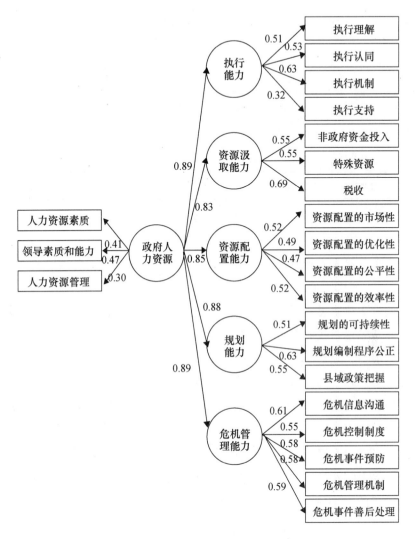

图 7 - 8　行政环境与公共服务亚能力关系模型

（二）假设验证

在行政环境与公共服务亚能力关系模型检验中得到假设检验结果，见表 7 - 11。结果显示 C. R. 值均大于 1. 96 且显著，表明本书提出的假设 1—1、假设 1—2、假设 1—3、假设 1—4 和假设 1—5 均得到支持。说明行政环境对政府执行能力、规划能力、资源汲取能力、资源配置能力和危机管理能力均存在显著影响。

表 7-11　　　　行政环境与公共服务亚能力关系模型假设验证结果

假设	因素负荷量	C. R.	验证结果
H1—1：行政环境→规划能力	0.878	10.879 ***	支持
H1—2：行政环境→资源汲取能力	0.827	12.004 ***	支持
H1—3：行政环境→资源配置能力	0.851	10.831 ***	支持
H1—4：行政环境→执行能力	0.890	10.861 ***	支持
H1—5：行政环境→危机管理能力	0.887	11.414 ***	支持

注：* p < 0.05；** p < 0.01；*** p < 0.001。

三　政府人力资源与公共服务亚能力关系的模型检验与假设验证

（一）模型检验

假设 2 检验通过只能表明政府人力资源对公共服务能力具有显著影响，并不能说明政府人力资源对公共服务各个亚能力都存在显著影响，即对执行能力、规划能力、资源汲取能力、资源配置能力和危机管理能力都存在显著影响。因此，本章构建了政府人力资源与公共服务亚能力间的关系模型，如图 7-9 所示。同时，为检验模型的合理性和科学性，采用 A-MOS 20.0 软件和 1240 份调查问卷数据，对该模型进行结构方程分析。分析结果显示模型拟合良好，模型无须修正，模型拟合指标数值如表 7-12 所示，除 NFI 稍低于 0.9 外，其余指标均显示出良好的模型拟合度。说明本章构建的政府人力资源与公共服务亚能力关系模型具有科学性和合理性。

表 7-12　　　政府人力资源与公共服务亚能力关系模型拟合结果

指标名称	df	X^2/df	GFI	AGFI	RMR	RMSEA	NFI	CFI
检定数据	204	3.604	0.948	0.936	0.036	0.046	0.873	0.904
拟合判断		拟合	拟合	拟合	拟合	拟合	基本拟合	拟合

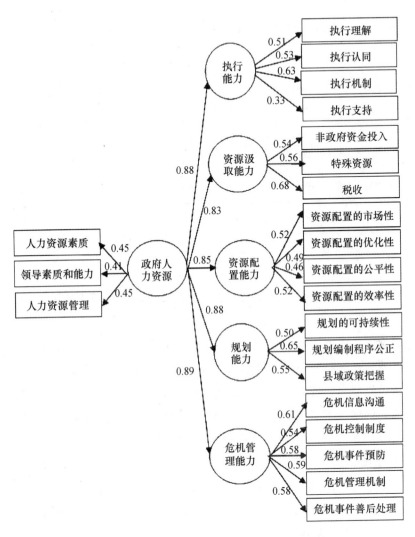

图7-9　政府人力资源与公共服务亚能力关系模型

（二）假设验证

政府人力资源与公共服务亚能力关系模型检验中得出假设检验结果见表7-13，结果显示，C. R. 值均大于1.96且显著。本章提出的假设2—1、假设2—2、假设2—3、假设2—4和假设2—5均显示支持。说明政府人力资源对政府执行能力、规划能力、资源汲取能力、资源配置能力和危机管理能力均存在显著影响。

表 7 - 13   政府人力资源与公共服务亚能力关系模型假设验证结果

假设	因素负荷量	C. R.	验证结果
H2—1：政府人力资源→规划能力	0.885	10.683 ***	支持
H2—2：政府人力资源→资源汲取能力	0.831	11.948 ***	支持
H2—3：政府人力资源→资源配置能力	0.853	10.892 ***	支持
H2—4：政府人力资源→执行能力	0.884	10.797 ***	支持
H2—5：政府人力资源→危机管理能力	0.895	11.338 ***	支持

注：* p < 0.05；** p < 0.01；*** p < 0.001。

四　政民互动与公共服务亚能力关系的模型检验与假设验证

（一）模型检验

假设 3 检验通过只能表明政民互动对公共服务能力具有显著影响，并不能说明政民互动对公共服务能力的各亚能力都存在显著影响，即对执行能力、规划能力、资源汲取能力、资源配置能力和危机管理能力都存在显著影响。因此，本书构建了政民互动与公共服务亚能力间的关系模型，如图 7 - 10 所示。同时，为检验模型的合理性和科学性，采用 AMOS 20.0 软件和 1240 份调查问卷数据，对该模型进行结构方程分析，分析结果显示模型拟合良好，模型无须修正，模型拟合指标数值如表 7 - 14 所示。除 NFI 稍低于 0.9 外，其余指标均显示出良好的模型拟合度，说明本书构建的政民互动与公共服务亚能力关系模型具有科学性和合理性。

表 7 - 14   政民互动与公共服务亚能力关系模型拟合结果

指标名称	df	X^2/df	GFI	AGFI	RMR	RMSEA	NFI	CFI
检定数据	270	3.078	0.948	0.937	0.033	0.041	0.891	0.923
拟合判断		拟合	拟合	拟合	拟合	拟合	基本拟合	拟合

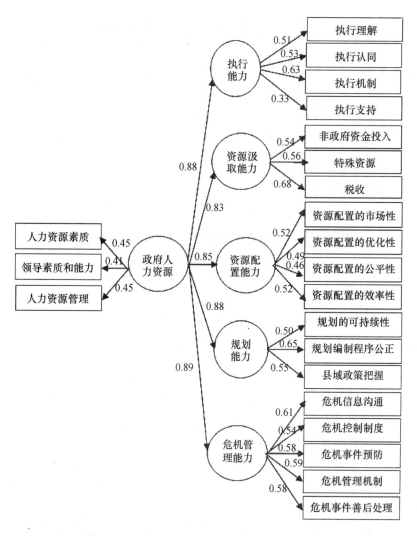

图 7 - 10　政民互动与公共服务亚能力关系模型

（二）假设验证

在政民互动与公共服务亚能力关系模型检验中得出假设检验结果见表
7 - 15，结果显示 C. R. 值均大于 1. 96 且显著。本书提出的假设 3—1、假
设 3—2、假设 3—3、假设 3—4 和假设 3—5 均显示支持，说明政民互动
对政府执行能力、规划能力、资源汲取能力、资源配置能力和危机管理能
力均存在显著影响。

表 7 - 15　　　政民互动与公共服务亚能力关系模型假设验证结果

假设	因素负荷量	C. R.	验证结果
H3—1：政民互动→规划能力	0.883	12.934 ***	支持
H3—2：政民互动→资源汲取能力	0.828	15.353 ***	支持
H3—3：政民互动→资源配置能力	0.793	12.870 ***	支持
H3—4：政民互动→执行能力	0.857	12.724 ***	支持
H3—5：政民互动→危机管理能力	0.896	14.263 ***	支持

注：* p < 0.05；** p < 0.01；*** p < 0.001。

第五节　公共服务能力与其影响因素
关系的实证结论与分析

本章构建了县级政府公共服务能力与其影响因素间的关系模型，并以调研数据进行实证检验，得出以下研究结论。

一　公共服务能力主要影响因素

行政环境、人力资源和政民互动对政府公共服务五个亚能力都具有显著影响，但影响程度不一。

（1）行政环境对公共服务能力各亚能力都有显著影响，且影响力相差不大。其中，对执行能力影响最大，路径系数为 0.890，其次为危机管理能力，其路径系数为 0.887，对其余维度的影响能力的重要性程度由高到低依次为规划能力、资源配置能力和资源汲取能力。

（2）政府人力资源对政府公共服务五个亚能力都具有显著影响。其中，人力资源因素对危机管理能力的影响最大，其路径系数为 0.895，其次为规划能力，其路径系数为 0.885，对其余维度的影响能力的重要性程度由高到低依次为执行能力、资源配置能力和资源汲取能力。

（3）政民互动对公共服务能力五个亚能力都具有显著影响。其中，对危机管理能力、规划能力、执行能力的影响相差不大。对危机管理能力影响最大，路径系数为 0.896，其次为规划能力，其路径系数为 0.883，对其余维度的影响能力的重要性程度由高到低依次为执行能力、资源汲取能力和资源配置能力。

二 公共服务能力亚能力主要影响因素

公共服务能力各亚能力均受行政环境、人力资源和政民互动三个因素的影响，但是受影响的强度与因素有关。公共服务能力各亚能力受行政环境、政府人力资源和政民互动三个因素影响的路径系数见表7－16。

表7－16 公共服务能力与其影响因素路径系数

变量	规划能力	资源汲取能力	资源配置能力	执行能力	危机管理能力
行政环境	0.878	0.827	0.851	0.890	0.887
政府人力资源	0.885	0.831	0.853	0.884	0.895
政民互动	0.883	0.828	0.793	0.857	0.896

（1）规划能力受行政环境、政府人力资源和政民互动三个因素影响，但受影响的程度相近，政府人力资源影响略大，路径系数为0.885。研究结果说明，政府规划是否科学合理与政府领导者的能力和公务员的基本素质显著相关，要提高政府规划能力，必须从加强政府人力资源管理着手，以高效的人力资源管理手段保障人力资源队伍的配置质量。

（2）资源汲取能力受行政环境、政府人力资源和政民互动三个因素影响，三者影响程度相近，政府人力资源影响略大，路径系数为0.831。研究结果说明，高质量的人力资源队伍对资源汲取至关重要，主要体现在随着政府领导者的素质提升，组织出现贪污受贿的可能性将降低，进而减少社会企业组织在政府组织中的渗透，企业组织违规路径减少，进而防止了国家资源的流失（如偷税、低价获取资源）。公务员能力的提升，能够有效推进各项政策制度落实，提高监察执行力，有效查处社会组织违规行为，减少国有资源的损失。

（3）资源配置能力受行政环境、政府人力资源和政民互动三个因素影响，政府人力资源和行政环境影响程度相近，政府人力资源影响略大，路径系数为0.853。政民互动影响力最弱。研究结果说明，资源的有效配置既需要制度环境的保障，也需要充分发挥人的主观能动性，所以表现出行政环境与政府人力资源对资源配置的作用之间的差异只有 0.002。

（4）执行能力受行政环境、政府人力资源和政民互动三个因素影响，三者影响程度相近，行政环境影响最大，路径系数为 0.890，其次为人力资源因素。研究结果说明，良好的政府行政环境是提升政府公务员执行力的关键，通过法律制度和道德观念两个层面来共同影响政府公务人员的价值观和行为观念，使之转化为政府的自觉行为，进而提高政府素质，政府自觉和政府素质的提升促进政府执行力的加强。

（5）危机管理能力受行政环境、政府人力资源和政民互动三个因素影响，三者影响程度非常相近，政民互动影响略大，路径系数为 0.896，其次为政府人力资源，路径系数达到 0.895。研究结果说明，危机管理既需要来自社会力量的广泛参与，也离不开政府的及时响应，表现为政民互动和政府人力资源的差异只有 0.001。社会力量是政府及时发现潜在危机的关键来源（如恐怖分子活动信息，不法分子的违法行为）。社会公众的广泛参与使政府能够在危机发生前解除危机或者减少危机带来的损失。同时，政府对危机信息的敏感性和响应性与高素质的人力资源队伍息息相关。

第六节　本章小结

本章构建了县级政府公共服务能力与其影响因素间的关系模型，并以调研数据进行实证分析，这是本书非常重要的研究内容，为后续政策研究提供支撑。

本章得出以下研究结论：

（1）行政环境、政府人力资源和政民互动是县级政府公共服务能力的影响因素。其中政民互动对政府公共服务能力的影响最大；其次为政府人力资源；行政环境对政府公共服务能力也有较大的影响。

（2）行政环境因素由法律环境、政治环境和技术环境三要素构成，其中法律环境最重要，其次为政治环境。人力资源因素由人力资源素质、主要领导的素质和能力、人力资源管理三要素构成，其中政府人力资源的管理和主要领导要素最重要。政民互动因素由社团参与行为、公民参与行为、政府回应行为、政府回应机制、政民互动平台以及公民和社团参与的公共精神 6 个要素构成，其中公民参与行为和政府回应机制要素最重要，公民和社团参与的公共精神、政府回应行为、政民互动平台要素也很重要。

（3）从影响因素的角度来看，行政环境、人力资源和政民互动三个因素对县级政府公共服务各亚能力都有显著影响，但程度不同。其中行政环境因素对执行能力影响最大；政府人力资源因素对危机管理能力影响最大；政民互动因素对危机管理能力、规划能力、执行能力的影响相差不大，而对前者影响略大。

（4）从公共服务亚能力的角度来看，公共服务各亚能力都受行政环境、政府人力资源和政民互动三个因素的影响，但影响强度不同。其中规划能力和资源汲取能力受行政环境、政府人力资源和政民互动三个因素影响均较大，政府人力资源影响略大；资源配置能力受政府人力资源和行政环境影响较大，政府人力资源影响略大；执行能力受行政环境、政府人力资源和政民互动三个因素影响均较大，行政环境影响略大；危机管理能力受行政环境、政府人力资源和政民互动三个因素影响均较大，政民互动影响略大。

第 八 章

研究结论与政策建议

第一节 研究结论

对前述第四章、第五章、第六章和第七章的实证研究结果进行梳理，归纳为如下研究结论：

一 县域包容性增长研究结论

该部分研究得出结论如下：

其一，县域包容性增长由经济增长成果的共享性、发展机会的平等性、经济发展的可持续性和经济增长再分配的公平性四个主成分组成。

其二，县域包容性增长水平与县域经济发展水平没有呈现完全对应的关系，但是与之有极密切的关系。

研究表明：经济强县与经济弱县都能体现较好的经济增长成果的共享性，但共享水平不同。经济增长是县域包容性增长的关键词。从综合评价函数来看，人均 GDP 的系数远高于其他指标的系数。经济弱县的包容性增长水平较低。经济弱县一般对自然资源利用开发程度低，因此环境破坏相对较少，在一定程度上体现了生态环境与经济发展平衡，但是薄弱的财力不能为区域内提供优质的基本公共服务，如教育、医疗卫生、文化、社会救助等资源不足，影响了人们的教育权、健康权等权利；基础设施落后，难以聚集一定数量的企业，减少了人们就业的机会。财力不足影响着公共服务能力的提高，进一步影响人们的生活和工作方式，影响着人的全面发展。

其三，大多数城镇化率较高的县（市）的县域包容性增长水平也较高。这与其区内基本公共服务水平相对较均衡有关。

二　包容性增长视角下的县级政府公共服务能力结构研究结论

该部分研究结论如下：

其一，县级政府公共服务能力由规划能力、资源汲取能力、资源配置能力、执行能力和危机管理能力五个亚能力构成。

其二，结合笔者以往研究成果，县级政府公共服务能力在以包容性增长为发展目标和以传统经济社会为发展目标两种情况下的研究结论有明显的不同。虽然在这两种情况下，县级政府公共服务能力均由相同的五种亚能力构成，但是亚能力的重要程度存在明显差异：在以包容性增长为目标的情况下，危机管理能力最重要，路径系数为 0.931，规划能力次之，路径系数为 0.926，执行能力再次之，资源汲取能力和资源配置能力稍弱，但路径系数也在 0.830 以上。而笔者 2010 年以传统经济社会发展为目标的研究显示，资源汲取能力最重要，其对公共服务能力影响的路径系数为 0.892，资源配置能力在县级政府公共服务能力系统中所占比重较小，路径系数为 0.435。

其三，在县级政府公共服务五种亚能力构成中，每种亚能力的构成要素的重要性也有所不同。

规划能力包括编制规划程序的公正性、政策环境把握和规划的可持续性四个要素，结果表明，程序公正最重要，政策环境把握和规划的可持续性也很重要，其中又以对政策环境的把握更重要。

资源汲取能力包括税收征管、非政府资金投入和从上级机构获得较多预算外资金或特殊经济政策等特殊资源三个要素。结果表明，税收对资源汲取能力的影响最大，非政府投资与特殊资源也有重要影响，但以前者影响更大。

资源配置能力包括资源配置的市场性、资源配置的效率性和资源配置的优化性、资源配置的公平性四个要素。结果显示，资源配置的市场性和效率性的影响力相近，但以前者更大。优化配置县域资源也有较重要的作用。

执行能力包括执行认同、执行理解、执行机制和执行支持四个要素。结果表明，执行机制最重要，执行认同与执行理解也很重要，但以后者更重要，执行支持影响力最弱。

危机管理能力包括危机信息沟通、危机控制制度、危机事件预防、危机管理机制和危机事件善后处理五个要素。结果表明，危机信息沟通最重要，危机管理机制次之，危机控制制度再次之，危机事件预防和危机事件善后处理重要程度相近，对危机管理能力的影响最大，信息沟通影响也较大，应急处置再次之。

三 县级政府公共服务能力与包容性增长关系研究结论

该部分研究结论如下：

其一，包容性增长不仅要有客观指标衡量，还应当要有主观评价。主观评价从教育科技文化满意度、就业满意度、社会保障满意度、医疗卫生满意度、社会治安满意度、环境保护满意度、公共基础设施满意度方面进行衡量。各满意度对包容性增长评价的贡献度不同，其中就业满意度的重要性最大，教育科技文化、医疗卫生环境保护满意度的重要性相近，公共基础设施和公共文化建设满意度的重要性接近，社会救助满意度高于公共基础设施、公共文化建设和社会治安满意度，低于其他观测变量的满意度。

其二，县级政府公共服务能力对包容性增长有重要影响。其中，影响最大的是执行能力，其他亚能力的影响力从大到小依次为规划能力、危机管理能力、资源汲取能力、资源配置能力。

其三，从亚能力构成要素对包容性增长的影响来看，执行能力中的执行机制、执行认同、执行理解和执行支持影响很大，尤其是执行机制、执行认同和执行理解；规划能力中的规划编制程序的公正性影响最大；危机管理能力中的危机信息沟通、危机事件预防、危机事件善后处理、危机管理机制、危机控制制度影响大，特别是危机信息沟通；资源配置能力中的资源配置的市场性、公平性、效率性、优化性影响程度均较大，市场性影响更大。资源汲取能力中税收影响最大，其次为非政府资源投入。

四 影响县级政府公共服务能力影响因素研究结论

本部分研究结论主要如下：

其一，行政环境、人力资源和政民互动是县级政府公共服务能力的影响因素。其中政民互动对政府公共服务能力的影响最大；政府人力资源也有很重要的影响，行政环境对政府公共服务能力也有较大的影响。

其二，行政环境因素由法律环境、政治环境和技术环境三要素构成，其中法律环境最重要，其次为政治环境。人力资源因素由人力资源素质、主要领导的素质和能力、人力资源管理三要素构成，其中政府人力资源的管理和主要领导要素最重要。政民互动因素由社团的参与行为、公民参与行为、政府回应行为、政府回应机制、政民互动平台以及公民和社团的参与的公共精神6个要素构成，其中公民参与行为和政府回应机制要素最重要，公民和社团的参与的公共精神、政府回应行为、政民互动平台要素也很重要。

其三，从影响因素角度来看，行政环境、人力资源和政民互动三个因素对县级政府公共服务各亚能力都有显著影响，但程度不同。其中行政环境因素对执行能力影响最大；政府人力资源因素对危机管理能力影响最大；政民互动因素对危机管理能力、规划能力、执行能力的影响相差不大，而对前者影响略大。

其四，从公共服务亚能力角度来看，公共服务各亚能力都受行政环境、人力资源和政民互动三个因素影响，但影响程度不同。其中规划能力和资源汲取能力受行政环境、人力资源和政民互动三个因素影响均较大，人力资源影响略大；资源配置能力受人力资源和行政环境影响较大，人力资源影响略大；执行能力受行政环境、人力资源和政民互动三个因素影响均较大，行政环境影响略大；危机管理能力受行政环境、人力资源和政民互动三个因素影响均较大，政民互动影响略大。

第二节　研究启示

上述研究结论给我们以重要启示：

一　要提高县域包容性增长水平，既要提高包容性增长的构成要素水平，也要提高包容性增长主观评价水平

县域包容性增长水平既包括客观指标，又包括主观指标。因此要提高县域包容性增长水平。一方面要提高包容性经济增长成果的共享性、发展机会的平等性、经济发展的可持续性和经济增长再分配的公平性，另一方面要让辖区居民、社团感知并满意这种增长。因此要提高县域居民的教育科技文化满意度、就业满意度、社会保障满意度、医疗卫生满意度、社会治安满意度、环境保护满意度、公共基础设施满意度，特别是要大力发展经济，提高就业满意度；要提高教育科技文化、医疗卫生等基本公共服务的质量，保障人们平等的受教育权和健康权；要重视环境保护，"既要金山银山，更要绿水青山"，提高生活质量。

二 促进县域包容性增长，必须大力提升县级政府公共服务能力

县级政府公共服务能力对包容性增长有重要影响，执行能力、规划能力、危机管理能力、资源配置能力、资源汲取能力等都不同程度地影响着县域包容性增长水平，因此要加强县级政府公共服务能力建设。在资源环境约束条件下，加强县级政府公共服务能力建设必须根据县级政府公共服务能力各构成部分的重要程度以及政府公共服务能力对县域包容性增长的作用机理，有重点、有步骤地实施制度安排和行动路径。

三 提升县级政府公共服务能力，要把握能力建设的着力点和切入点

县级政府公共服务能力建设既要根据公共服务能力结构中各亚能力的重要程度有针对性地加强建设，如着力加强危机管理能力、规划能力和执行能力，当然也要重视资源汲取能力和资源配置能力的建设。还要从公共服务能力的影响因素着手，找到建设的切入点。行政环境、人力资源和政民互动三个因素对县级政府公共服务各亚能力都有显著影响，因此要根据各因素的影响力大小有重点、有步骤地加强县级政府公共服务能力。

第三节 政策建议

一 加强县级政府公共服务能力内涵建设

（一）着力县级政府危机管理能力建设

在以包容性增长为目标的条件下，危机管理能力尤为重要。近几年来，发生于县域的危机事件不时见诸报端网媒。发生危机事件的类型主要有：一是因征地拆迁、环境污染、贫富分化、医疗纠纷等各种社会矛盾而导致的群体性事件，如 2014 年 3 月 21 日发生的山东平度市凤台街道杜家瞳村征地血案，一死两伤。二是因忽视生产安全而发生的安全事故，如 2014 年 8 月 2 日发生的江苏昆山市开发区中荣金属制品有限公司汽车轮毂抛光车间爆炸案，造成 75 人死亡，185 人受伤。三是因发生自然灾害而导致的危机事件，如 2014 年 8 月 3 日在云南省昭通市鲁甸县发生的 6.5 级地震，造成 398 人遇难。恶性群体性事件、重大生产安全事故和严重的自然灾害影响着县域人们生产生活甚至生命安全，影响着社会的和谐稳定。

研究表明，危机管理能力与危机信息沟通、危机控制制度、危机管理机制、危机事件预防及危机事件善后处理有密切关系。因此，要从以下方面加强能力建设：

其一，要建立县域舆情汇集和分析机制，建立和完善县域公共危机预警体系，防患于未然。

其二，完善危机管理机制和控制制度，形成统一指挥、功能齐全、反应灵敏、运转高速的危机应急机制和危机善后处理机制，当危机发生时能迅速有效地处理。

其三，要畅通社情民意反映渠道，主动及时发布消息，而不是被动消极应对危机中的谣言传播，让谣言止于真相。

（二）强化县级政府规划能力建设

明确发展定位，科学编制规划是促进县域包容性增长的基本要求。研究表明规划能力与编制规划的程序公正性、政策环境把握和规划的可持续性有密切关系，其中程序公正最重要，政策环境把握次之。因此在编制县域包容性增长规划时，要注意以下几个方面。

一是规范程序，依法编制。鼓励公民和社团参与规划的编制和执行，并为其参与创造条件。大的公共服务项目或者是涉及大多数公众利益的项目要举行听证会或在政府网站、报纸等媒体广泛征求意见，要改变目前许多听证会、论证会流于形式的状况。

二是借智借力，科学编制。重视智库及专家的建言献策，除了加强县级政府机关政策研究室的力量外，还可以委托有关研究部门和智库进行专项研究，为科学决策提供咨询。

三是研判县情与环境，可行性与前瞻性相结合。我国绝大多数县是农业县，农村区域广大。目前，不断扩大的县城与日益空心化的农村形成鲜明的对照。农村剩余人口涌入县城甚至更大的城市打工，越来越多的在外务工并积累了一些资本的人员带着技术和管理技能返乡创业，返乡创业的地点主要集中在县城乡镇。县城乡镇容纳了大量的农村人口。而在农村，主要留下的是妇女、老人和孩子，部分田地无人耕种，有人耕作的土地较多的也处于粗放式经营。十八大提出到 2020 年全面建成小康社会目标，没有农村的小康，就没有全国的小康，没有农村的发展，就无法解决"三农"问题，也就没有县域甚至是全国的包容性增长。因此要实现县域包容性增长，必须要根据当前县域基本情况，科学编制经济社会发展规划。如城镇建设规划、新农村建设规划、产业发展规划、基本公共服务规划等。

在分析县域经济社会发展环境时，必须关注农村两个重要的事项：一是电子商务进农村，这为创新农业生产和经营方式提供良好的技术条件。农业电商以信息技术为依托，将线上购物与线下体验、农业生产与乡村旅游、农产品供给与农产品需求相结合，延伸了产业链条，增加了新的价值链，并且带动了物流业等多个产业的发展。实践也表明通过电商平台流通农产品的销售量与当地经济发展水平呈正相关。二是农村土地确权。目前广大农村地区正在开展土地确权工作，农村土地确权将有力地促进土地的流转，从而有利于土地集中，农业规模化经营，为发展现代农业奠定基础。

（三）加强县级政府执行能力建设

执行能力对县域包容性增长的影响很大。2003 年 10 月，十六届三中全会通过的《中共中央关于完善社会主义市场经济体制若干问题的决定》提出"坚持以人为本，树立全面、协调、可持续的发展观，促进经济社会和人的全面发展"的科学发展观[①]，十七大把科学发展观写入党章，党的十八大对推进中国特色社会主义事业作出经济建设、政治建设、文化建

[①] 《中共中央关于完善社会主义市场经济体制若干问题的决定》，《人民日报》2003 年 10 月 22 日。

设、社会建设、生态文明建设"五位一体"总体布局，提出坚持维护社会公平正义、走共同富裕道路，使发展成果更多更公平地惠及全体人民。2014 年 5 月，习近平总书记提出经济发展适应"新常态"，《人民日报》解构新常态四大特征："中高速（经济增速换挡回落、从过去 10% 左右高速增长转为 7% ~ 8% 的中高速增长是新常态的最基本特征）、优结构（产业结构方面，第三产业逐步成为产业主体；需求结构方面，消费需求逐步成为需求主体；城乡区域结构方面，城乡区域差距将逐步缩小；收入分配结构方面，居民收入占比上升）、新动力（中国经济将从要素驱动、投资驱动转向创新驱动）、多挑战（一些不确定性风险显性化）。适应新常态，意味着中国经济必然从高速增长转向中高速增长，从结构不合理转向结构优化，从要素投入驱动转向创新驱动，从隐含风险转向面临多种挑战。"[①]因此中央政府经济社会发展的思路相较于以前"以经济建设为中心"的发展思路有了明显的改变。但是在地方政府特别是一些县级政府仍然是"唯 GDP 论"，对党和政府的政策选择性执行，甚至不执行。有的县招商引资引来的是污染大、能耗高的企业，人民怨声载道。有的县则对惠民政策雁过拔毛，人们感慨地说："中央政策大晴天，下到地区起点云，传到县里变成雨，落到镇里淹死人。"

　　以农村社会养老保险为例，如何衔接新型农村养老保险制度与过去的农村社会养老保险制度，就涉及政府政策执行力的问题。个人缴费为主是我国原有的农村社会养老保险模式，老农保政策是相对于新型农村养老保险而言的，老农保政策采用的是完全个人账户的农村社会养老保险模式。老农保缴费由两部分构成，即农民个人缴纳的保险费部分和集体补助部分，且全部记在参保人名下，实行个人账户储备积累制。在参保人达到固定领取要求时，参保人可以根据其账户基金总额领取养老金。已有部分农民在新农保实施前参加了老农保，履行着农保缴费义务，农民殷切期盼着国家带来养老福利。由于老农保的养老保险模式是以个人储蓄为主，参保人在新农保试点推行期可以一次性领取其储蓄账户存额，且养老保险责任也随之终止，此外也可以将账户储蓄存额分 139 月发放给参保人。但是由于参保人存在诸如移民、死亡、身份信息错误等问题，参保人账户归并有

---

①　本报评论员：《经济发展迈入新阶段》，《人民日报》2014 年 8 月 7 日。

较大困难，因此，一次性领取养老金的办法更可行。

江西某县作为江西省首批试点地区之一，到 2010 年底，新农保参保人数有 28.7822 万人，其中缴费人数有 21.4671 万人，收缴保费 2899.51 万元，核定发放养老金 7.3151 万人，发放金额 4826 万元。为更好地推行新农保试点工作落实，两类群体必须加以考虑，一类是参加老农保的农民，另一类是参加新农保时是农民身份，但会随着户口迁移而转变农民身份的人。据调查发现，农民由于失去土地而进城务工，因此在城乡之间流动频繁，而我国目前没有关于失地农民和农民工的养老保险政策，导致新农保实施过程中这两类人犹豫不决，当前最主要的做法是将养老账户基金进行转移统筹管理，新农保政策在执行过程中遇到了困难。

目前县级政府执行力不强的原因是多方面的，既有县级政府主要领导及其他执行人员的思想认识问题，也有执行人员的能力问题，还有政府管理体制机制问题，以及执行任务所需要的支持包括人、财、物等。

前述研究表明，执行能力的关键要素是执行机制、执行理解、执行认同和执行支持。因此要提高执行能力，要从以下方面着力：

一是提升执行人员的政治素养与服务能力，加深其对执行政策和任务的理解、认同及履行工作职责的能力，增强其执行公共政策的自觉性和规范性。

二是要完善执行机制，包括执行流程和执行监督制度。既要有事后的问责，更要有事前和事中的管控。要发挥绩效考核的引导和规范作用，以科学的绩效考评机制，如降低 GDP 在绩效评价中的权重，引入资源环境、人民生活及人民群众满意度等指标或增加其评价权重等，来促进政府以科学发展观为指导，促进本区域包容性增长。

三是要科学合理地配置资源，为执行提供必要的人、财、物保障。例如，为了振兴赣南等原中央苏区，中央政府给予很多的政策支持，但是其中一些政策的执行，必须要有一定的资金配套，而赣南等原中央苏区本身财力薄弱，根本无法提供配套资金。2013 年，赣南等原中央苏区有 69.5 万户农村危旧土坯房需要改造，市、县两级政府需负担建房补助 30 亿元，水、电、路等配套资金 173.75 亿元，全面完成低压用户改造所需投资超过 100 亿元，国家和省安排资金仅为 8.14 亿元。资金严重短缺，政策执行难度很大。

（四）重视资源配置能力和资源汲取能力建设

资源配置能力与资源汲取能力对县域包容性增长同样也起着重要作用。资源配置能力直接影响资源使用的经济效益和社会效益，影响着城乡公共服务特别是基本公共服务均等化，影响着人们对经济发展成果的共享性。资源汲取能力直接影响着政府财力，影响着公共服务和产品的资金投入。前述研究表明，资源配置能力与资源配置的市场性、资源配置的效率性和县域资源配置的优化性、资源配置的公平性密切相关，特别是资源配置的市场性和效率性。资源汲取能力与税收征管、非政府资金投入和从上级机构获得较多预算外资金或特殊经济政策等特殊资源有关，特别是县域的税收及非政府投资。因此要提升这两种能力，应当采取以下措施：

一是正确处理政府与市场的关系，发挥市场在资源配置中的决定作用。2012 年 11 月，党的十八大指出："经济体制改革的核心问题是处理好政府和市场的关系，必须更加尊重市场规律，更好发挥政府作用。"[①] 2013 年 11 月，党的十八届三中全会进一步强调："经济体制改革是全面深化改革的重点，核心问题是处理好政府和市场的关系，使市场在资源配置中起决定性作用和更好发挥政府作用。"[②] 从 2012 年到 2013 年一年的时间，把市场的基础性作用上升为决定性作用，表明我党对政府与市场的关系有了更加深刻、更加清晰的认识。发挥市场在资源配置中的决定作用，首先要正确界定政府职能，转变执政理念。县级政府要从"经济建设型政府"向"服务型政府"转变，从注重管理转向注重服务，改变传统的行政命令式的方法，直接指挥经济建设，直接建设公共服务项目，否则，其结果是财力不足，效率不高，人民不满意，吃力不讨好。要运用价值规律、竞争规律和供求规律等市场经济规律引导资源合理配置，县级政府应当致力于营造良好的发展环境，如政策环境、法制环境、行政作风和社会风气等，吸引更多的资本来本县投资参与经济社会建设，引导更多的社会力量参与公共服务，提供更多更好的公共服务产品，要特别关注弱势

---

① 胡锦涛：《坚定不移沿着中国特色社会主义道路前进　为全面建成小康社会而奋斗——在中国共产党第十八次全国代表大会上的报告》，《求是》2012 年第 22 期，第 3—25 页。

② 习近平：《关于〈中共中央关于全面深化改革若干重大问题的决定〉的说明》，《求是》2013 年第 22 期，第 19—27 页。

群体，使人们能共享改革成果，获得公平发展的机会。

二要优化配置县域资源。我国县域情况千差万别，资源禀赋各异。因此县级政府必须要在深入调研的基础上，广泛征求意见，找准本县的发展定位，创新思路，把资源优势、政策优势转化为经济社会发展优势。特别是要立足于优势资源，建立现代农业或其他特色产业集群，目前各县农、林、牧业发展呈碎片式格局，既不利于形成规模效应，又不利于产品监管，因此县级政府必须要优化资源配置，在当前农村开展土地确权确股的基础上，建立好农村土地、林地流转服务中心，集中土地，推进农业生产及农产品加工的规模化、品牌化建设，以龙头企业促进农业产业集群发展，构建区域品牌，提高竞争力。品牌培育要打破地方保护主义，提倡府际合作、行业合作。

二 加强政民互动，充分发挥人民群众的创造性作用

加强政民互动是提高政府公共能力的根本途径。政民互动机制主要包括政府回应机制和公民参与机制，回应机制的重点是完善政务信息公开、决策听证等，公共参与制度主要包括公共参与方式、参与方法、参与的法律依据等。十八届三中全会提出："发挥政府主导作用，鼓励和支持社会各方面参与，实现政府治理和社会自我调节、居民自治良性互动。坚持依法治理，加强法治保障，运用法治思维和法治方式化解社会矛盾。"① 互动机制的健全和完善才能促使政府更好地进行社会规划、提高执行效率和加强社会治理。

（一）创新行政理念，增强政府回应行为

政民互动平台推出初期，往往会遇到各种各样的阻力，造成该种现象原因主要源于政府领导者认识不高、对政民互动工作重视不足，甚至敷衍搪塞、推诿扯皮，最后不了了之，严重影响政府部门的公信力。因此，要求政府部门增强全局意识、服务意识、监督意识和协作意识，运用全新的行政理念来指导政府公共服务管理。

一是转变领导行政理念。政民互动平台的成功实施需要领导的高度重

---

① 习近平：《关于〈中共中央关于全面深化改革若干重大问题的决定〉的说明》，《求是》2013 年第 22 期，第 19—27 页。

视和强有力的支持，领导的行政理念关系到互动平台建设项目能否成功落实并且真正发挥效用。

二是构建学习型组织。政府公共服务组织需要不断学习最新的公共服务手段、公共服务理念，还要加强学习不断涌现的网络"热词"，了解民众当前最关心的问题。政府在回应过程中才能更有针对性，也能更好地理解群众的关切。

（二）构建微政务平台，使政民互动更"接地气"

2013 年 9 月中国昆明 14 个县（市）区政务微博正式上线运行，被称为"指尖问政"窗口，政府部门用"淘宝体"、有奖转发、微信直播两会的方式与群众开展零距离的交流，这种"接地气"的互动方式赢得了群众的"点赞"支持。① 由此可见在移动互联时代，加强网络互动方式更能赢得群众的支持和信赖。

一是完善移动互联平台建设。一方面我国社会经济处于快速发展时期，特别是二三线城市和乡镇发展速度较快，经济发展的同时产生了诸多社会矛盾（如拆迁中的暴力执法和抗法事件，城镇化建设征地导致的群众冲突事件），甚至引发大规模群众上访、围堵政府等恶性事件，造成上述危机事件的原因除政策因素外，很大程度上是政府和群众沟通不畅导致的，政府没有事先预测事态发展，所以无法掌控事件发展。另一方面城乡网络基础设施建设落后，政府公共服务网站建设滞后，虽然建立了政府门户网站，但是网站内容十分单一、陈旧，公民通过政府门户网站获得信息较少，提出的问题迟迟得不到回应，群众失去信心。因此，要加快基于移动互联技术下的政府门户网站建设，开通 QQ、微博、微信等移动互动终端，与群众开展实时互动，方能防患于未然，提前预测危机事态发展。

二是使用亲民语言互动。传统政务信息的发布都是固定格式的公文信息，普通民众很难理解甚至反感官方语言，这种抵触心理造成政民互动沟通障碍。实践表明网络语言"卖萌"互动更亲民，群众更乐于接受，使用"淘宝体"等网络语言有助于政民互动，也能让群众更好地理解官方信息。因此，政府部门要使微博、微信成为开展政民互动的有效渠道，在设置微话题时要更亲民、更有活力。微政务能吸引更多的群众参与，更主

---

① 参见贾献培《指尖问政：政民互动互信新时代》，《昆明日报》2014 年 2 月 8 日。

要的功能是听民声，解决群众最关心的问题，是提高政民互动效率的关键。

（三）营造良好的县域人文环境，塑造公民和社团组织的参政议政能力和公共参与精神

随着我国公民的法治、民主意识不断增强，政府应当主动适应环境的变化，政民互动本身也是一把双刃剑，运用得好，能够充分体现民主，凝聚人心，集民智慧；运用得不好，也会给政府带来极大的危害，特别是通过网络参与，网络参与中公民的虚拟身份摆脱了传统道德体系的关系，我国传统的"熟人社会"，可以依靠熟人和社会舆论监督使得道德体系得到较好的维护，但是网络中社会人则更可能表现出"本我"的一面。[①] 因此，塑造公民参与政民互动的伦理道德可以约束和规范公民参与的自觉行为，从根源上消除公民参与的失范行为。

一是倡导公民参与道德自律。完善的公民参与法律和制度固然重要，但是在移动互联时代，公民参与已经超出了传统意义的边界，加之网络的开放性和匿名性，难免会出现非理性和无序的公民参与行为，如通过微信传播谣言，误导大众，经常出现网络水军造谣事件等。因此政府首先需要倡导公民参与的道德自律，号召网络从业者和广大公民以积极健康的心态促进网络参与的健康发展，使公民参与的道德自律深入人心。其次要全方位地开展公民参与道德教育，利用各种媒体手段开展宣传，特别是广大农村地区，居民整体文化水平不高，更容易受到误导性言论的煽动，基层政府组织应当深入农村开展宣传活动。

二是培育公民参与的公共参与精神。新公共服务理论认为政府要促进公民参与社区和公共事务。"鼓励公民参与是公务员角色的一个必不可少的要素。"公共行政官员"不仅要始终关注普通公民的需要，而且还要努力地使不活跃的公民活跃起来"[②]。因此，培育公民参与的公共精神有利于调动公民参与的热情，参与的效果自然较好。当前公民通过政府网站主要了解政府公开信息，但是参与互动的公民却较少，潜水者多于主动者，

---

① 王法硕：《公民网络参与公共政策过程研究》，博士学位论文，复旦大学，2012 年。

② ［美］珍妮特·V. 登哈特、罗伯特·B. 登哈特：《新公共服务：服务，而不是掌舵》，中国人民大学出版社 2004 年版，第 54 页。

引导公民树立参与的主体意识和参与热情是政府的主要任务之一，与此同时也要培育公民理性参与的公共精神和依法参与的公共精神。让公民意识到参与既是公民的权利，但同时也有义务规范自身行为，在法律范围内行使自己的权利。

三是构建互联时代的互动伦理。我国正在朝着服务型政府的职能方向转变，实践表明，政府以管制者的身份来管理公民参与政府互动，并没有实现预期的结果。当政府以合作者和服务者的姿态引导群众参与公共活动时，公民参与的作用开始显现。因此在移动互联时代，政府需要与公民共同协作，实现善治和共治的良好局面。首先政府需要认可我国公民参与互动的初衷是改善公共服务水平，其次以宽容的姿态接纳公民的参与，最后树立与公民协商的意识，才能真正发挥公民参与的效果，并建立起互联网时代的互动伦理。

三　创新思维，建设优秀的基层公务员队伍

加强政府人力资源管理与开发是提高政府公共服务能力的人才保障。人力资源对政府公共服务能力及其五个亚能力都具有显著影响。政府规划、执行、危机管理和资源配置都需要通过政府人员来完成，其素质的高低直接关系到公共服务能力的强弱。因此提高政府人力资源具有十分重要的意义。要完善选人用人机制；要加强政府人才培训开发；要构建科学合理的激励体系。

（一）创新思维，转变人才队伍建设观念

加强人才队伍建设，首先要树立人才是第一资源的观念，真正做到爱惜人才、尊重人才、尊重知识、尊重创造的良好氛围，强化人才意识。

其次是转变人才管理方式。根据政府公共服务实际需要以及人才队伍情况，研究制定新的人才管理措施，逐步建立人才引进、教育、培养和使用方面的制度体系，不断创造机会，使人才的智力资源充分地显现出来。

最后构建多元化的人才引进、培养和激励机制。在贯彻落实具体人才政策时，要结合自身特色，大力引进外来人才，积极鼓励和引进高校毕业生到基层公共服务组织中，并为其提供安全、融洽、舒适的工作环境和居住环境。积极探索人才培养的新方式，把人才送到基层特别是城乡地区，根据人才特点实施差别化和个性化的培养，全面提升其素质，使人才队伍

培养切合城乡公共服务的实际需要。与此同时，也要制定相应的人才激励机制，切实保障人才的合理晋升和流动，为人才开展职业生涯规划，也要保障合理的薪酬激励水平。

观念的转变才能带动行为的转变，唯有如此，才能构建一支符合城乡现实需要的现代化人才服务队伍。

（二）尊重人才成长规律，完善人力资源管理制度

在人才成长过程中，自我激励、教育、社会激励、人才环境等起着非常重要的作用。因此要完善人力资源管理制度，以科学、可行的人才制度保障人才队伍建设，防止利用制度的漏洞出现因人设岗、人浮于事等现象。

一是完善人才获取制度。人才的获取，一靠引进，二靠自身的培养。由于种种原因，大多数县不具有很强的人才竞争优势，因此一方面要以更加优惠的政策吸引优秀人才，在尽力改善人才待遇的基础上，激发其成就动机，另一方面必须要特别重视本地人才的培养，从省级、市级和县级等各级层面专门设立人才培训专项资金，对通过自我培养解决人才问题的单位从政策上给予支持和鼓励。由于城乡之间存在较大差别，资源配置不均，城乡公共需求存在一定差异。因此应通过集中培训教育，结合基层公共服务需求特点有针对性地提供培训，全面提高集成公务员队伍的基本素质，同时要加强城乡公务员队伍之间的交流沟通，实现相互合作，共同交流学习经验。公务员人才队伍坚持科学合理的定岗定编，通过考试择优录用原则，严格规范人才选拔和招聘，保障人才队伍结构的科学性。在系统内部实行公开竞聘上岗制度，使人才能够实现适得其所。

二是完善科学的人才评价和晋升制度。打破传统的重学历、资历等人才评价办法，坚持公开、公平、竞争原则择优使用人才，特别是领导干部的选拔，要逐步扩大差额比例，扩大群众参与选举的范围，增强领导选任的准确性。对特别优秀的青年人才可以设计"快车道"，大胆提拔愿干事、能干事的人才。为那些政治素质好、有突出贡献的公务员提供广阔的晋升通道，将其列为重点培养对象。

三是完善人才使用和分配制度。人才价值，以用为本，要健全人才使用制度，合理配置人才，由于乡镇分布较广，公务员队伍比较分散，要建立城、镇、县、乡四级人才管理体系，建立起四级体系之间的人才联动机

制，并加强跟踪和管理，大力引进大学生到基层就业，改善基层公务员队伍结构、知识结构和年龄结构。要建立能上能下的用人机制和公务员退出的配置机制。设立基层公务员津贴和边远地区公务员津贴，要科学设计宽带薪酬，减少县乡公务员因晋升空间小、发展慢而薪酬难以提升，从而不安心本职工作甚至流失的问题。对那些愿意扎根在基层服务的公务员，优先保障其工作生活需求。

（三）加强县乡领导干部队伍建设

县乡领导队伍是县级政府公共服务能力建设的关键。

县乡领导干部，虽然级别不太高，但是权力大，被人们戏称为"一地诸侯"，无数事实已经证明，权力失去监督，必然导致腐败。因此要建设廉洁自律、政治素质高、领导能力强的县乡领导队伍，首先，要有完善的、科学的事前预防、事中监控和事后问责机制，从制度上防范产生腐败和不作为的领导或领导班子。其次，要从入口选拔时严把关，选出德才兼备的领导。再次，要合理配置领导班子，组成年龄、知识结构、个性相匹配的异质结构的领导团队。最后，要加强领导政府能力和业务能力的培养，坚定其信念，振奋其精神，开阔其视野，增强其能力。

四　多管齐下，优化行政环境

优化行政环境是提高政府的公共服务能力的基本保障。政府行政必定要受到政治、法律和技术等环境的影响。因此要营造良好的行政环境，提高政府的公共服务能力。首先要营造良好的法律环境，形成依法行政的良好文化。要优化政治环境。"优化政府机构设置、工作流程和职能配置，完善执行权、决策权和监督权既相互协调又相互制约的行政运行机制。"① 这也是《中共中央关于全面深化改革若干重大问题的决定》提出的要求。政府可以从简政放权、法治建设和电子政务三方面优化行政环境。

（一）加强法制建设，依法行政

党的十八届四中全会通过的《中共中央关于全面推进依法治国若干重大问题的决定》提出："完善以宪法为核心的中国特色社会主义法律体

---

① 习近平：《关于〈中共中央关于全面深化改革若干重大问题的决定〉的说明》，《求是》2013年第22期，第19—27页。

系，加强宪法实施；深入推进依法行政，加快建设法治政府；保证公正司法，提高司法公信力；增强全民法治观念，推进法治社会建设；加强法治工作队伍建设；加强和改进党对全面推进依法治国的领导"①。李克强同志指出："要加快建设法治政府，用法律法规调整政府与市场、企业、社会的关系，努力做到政府职权法授、程序法定、行为法限、责任法究。"②

由此可见法治建设在政府公共服务中有着十分重要的地位。可以从以下几个方面加强法治建设，实现依法行政。一是根据公共服务实际需要，积极制定和完善相关法律。保障公共服务有法可依；二是积极落实和执行上级部门出台的各项法律工作制度和文件，完善执法管理和监督；三是进一步明确和细化行政处罚力度，保证做到公正、公平执法，防止公务员滥用权利。

（二）加强电子政务，推进网络审批

电子政务或电子政府，是指政府借由信息和通信技术（Information and Communication Technology，ICT）提供信息和服务，以利民生，开放并提供额外的渠道以利人民参政议政、提高政府透明度和问责性。③电子政务在未来的公共管理领域中，将扮演政府的管理者和服务者的双重角色，公民可以通过政府网站搜寻政府信息或者与政府沟通和交易。此外，公民还可以方便地使用政府网上服务，例如寻找政府政策信息、获取政府统计数据、驾驶证更换、下载公务表格，甚至搜索娱乐信息等；也可以使用政府网站在线平台服务，如政府微信公众号、政府微博、电子邮件、短信验证等。特别是在广大农村地区，由于地理位置偏僻造成信息闭塞，若农民能够及时获取政府公共服务信息，农民可以十分方便地实现农产品与市场之间的对接，帮助农民实现小康致富的梦想。加强电子政务、推进网络审批的初衷就是节省公众与政府之间的接触和业务办理所耗费的时间和精力，真正达成"大事不用愁，小事无须忧"的民众所追求的安居乐业的愿景。因此要充分利用信息技术，加强电子政务建设，提高公民的知情

① 《中共十八届四中全会在京举行》，《党建》2014年第11期，第4—8页。
② 《十八大报告学习辅导读本》，人民出版社2012年版，第30页。
③ Yildiz M.，Ayşegül S.，E-government Discourses：An Inductive Analysis. *Government Information Quarterly*，2013，30（2）：141–153.

权、参与权，以及方便公民在网上办事等。

一是实现功能整合。政府部门往往由于法定权限和职能的限制，对公民所能提供的服务往往是局部的，甚至彼此之间是割裂的、矛盾的或者是三不管地带，造成公众到政府部门办事经常出现"门难进、脸难看"的情况，公民权益受到损害。因此加强电子政务首先必须实现跨职能部门之间的业务整合，提供"一次收件、全程运用、服务回馈"的高效、整合服务。①

二是提供个性化服务。政府在为公民提供公共服务时，往往较少考虑到公民的特殊服务需求，政府施政强调统一性，而量身定做的政务服务能够更好地满足群众需求，提高公共服务满意度。如农民、公务员、弱势群体、企事业单位等分门别类地提供政务服务。

三是单一窗口全程服务。公民到政府部门办理业务，往往要前往不同的职能部门办理所分管的业务（如企业要分别到公安局、工商管理局、地税局、国税局等部门办理企业业务），造成民众浪费大量的精力和时间在不同的职能部门奔波。因此，加强电子政务就必须实现单一窗口的全程服务。

（三）深化行政体制改革，简政放权

十八届三中全会明确提出："科学的宏观调控，有效的政府治理，是发挥社会主义市场经济体制优势的内在要求。必须切实转变政府职能，深化行政体制改革，创新行政管理方式，增强政府公信力和执行力，建设法治政府和服务型政府。"② 深化行政体制改革，简政放权就是要避免权力过于集中产生的问题，主要有：资源配置权集中导致决策失误；竞争不充分导致活力不足；政府人员不断膨胀导致效率不高；管理人员难以抵御权力带来的腐败导致作风不正；强化"官本位"等封建思想导致理念落后。③ 正如中国社会科学院工业经济研究所所长金碚所说，中国企业在投

---

① 参见项靖、杨观耀《电子政务的未来：以民生为中心的服务》，《电子政务》2014年第1期，第34—42页。

② 习近平：《关于〈中共中央关于全面深化改革若干重大问题的决定〉的说明》，《求是》2013年第22期，第19—27页。

③ 参见高小平《解放思想深化行政体制改革》，《中国行政管理》2013年第3期，第7—10页。

资上的竞争，其实是对政府审批的竞争，而不是看项目本身。取消和下放投资审批权，考验的是政府对市场配置能力的信任程度如何。[①] 因此深化行政体制改革、简政放权对于提高政府公共服务能力、公共服务效率和公共服务满意度具有十分重要的意义。因此，深化行政体制改革、简政放权仍需我们继续解放思想、创新管理方式和深化配套改革。

一是继续解放思想，创新机制体制。要继续坚定积极、稳步地推进公共服务职能部门改革，合并调整职能相近、重复交叉和长期扯皮的部门，健全部门职责体系，特别是要深化乡镇行政管理机制体制，实现乡镇公共服务与城市公共服务对接。严格控制机构编制，推进政府绩效管理改革，提高行政效能。

二是创新管理方式，引入市场竞争。政府职能部门要全面更新政府管理方式，引进现代化的政府管理工具，在政府管理中注入市场因素，引入民间资本参与政府公共服务领域，逐步通过市场手段缩小政府在资源配置中的缺陷带来的影响，构建起覆盖城乡的公平公正的可持续的公共服务体系。

三是深化配套改革，加强廉政建设。在改革公共服务管理体制的过程中，要统筹协调，其他配套改革需要同步跟进，促进各项改革之间的联动。改革要求打破职能部门之间的界限，克服利益相关者的障碍及影响，防止改革成果在执行中变形。综合配套改革的重点是人事制度、决策机制、信息资源、权力结构及应急管理机制等。同时要加强政府廉政建设，要为公务员队伍清廉、政府清廉创造条件和制度环境，运用科学的手段实现反腐，构筑体制思想长城，使权力在阳光下运行，保障群众的参与权、知情权和监督表达权，从行政体制上提高公共服务满意度。

第四节　本章小结

本章主要是基于前述各章研究结论，提出研究启示和促进县域包容性增长和县级政府公共服务能力的建议。

---

① 参见方烨《简政放权深化行政体制改革》，《经济参考报》2013 年 11 月 13 日。

1. 研究启示

要提高县域包容性增长水平，既要提高包容性增长的构成要素水平，也要提高包容性增长主观评价水平，促进县域包容性增长，必须大力提升县级政府公共服务能力，提升县级政府公共服务能力，要把握能力建设的切入点。

2. 加强政府公共服务能力的建议

（1）要加强公共服务能力内涵建设。一是着力加强县级政府危机管理能力建设，健全县域舆情汇集和分析机制、县域公共危机预警体系、危机管理机制和控制制度，形成统一指挥、功能齐全、反应灵敏、运转高速的危机应急机制和危机善后处理机制，畅通社情民意反映渠道。二是强化县级政府规划能力建设，要规范程序，借智借力，研判县情与环境，将可行性与前瞻性相结合，依法和科学编制。三是加强县级政府执行能力建设。提升执行人员的政治素养与服务能力，完善执行机制，科学合理地配置资源。四是重视资源配置能力和资源汲取能力建设。要正确处理政府与市场的关系，发挥市场在资源配置中的决定作用，要优化配置县域资源。

（2）加强政民互动，充分发挥人民群众的创造性作用，一是创新行政理念，增强政府回应行为，二是构建微政务平台，使政民互动更"接地气"，三是构建优秀文化，提高公民和社团组织的参政议政能力并塑造公共参与精神。

（3）建设一支优秀的基层公务员队伍。要创新思维，转变人才队伍建设观念；尊重人才成长规律，完善人力资源管理制度；加强县乡领导干部队伍建设。

（4）多管齐下，优化行政环境。加强法制建设，依法行政；加强电子政务，推进网络审批，深化行政体制改革，简政放权。

结　语

研究局限性与未来研究设想

　　本书关于包容性增长视角下县级政府公共服务能力的研究，虽然历时三年，深入江苏、江西和陕西三省九县（市）进行调查，收集到大量的第一手资料，运用实证研究方法，严谨求实，力求研究的规范性、科学性、时代性和一定的前瞻性。但是也存在以下局限性：一是调查范围主要局限于三省九县（市），样本县的数量相对较少，有可能影响结论的普遍性。二是囿于多方面的原因，在调查中特别是外省县域调查，调查的深度和广度有一定欠缺。有些资料不能够获得，特别是案例。三是县域统计资料不够健全，统计指标设计和内涵近几年也发生变化，因此纵向比较研究难以进行。

　　未来的研究设想是结合新的时代背景，将县级政府公共服务能力纳入国家治理能力体系进行更深入的研究，开发县级政府治理能力评价体系，探索在省直管县、农村土地确权确股、电子商务进农村等新形势下，提高政府治理能力的路径。

参考文献

[1] Addison, Tony, and Miguel Niño-Zarazúa. "What is Inclusive growth? ." Presentation at Nordic-Baltic MDB Meeting, Helsinki. Vol. 25. 2012.

[2] Adrian Barrera-Roldan. Proposal and Application of a Sustainable Development Index. *Ecological Indicators*, 2002 (2): 251 – 256.

[3] Ali, Ifzal. "Inequality and the Imperative for Inclusive Growth in Asia." *Asian Development Review* 24. 2 (2007): 1.

[4] Allee V. , The Knowledge Evolution: Expanding Orga-nizational Intelligence. Boston: Butterworth - Heinemann, 1997, 51 (11): 71 – 74.

[5] Arthur Okun . Equality and Efficiency: The Big Trade-off. Copyright: Brookings, 1975.

[6] Barney, J. B. , Organizational Culture: Can It be a Source of Sustained Competitive Advantage? *Academy of Management Review*, 1986, 11: 656.

[7] Benjamin Barber, Strong Democracy. Participatory Participatoury Politics for a New Age. Berkeley: University of California Press, 1984: 261.

[8] Collis, D. J. and Montgomery, C. A. , 1997. Corporate Strategy: Resources and the Scope of the Firm. Irwin: McGraw-Hill.

[9] Grant, R. M. , 1996. "Toward a Knowledge-based Theory of the Firm." Strategic Management Journal, 17, pp. 109 – 122.

[10] Helfat, Constance E. , and Ruth S. Raubitschek. "Product Sequencing: Co-evolution of Knowledge, Capabilities and Products." *Strategic Management Journal* 21. 10—11 (2000): 961 – 979.

[11] Javidan, M. , 1998. "Core Competence: What Does It Meanin Prac-

tice?" *Long Range Planning*, Vol. 31, No. 1, pp. 60 – 71.

[12] Leonard-Barton, Dorothy. Core Capabilities and Core Rigidities: A Para-dox in Managing New Product De-velopment. *Strategic Management Jour-nal*, 1992, 13: 111 – 125.

[13] Prahalad C. K. , Gary Hamel. The Core Competence of the Corpora-tion. *Harvard Business Review*, 1990.

[14] Priem, Richard L. , Is the Resource-Based View a Useful Perspective for Strategic Management Research? *Academy of Management Review*, 2001, 26 (1): 22 – 41.

[15] See Donaldson, Lex . American Anti-management Theory of Organization: A Critique of Paradigm Poliferation. Cambridge University Press, 1995.

[16] Seeger, M. W. Sellnow, T. L. &Ulmer, Y. Y. , "Communication, Or-ganization, and Crisis", in Michael Roloff (ed.), Communication Yearbook 21, Thousand oaks. CA: Sage Publications, 1998: 230 – 275.

[17] Subba and Narasimha, 2001. "Strategy in Turbulent Environments: The Role of Dynamic Competence ." *Managerial and Decision Economics*, Vol. 22, pp. 201 – 212.

[18] Teece D. , Pisano G. , Shuen A. , Dynamic Capabilities and Strategic Management. *Strategic Management Journal* , 1997, 18 (7): 509 – 533.

[19] Wernerfelt B. , A Resource-Based View of the Firm. *Strategic Manage-ment Journal*, 1984, 5 (2): 171 – 180.

[20] Yildiz M. , Ayşegül S. , E-government Discourses: An Inductive Analy-sis. *Government Information Quarterly*, 2013, 30 (2): 141 – 153.

[21] Zott, Christoph. "Dynamic Capabilities and the Emergence of Intraindus-try Differential Firm Performance: Insights From a Simulation Study. " *Strategic Management Journal* 24. 2 (2003): 97 – 125.

[22] 阿尔弗雷德·马歇尔:《经济学原理》,刘生龙译,中国社会科学出版社 2008 年版。

[23] 阿尔蒙德:《比较政治学》,上海译文出版社 1988 年版。

［24］ 阿尔蒙德等：《当代比较政治学：世界视野》，杨红伟等译，上海人民出版社 2010 年版。

［25］ 阿马蒂亚·森：《论社会排斥》，《经济社会体制比较》2005 年第 3 期。

［26］ 阿瑟·奥肯：《平等与效率》，王奔洲等译，华夏出版社 1999 年版。

［27］ 安东尼·吉登斯：《超越左与右——激进政治的未来》，社会科学文献出版社 2000 年版。

［28］ 奥斯本（Osborne，D.）、［美］盖布勒（Gaebler，T.）：《改革政府》，周敦仁等译，上海译文出版社 2006 年版。

［29］ 宝贡敏：《战略管理：新视野、新思维、新进展》，中国经济出版社 2013 年版。

［30］ 保罗·C. 纳特、罗伯特·W. 巴可夫：《公共和第三部门组织的战略管理：领导手册》，中国人民大学出版社 2002 年版。

［31］ 本书编写组编：《聚焦"十二五"2011—2015 年国民经济和社会发展若干重大问题深度解析》，中国青年出版社 2010 年版。

［32］ 彼得·德鲁克：《管理实践》，上海译文出版社 1954 年版。

［33］ 蔡荣鑫：《"包容性增长"理念的形成及其政策内涵》，《经济学家》2009 年第 1 期。

［34］ 常春光、贾兆楠、关幼楠：《县域经济评价理论体系的研究》，《中小企业管理与科技》（下旬刊）2011 年第 6 期。

［35］ 常征：《"公共管理与公众参与"研讨会综述》，《中国行政管理》2001 年第 9 期。

［36］ 陈昌盛、蔡跃洲：《中国政府公共服务：基本价值取向与综合绩效评估》，《财政研究》2007 年第 6 期。

［37］ 陈昌盛等：《中国政府公共服务：体制变迁与地区综合评估》，中国社会科学出版社 2007 年版。

［38］ 陈虹、沈申奕：《新媒体环境下的危机信息沟通机制研究》，《现代传播》2011 年第 3 期。

［39］ 陈文新：《政治资源优化配置与社会主义和谐社会构建》，《广东行政学院学报》2008 年第 2 期。

［40］ 陈振明：《公共管理学》，中国人民大学出版社 2004 年版。

[41] 陈振明:《公共和第三部门组织的战略管理:领导手册·译者序》,中国人民大学出版社 2002 年版。

[42] 陈振明:《公共政策分析》,中国人民大学出版社 2004 年版。

[43] 陈振明等:《公共服务导论》,北京大学出版社 2011 年版。

[44] 大卫·李嘉图:《政治经济学及赋税原理》,光明日报出版社 2009 年版。

[45] 德鲁克:《管理、任务、实践》,华夏出版社 2008 年版。

[46] 珍妮特·V. 登哈特、罗伯特·B. 登哈特:《新公共服务:服务,而不是掌舵》,丁煌译,中国人民大学出版社 2010 年版。

[47] 狄骥:《公法的变迁》,郑戈译,中国法制出版社 2010 年版。

[48] 丁煌:《西方行政学说史》,武汉大学出版社 2006 年版。

[49] 杜志雄、肖卫东、詹琳:《包容性增长理论的脉络、要义与政策内涵》,《社会科学管理与评论》2010 年第 4 期。

[50] 杜忠潮、董智勇、金萍:《基于系统聚类分析的陕西县域经济差异研究》,《宝鸡文理学院学报》(自然科学版) 2009 年第 2 期。

[51] 方大春:《包容性增长的内涵与转变》,《中共中央党校学报》2011 年第 2 期。

[52] 方烨:《简政放权深化行政体制改革》,《经济参考报》2013 年 11 月 13 日。

[53] 冯一平:《河南省新乡市县域经济综合竞争力评价研究》,硕士学位论文,江苏大学,2010 年。

[54] 《凤冈县乡镇经济发展水平综合测评试行办法》,http://baike.baidu.com/view/8172086htm#ref_[1]_8090105。

[55] 弗莱蒙特·E. 卡斯特等:《组织与管理——系统方法与权变方法》(第四版),中国社会科学出版社 2000 年版。

[56] 傅允生:《资源配置能力变动与浙江经济增长》,《浙江学刊》2007 年第 6 期。

[57] 盖依·彼得斯:《美国的公共政策——承诺与执行》,顾丽梅等译,复旦大学出版社 2003 年版。

[58] 赣州市人民政府:《关于落实省政府调整 2010 年市县政府考核评价体系的通知》。

［59］ 高小平：《解放思想深化行政体制改革》，《中国行政管理》2013 年第 3 期。

［60］ 格罗弗·斯塔林：《公共部门管理》，上海译文出版社 2003 年版。

［61］ 根据新华网陕西频道《蒲城力保财政专项资金安全高效》整理，http：//www. sn. xinhuanet. com/2014－05/04/c_1110525 658. htm。

［62］ 古德诺：《政治与行政——政府之研究》，丰俊功译，北京大学出版社 2012 年版。

［63］ 谷奇峰、丁慧平：《企业能力理论研究综述》，《北京交通大学学报》（社会科学版）2009 年第 1 期。

［64］ 郭熙保：《论发展观的演变》，《学术月刊》2001 年第 5 期。

［65］ 哈斯·曼德、穆罕默德·阿斯夫：《善治——以民众为中心的治量》，国际行动援助中国办公室编译，知识产权出版社 2007 年版。

［66］ 汉密尔顿：《联邦党人文集》，商务印书馆 1980 年版。

［67］ 何晓群：《多元统计分析》（第三版），中国人民大学出版社 2012 年版。

［68］ 何祖坤：《关注政府回应》，《中国行政管理》2000 年第 7 期。

［69］ 侯小伏：《打开另一扇门：中国社团组织的现状与发展》，群众出版社 2003 年版。

［70］ 胡锦涛：《高举中国特色社会主义伟大旗帜 为夺取全面建设小康社会新胜利而奋斗——在中国共产党第十七次全国代表大会上的报告》，《求是》2007 年第 21 期。

［71］ 胡锦涛：《深化互利合作实现共同发展》，《新华每日电讯》2010 年 11 月 15 日。

［72］ 怀特：《行政学概论》（中译本），商务印书馆 1947 年版。

［73］ 黄江圳、谭力文：《从能力到动态能力：企业战略观的转变》，《经济管理》2002 年第 22 期。

［74］ 黄津孚：《资源、能力与核心竞争力》，《经济管理》2001 年第 20 期。

［75］ 黄庆杰：《试论政府能力与有效性》，《宁夏社会科学》2003 年第 1 期。

［76］ 黄湘莲：《公民文化与民族精神的重构》，《中州学刊》2007 年第

7 期。

[77] 加尔里埃尔·A. 阿尔蒙德·西德尼·维伯:《公民文化》,徐湘林译,华夏出版社 1987 年版。

[78] 贾献培:《指尖问政:政民互动互信新时代》,《昆明日报》2014 年 2 月 8 日。

[79] 杰索普:《治理的兴起及其失败的风险:以经济发展为例的论述》,《国际社会科学》1999 年第 2 期。

[80] 金太军、赵军锋:《政治资源配置与和谐社会构建——和谐社会的政治社会学分析》,《理论探讨》2008 年第 2 期。

[81] 金太军等:《政府职能梳理与重构当代中国政府管理与社区治理丛书》,广东人民出版社 2002 年版。

[82] 靳永翥:《公共服务提供机制——以欠发达农村地区为研究对象》,社会科学文献出版社 2009 年版。

[83] 卡罗尔·佩特曼:《参与和民主理论》,上海人民出版社 2006 年版。

[84] 让-马克·夸克:《合法性与政治》,佟心平译,中央编译出版社 2008 年版。

[85] 郎咸平:《中国经济的潜在困境》,《领导文萃》2010 年第 6 期。

[86] 劳伦斯·巴顿:《组织危机管理》,符彩霞译,清华大学出版社 2002 年版。

[87] 雷格斯:《行政生态学》,金耀基译,商务印书馆 1985 年版。

[88] 李金河:《包容性增长发展理念的文化渊源》,《中央社会主义学院学报》2012 年第 2 期。

[89] 李经中:《政府危机管理》,中国城市出版社 2003 年版。

[90] 李靖宇等:《区域经济协调发展观从中国到大连面向世界的战略跟进》,中国城市出版社 2004 年版。

[91] 李玲:《湖南县域经济的评价与分析》,《统计与决策》2009 年第 8 期。

[92] 李隆盛等:《人力资源发展》,台湾师大书苑有限公司 2000 年版。

[93] 李伟权:《政府回应论》,中国社会科学出版社 2005 年版。

[94] 李晓园、陈武:《我国县域经济包容性增长评价及启示——基于苏赣陕三省的数据分析》,《江西社会科学》2014 年第 9 期。

［95］李晓园：《县级政府公共服务能力与其影响因素关系研究——基于江西、湖北两省的调查分析》，《公共管理学报》2010 年第 4 期。

［96］李晓园：《当代中国县级政府公共能力及其影响因素的实证研究》，中国社会科学出版社 2010 年版。

［97］李晓园：《以优质公共服务促进包容性增长》，《江西师范大学学报》2012 年第 1 期。

［98］李玉虎：《经济发展与法律制度变迁研究：以中国经济改革与法律发展为视角》，中国检察出版社 2009 年版。

［99］里格斯：《行政生态学》（中译本），商务印书馆 1978 年版。

［100］厉无畏、王振主编：《转变经济增长方式研究》，学林出版社 2006 年版。

［101］列奥纳德、宾主德尔等：《政治发展中的危机与后果》，普林斯顿大学出版社 1979 年版。

［102］林水波、张世贤：《公共政策》，五南图书出版社 1995 年版。

［103］凌迎兵：《区域可持续发展理论、模型与应用》，博士学位论文，上海交通大学，2003 年。

［104］刘保平：《农村公共服务供给危机的解决之策》，《决策研究》2003 年第 2 期。

［105］刘波、催鹏鹏：《省级政府公共服务供给能力评价》，《西安交通大学学报》（社会科学版），2010 年第 30 卷第 4 期。

［106］刘冀生：《企业战略管理》，清华大学出版社 2003 年版。

［107］刘晓东：《包容性增长：中国经济社会改革新思维》，《企业经济》2011 年第 9 期。

［108］卢剑峰：《参与式民主的地方实践及战略意义——浙江温岭"民主恳谈"十年回顾》，《政治与法律》2009 年第 11 期。

［109］鲁迅：《鲁迅全集》（第五卷），人民文学出版社 1980 年版。

［110］陆立军、王祖强：《浙江模式——政治经济学视角的观察与思考》，人民出版社 2007 年版。

［111］罗伯特·J. 巴罗：《经济增长的决定因素：跨国经验研究》，中国人民大学出版社 2004 年版。

［112］罗伯特·阿格拉诺夫、迈克尔·麦圭尔：《协作性公共管理：地方

政府新战略》，北京大学出版社 2007 年版。

[113] 骆高远：《当代非洲旅游》，光明日报出版社 2010 年版。

[114] 马婧婧、罗静：《宜昌市县域经济发展水平评价》，《江汉论坛》
2008 第 12 期。

[115] 马克思、恩格斯：《马克思恩格斯全集》（第 7 卷），人民出版社
1959 年版。

[116] 曼昆：《经济学原理（第 5 版）：微观经济学分册》，梁小民译，机
械工业出版社 2003 年版。

[117] 毛程连、庄序莹：《西方财政思想史》，上海复旦大学出版社 2010
年版。

[118] 梅森·卡彭特、杰瑞·德桑德斯：《战略管理：动态观点》，机械
工业出版社 2010 年版。

[119] 米尔顿·弗里德曼、罗斯 D. 弗里德曼：《自由选择——个人声
明》，胡骑、席学媛、安强译，商务印书馆 1982 年版。

[120] 闵庆文、李文华：《区域可持续发展能力评价及其在山东五莲的应
用》，《生态学报》2002 年第 22 卷第 1 期。

[121] 倪承海：《社会主义新农村建设与提升地方政府能力》，《广西社会
科学》2007 年第 5 期。

[122] 牛蕾：《曲靖市县域经济竞争力评价及对策研究》，硕士学位论文，
云南财经大学，2010 年。

[123] 诺曼·R. 奥古斯丁等：《危机管理》，中国人民大学出版社 2001
年版。

[124] 欧文·E. 休斯：《公共管理导论》（第三版），张成福等译，中国
人民大学出版社 2007 年版。

[125] 彭和平：《国外公共行政理论精选》，中共中央党校出版社 1997
年版。

[126] 让·皮埃尔·莱曼：《探索"包容性的增长"》，《中国企业家》
2008 年第 13 期。

[127] 让－马克·夸克：《合法性与政治》，中央编译出版社 2002 年版。

[128] 任保平：《从以物为本的增长模式向以人为本的增长模式的转型》，
《改革与战略》2009 年第 9 期。

[129] 戎生灵：《公共服务体制与分税制改革》，《中国公共服务体制》，中国经济出版社 2006 年版。

[130] 芮明杰：《管理学——现代的观点》，上海人民出版社 2003 年版。

[131] 萨缪尔森、诺德豪斯：《经济学》，萧琛译，人民邮电出版社 2008 年版。

[132] 塞缪尔·亨廷顿：《变化社会中的政治秩序》，生活·读书·新知三联书店 1989 年版。

[133] 盛洪：《现代制度经济学》（上卷），北京大学出版社 2003 年版。

[134] 施雪华：《政府权能论》，浙江人民出版社 1998 年版。

[135] 《十八大报告学习辅导读本》，人民出版 2012 年版。

[136] 世界银行：《1997 年世界发展报告——变革世界中的政府》，中国财经出版社 1999 年版。

[137] 世界银行：《增长报告：可持续增长与包容性发展的战略》，中国金融出版社 2008 年版。

[138] 亚当·斯密：《国富论》，谢宗林、李华夏译，中央编译出版社 2011 年版。

[139] 孙翎：《包容性增长与基本社会保障均等化》，《光明日报》2010 年 10 月 25 日。

[140] 谭崇台：《西方经济发展思想史》，武汉大学出版社 1995 年版。

[141] 谭中兴：《论提高西部地方政府公共服务能力》，《西南民族大学学报》（人文社会科学版）2004 年第 25 卷第 11 期。

[142] 唐铁汉、李军鹏：《公共服务的理论演变与发展过程》，《新视野》2005 年第 6 期。

[143] 托马斯·贝特曼、斯考特·斯奈尔：《管理学——构建竞争优势》，王雪莉等译，北京大学出版社 2004 年版。

[144] 汪永成：《经济全球化与中国政府能力现代化》，人民出版社 2006 年版。

[145] 王宾、赵阳：《我国农业公共服务的现状分析及对策建议》，《安徽农学通报》2008 年第 14 期。

[146] 王法硕：《公民网络参与公共政策过程研究》，博士学位论文，复旦大学，2012 年。

[147] 王锋、陶学荣：《政府公共服务职能的界定、问题分析及对策》，《甘肃社会科学》2005年第4期。

[148] 王红茹：《胡锦涛首次公开倡导"包容性增长"陌生概念引关注》，《决策探索》（上半月）2010年第10期。

[149] 王浦劬：《政治学基础》，北京大学出版社2005年版。

[150] 王庆丰、党耀国、王丽敏：《基于因子和聚类分析的县域经济发展研究——以河南省18个县（市）为例》，《数理统计与管理》2009年第3期。

[151] 王绍光、胡鞍钢：《中国国家能力报告》，人民出版社2003年版。

[152] 王锡锌：《公众参与：参与式民主的理论想象及制度实践》，《政治与法律》2008年第6期。

[153] 王小林：《农村公共服务的理论基础及提供机制》，《经济研究参考》2006年第28期。

[154] 温家宝：《牢固树立和认真落实科学发展观》，新华网，http://news.xinhuanet.com/newscenter/2004—02/29/content_1337109_2.htm。

[155] 文森特·奥斯特罗姆等：《美国地方政府》，北京大学出版社2005年版。

[156] 吴家庆、刘洋：《我国学界关于地方政府能力研究述评》，《深圳大学学报》（人文社会科学版）2008年第6期。

[157] 吴家庆、徐容雅：《地方政府能力刍议》，《湖南师范大学社会科学学报》2004年第3期。

[158] 吴开松：《论有效政府》，《江汉论坛》2002年第1期。

[159] 吴明隆：《SPSS统计应用实务——问卷分析与应用统计》，科学出版社2003年版。

[160] 吴明隆：《结构方程模式——AMOS的操作与应用》，五南图书出版股份有限公司2008年版。

[161] 西奥多·W.舒尔茨：《论人力资本投资》，吴珠华等译，北京经济学院出版社1990年版。

[162] 西摩·马丁·利普塞特（Seymour Martin Lipset）：《政治人：政治的社会基础》，商务印书馆1993年版。

[163] 《习近平在中央城镇化工作会议上发表重要讲话》，http://

www. hq. xinhuanet. com/focus/2013—12/16/c_118567236. htm。

[164] 席酉民、尚玉凡：《和谐管理理论》，中国人民大学出版社2002年版。

[165] 项靖、杨观耀：《电子政务的未来：以民生为中心的服务》，《电子政务》2014年第1期。

[166] 邢小强、周江华、仝允桓：《包容性创新：概念、特征与关键成功因素》，《科学学研究》2013年第6期。

[167] 徐珂：《政府执行力》，新华出版社2007年版。

[168] 薛澜、张强、钟开斌：《危机管理——转型期中国面临的挑战》，《中国软科学》2003年第4期。

[169] 亚当·斯密：《国民财富的性质和原因研究》，商务印书馆1983年版。

[170] 亚里士多德：《政治学》，商务印书馆1965年版。

[171] 杨冬艳：《公共行政正义研究》，河南人民出版社2010年版。

[172] 杨海蛟主编：《新中国政治学的回顾与展望》，高等教育出版社2002年版。

[173] 伊迪比·潘罗斯：《企业成长理论》，赵晓译，上海人民出版社2007年版。

[174] 易丹辉：《结构方程模型方法与应用》，中国人民大学2008年版。

[175] 尤建新、王波：《基于公众价值的地方政府绩效评估模式》，《中国行政管理》2005第12期。

[176] 余闻：《实现包容性增长须去经济增长的GDP化》，http://www. chinareform. org. cn/Economy/。

[177] 俞可平：《善治与幸福》，《马克思主义与现实》2011年第2期。

[178] 俞可平：《增量民主与善治》，社会科学文献出版社2005年版。

[179] 袁洪、王济华主编：《商务翻译实务辅导用书》，对外经济贸易大学出版社2011年版。

[180] 岳彬：《包容性增长的时代价值与实践取向》，《安徽师范大学学报》（人文社会科学版）2010年第6期。

[181] 詹姆斯·W. 费斯勒、唐纳德·F. 凯特尔：《行政过程的政治——公共行政学新论》，陈振明等译，中国人民大学出版社2001年版。

［182］张成福：《公共危机管理：全面整合的模式与中国的战略选择》，《中国行政管理》2003 年第 7 期。

［183］张钢、徐贤春、刘蕾：《长江三角洲 16 个城市政府能力的比较研究》，《管理世界》2004 年第 8 期。

［184］张国庆：《公共行政学》，北京大学出版社 2007 年版。

［185］张立荣、李晓园：《县级政府公共服务能力结构的理论建构、实证检测及政策建议——基于湖北、江西两省的问卷调查与分析》，《中国行政管理》2010 年第 5 期。

［186］张晓波：《包容性增长：概念内涵与政策启示》，《经济师》2011 年第 3 期。

［187］赵武、孙永康、朱明宣、高樱：《包容性创新：演进、机理及路径选择》，《科技进步与对策》2014 年第 3 期。

［188］赵玉芝、董平：《县域经济发展潜力综合评价——以江西省为例》，《生产力研究》2012 年第 6 期。

［189］珍妮特·V. 登哈特、罗伯特·B. 登哈特：《新公共服务：服务，而不是掌舵》，中国人民大学出版社 2004 年版。

［190］郑宝华：《财政资源配置制度与新农村建设主体研究》，中国书籍出版社 2013 年版。

［191］郑烨、胡春萍、吴建南：《政府网站建设对政府透明度影响的实证研究——来自西部某省县级政府网站评价的证据》，《图书情报知识》2013 年第 4 期。

［192］《列宁全集》第 33 卷，人民出版社 1985 年版。

［193］《中国环境专家呼吁健全环境维权法规》，中国新闻网，http：//www.chinanews.com/gn/2010/12—19/2731187.shtml。

［194］中国经济网：《报告显示内地县级政府透明度及格率不足三成》，http：//www.ce.cn/xwzx/gnsz/gdxw/201209/29/t20120929_ 23724988.shtml。

［195］中国社会科学院语言研究所：《现代汉语词典》（修订本），商务印书馆 2001 年版。

［196］周建军：《如何理解包容性增长》，http：//news.xinhuanet.com/fortune/2010—10/27/c_ 12704478.htm。

［197］周平：《西部地区县级政府能力分析》，《思想战线》2002 年第 2 期。

［198］周平：《县级政府能力的构成和评估》，《云南行政学院学报》2002 年第 5 期。

县级政府公共服务能力及
公共服务满意度调查问卷

尊敬的朋友：

您好！

敬请您拨冗填写本问卷。本问卷为匿名填写，无所谓对错，调查的结果仅供学术研究之用。我们承诺严格保守秘密，请认真填写，表达您真实的想法、意见和建议。衷心感谢您的支持！

填答说明：

1. 请将所选择的数字画圈，如选"1"就把"1"圈起来①；

2. 请您独立填答问卷，不要与他人商量。

一　您的基本情况

A1. 您的性别是：

（1）男　　　　　　　　（2）女

A2. 您的学历是：

（1）高中、中专及以下　　（2）专科　　　　　（3）本科

（4）硕士研究生　　　　　（5）博士研究生

A3. 您的职位或身份是：

（1）农民　　　　　　　　（2）个体户　　　　（3）一般职员

（4）中层管理人员　　　　（5）县处级干部　　（6）其他

二 公共服务能力结构及影响因素问卷

题号	问项	完全 不符合	大部分 不符合	一半 符合	大部分 符合	完全 符合
B1	当地的经济社会发展规划体现了政府对就业、教育、医疗等基本公共服务的高度重视和投入	1	2	3	4	5
B2	当地县级政府能准确把握党和国家的公共服务政策和县域环境特点，并把它纳入本县经济社会发展规划	1	2	3	4	5
B3	县政府制定本县经济社会发展规划时广泛征求了公民和社会团体的意见和建议	1	2	3	4	5
B4	当地经济社会发展具有可持续性	1	2	3	4	5
B5	当地税收征管措施得力，公民和企业纳税意识强	1	2	3	4	5
B6	本县获得较多预算外资金、特殊经济政策和社会资助	1	2	3	4	5
B7	本县的民办企业踊跃参与教育、医疗、养老、垃圾清运等公共服务领域	1	2	3	4	5
B8	到本县投资的外地企业（包括外资企业）多	1	2	3	4	5
B9	本县政府重视与其他政府合作，为公众提供更多或更好的公共物品或公共服务	1	2	3	4	5
B10	本县政府在教育、医疗卫生、交通、基础设施等公共服务领域尽可能引入了市场机制	1	2	3	4	5
B11	县政府加大了农村公共服务和教育、医疗、社会保障等基本公共服务投入	1	2	3	4	5
B12	当地已利用本地自然资源、技术及位置等优势，形成特色经济或产品	1	2	3	4	5
B13	当地政府投资的工程项目质量和成本总的来看不比非国有企业建设工程项目差	1	2	3	4	5

续表

题号	问项	完全不符合	大部分不符合	一半符合	大部分符合	完全符合
B14	当地县政府及各部门有完善的执行流程、协调及控制机制	1	2	3	4	5
B15	本县政府工作人员对公共服务政策常常理解不准确，造成执行结果偏离目标	1	2	3	4	5
B16	本县政府对任务有选择地执行，有利于个人或地方利益的执行，反之不执行	1	2	3	4	5
B17	本县公务员执行任务时能获得完成任务所必需的资源及技术等支持	1	2	3	4	5
B18	当地政府已建立减灾防灾机制，有明确的责任人	1	2	3	4	5
B19	发生危机时，当地县政府能及时通报及反馈有关危机事件信息，稳定群众情绪	1	2	3	4	5
B20	在社会突发事件和自然灾害等危机事件发生之前，县政府常常能提前获悉并采取有效措施减少危机事件发生	1	2	3	4	5
B21	发生重大天灾人祸时，本县政府能很快地组织人力、物力进行救援	1	2	3	4	5
B22	危机过去后，本县政府能迅速介入危机事件的后期管理的恢复工作，尽快恢复正常秩序	1	2	3	4	5
B23	近五年，本县没有出现主要县领导或主要部门领导因违法而受到党纪国法处罚的情况	1	2	3	4	5
B24	当地组织和民众普遍具有遵纪守法的意识	1	2	3	4	5
B25	本县经济活跃，开放程度高，人们市场意识强	1	2	3	4	5
B26	公民或者其他社团组织政治参与对本县政府的决策是有影响力的	1	2	3	4	5
B27	本县大多数乡村都可以用电脑上网	1	2	3	4	5

题号	问项	完全 不符合	大部分 不符合	一半 符合	大部分 符合	完全 符合
B28	县级政府主要领导工作能力强，在当地威信高	1	2	3	4	5
B29	本县政府工作人员数量适宜	1	2	3	4	5
B30	本县政府及其派出机构工作人员绝大多数是考录进来的	1	2	3	4	5
B31	本县公务员绩效考核起到了规范和激励公务员的作用	1	2	3	4	5
B32	当地政府定期举办讲座或组织公务员到外地参观学习	1	2	3	4	5
B33	本县有政务信息公开、听证制度并能落实	1	2	3	4	5
B34	本县建立了政府网站、手机、电视电台、报纸等多种媒介组成的政民沟通网络	1	2	3	4	5
B35	本县政府部门不仅及时对群众反映的问题做出回应，而且能顺应环境变化出台新的政策和制度，以适应公民和社会的需求	1	2	3	4	5
B36	本县居民能够踊跃、理智而不是为感情或私利参与县政府及其下属部门组织的各种征询意见和建议的活动	1	2	3	4	5
B37	当地社团（如商会、行业协会、农村民间组织等）和民主党派能积极参政议政，促进公共服务政策实施	1	2	3	4	5

三 公共服务满意度问卷

题号	内　容	很不满意	不满意	一般	比较满意	很满意
C1	您是否对当地义务教育的师资、生源、教学条件、择校公平性和教育质量满意？	1	2	3	4	5
C2	您是否对当地政府提供的就业信息、培训和困难群众就业援助工作满意？	1	2	3	4	5
C3	您是否对当地医院环境和设备、医疗技术水平、医疗费用和药品价格等满意？	1	2	3	4	5
C4	您是否对当地居民最低生活保障和获得的灾害救助等服务满意？	1	2	3	4	5
C5	您是否对当地社会治安情况满意？	1	2	3	4	5
C6	您是否对当地生态污染治理和环境保护工作满意？	1	2	3	4	5
C7	您是否对当地体育健身、公共娱乐场所建设及管理满意？	1	2	3	4	5
C8	您是否对当地道路、农田水利、安全饮用水设施、电网等公共基础设施建设和村容村貌整治满意？（农村居民填写）	1	2	3	4	5
C9	您是否对当地落实惠农政策（如种粮补贴）满意？（农村居民填写）	1	2	3	4	5
C10	您是否对当地供水、电、气和垃圾处理等公共事务满意？（城镇居民填写）	1	2	3	4	5
C11	您是否对当地社区的人口搬迁和外来人口管理工作满意？（城镇居民填写）	1	2	3	4	5
C12	您是否对当地乡镇干部或社区干部公共服务工作满意？	1	2	3	4	5

续表

题号	内　容	很不满意	不满意	一般	比较满意	很满意
C13	您是否对当地县级政府公共服务工作满意？	1	2	3	4	5
C14	您是否对省政府公共服务政策及工作满意？	1	2	3	4	5
C15	您是否对中央政府公共服务政策及工作满意？	1	2	3	4	5

注：在具体发放调查问卷时，问项会打乱。